汉语国际教育
论文写作教程

钱旭菁 张文贤 黄 立 ◎ 编著

ACADEMIC WRITING IN TCSOL
A Course Book

图书在版编目 (CIP) 数据

汉语国际教育论文写作教程 / 钱旭菁，张文贤，黄立编著 .—北京：北京大学出版社，2021.3
ISBN 978-7-301-32020-4

Ⅰ.①汉… Ⅱ.①钱… ②张… ③黄… Ⅲ.①汉语—对外汉语教学—论文—写作—教材 Ⅳ.① H195

中国版本图书馆 CIP 数据核字 (2021) 第 034266 号

书　　名	汉语国际教育论文写作教程 HANYU GUOJI JIAOYU LUNWEN XIEZUO JIAOCHENG
著作责任者	钱旭菁　张文贤　黄　立　编著
责任编辑	崔　蕊
标准书号	ISBN 978-7-301-32020-4
出版发行	北京大学出版社
地　　址	北京市海淀区成府路 205 号　100871
网　　址	http://www.pup.cn　新浪微博：@北京大学出版社
电子信箱	zpup@pup.cn
电　　话	邮购部 010-62752015　发行部 010-62750672 编辑部 010-62754144
印　刷　者	北京虎彩文化传播有限公司
经　销　者	新华书店
	720 毫米 ×1020 毫米　16 开本　17.5 印张　236 千字 2021 年 3 月第 1 版　2023 年 9 月第 4 次印刷
定　　价	52.00 元

未经许可，不得以任何方式复制或抄袭本书之部分或全部内容。
版权所有，侵权必究
举报电话：010-62752024　电子信箱：fd@pup.pku.edu.cn
图书如有印装质量问题，请与出版部联系，电话：010-62756370

编写说明

《汉语国际教育论文写作教程》针对语言学及应用语言学特别是汉语国际教育专业的学生在开题报告、学位论文写作中存在的主要问题,基于论文写作研究的相关成果,从段落写作和篇章写作两个方面,结合对具体写作案例和范文的分析,一步一步地引导学生增强论文的结构意识,提高写作技能,进而提升论文写作质量。

主要内容

本书主要内容包括段落分析与写作、论文结构与篇章写作两方面。段落分析与写作涵盖段落的特点和构成、段落的一致性和连贯性以及如何写作各类型的段落,如常见的定义性段落、分类性段落、过程性段落和比较性段落。论文结构与篇章写作部分主要介绍汉语国际教育专业不同研究范式下的论文结构与组成部分,重点讲授论文摘要、引言、文献综述、论证、结论部分等板块的写作,同时兼及论文题目的确立和关键词的提取等内容。每章内容除了写作指导和范文的分析外,还设置了丰富的练习,供学生进行分析和实践。

主要特色

本书主要有如下特色:

1. 针对性。本教程专门针对汉语国际教育专业学生在论文写作中的需求和困难而编写。在编写之前,我们对处于学位论文写作不同阶段——包括论文开题前、开题后论文写作中、已完成论文等阶段——的学生进行访谈,详细了解了他们在论文写作各个方面的需求和困难。在此基础上,有针对性地选择材料、设计练习,旨在解决今后学生论文写作中的实际问题。

2.科学性。已有国外的体裁分析理论细致分析了英语学术论文摘要、引言等论文组成部分的结构。考虑到不同学科的论文结构、论证方式存在差异,同时汉语和英语的学术论文也不尽相同,本教程吸收中外论文写作的最新研究成果,结合业内众多专家学者的宝贵经验,在教学内容的安排和练习形式的设计上,既体现出本学科的专业特色,也体现出训练的系统性和科学性。

3.实用性。本教程以学术论文的理论研究为基础,通过实例讲解本学科论文的特点、宏观结构和微观结构以及论证方式。在讲解的基础上,教材还设计了大量练习来内化关于论文写作的理论知识。它既可以作为教师进行课堂教学的主要教材,也可作为学生的自学材料。本书附有参考答案,供使用者参考。

4.阅读与写作相结合。鉴于在前期访谈中发现不少学生由于缺乏学术论文的相关知识,阅读文献环节就出现了相应困难,本教程的训练从学生获得输入开始——结合理论知识的介绍阅读相关论文,通过阅读具体范文或写作案例体会、内化相关理论知识。在此基础上,再进行输出的练习,完成各种写作训练任务。这种在输入、内化基础上的实践有助于教学效率的提高。

使用说明

本教程共12章,其中"论文结构""引言""文献综述""论证"部分各需4课时,其他各章各需2课时,一共大约需要32课时完成,可供每周2学时的课程一学期使用。

课堂教学中,教师可参考每章的知识点为学生作简要讲解,然后引导学生对其中的案例或范文进行分析、总结,完成相关口头或笔头练习。每章最后附有丰富的阅读、写作练习,部分练习可穿插在教师讲解中完成,部分可留作课后作业,让学生课下完成。

本教程另有姊妹篇《汉语国际教育论文写作指导》。《指导》以汉语国际教育专业学生遇到的写作困惑、困难为主线,通过学生提出写作时的问题、教师解答的方式,将论文写作所需要的知识呈现出来。《指导》精选学生习作与教师点评,为汉语国际教育专业学生的论文写作提供更细致深入的指导。

《汉语国际教育论文写作教程》与《汉语国际教育论文写作指导》,可以作为汉语国际教育专业论文写作课的教材,也可供语言学及应用语言学专业的师生参考使用。

致 谢

在本教程的编写过程中,我们得到了许多前辈和时贤的鼎力支持,他们慷慨地同意自己的著作被用为范例或练习材料。因引用的专家学者众多,恕我们不能一一列出他们的名字。谨向各位专家表示衷心的感谢!

从 2015 年至今,本教程在北京大学对外汉语教育学院的论文写作课上试用了六次。我们感谢学院为本教程的试用提供机会!感谢所有参加论文写作课的同学,大家对教材提出了不少很有价值的意见和建议,尤其感谢各位同意我们引用其作业和研究日志的同学!因人数众多,恕我们无法在此一一列出他们的名字。

最后我们要对本书编辑崔蕊女士表示特别的谢意,感谢她专业、细致和卓有成效的工作!

编者
2020 年 12 月

目 录

第一章 绪 论 …………………………………………………… 1
　一、研究的定义和过程 ………………………………………… 1
　二、研究问题 …………………………………………………… 3
　三、研究的分类 ………………………………………………… 4
　练习 ……………………………………………………………… 8

第二章 阅读文献 ………………………………………………… 11
　一、检索文献，建立阅读书目 ………………………………… 11
　二、确定文献阅读范围 ………………………………………… 13
　三、阅读文献 …………………………………………………… 14
　四、做阅读笔记 ………………………………………………… 15
　练习 ……………………………………………………………… 22

第三章 段落（上）——概说 …………………………………… 26
　一、段落的定义 ………………………………………………… 26
　二、段落的构成 ………………………………………………… 30
　三、段落的一致性 ……………………………………………… 34
　练习 ……………………………………………………………… 35

第四章 段落（中）——定义性段落、分类性段落 …………… 42
　一、定义性段落 ………………………………………………… 42
　二、分类性段落 ………………………………………………… 49

练习 ··· 51

第五章　段落（下）——过程性段落、比较性段落 ········· 59
　　一、过程性段落 ··· 59
　　二、比较性段落 ··· 61
　　练习 ··· 65

第六章　题目、摘要、关键词 ·· 73
　　一、题目 ··· 73
　　二、摘要 ··· 76
　　三、关键词 ··· 77
　　练习 ··· 80

第七章　论文结构 ·· 90
　　一、论文结构 ··· 90
　　二、论文大纲 ··· 101
　　三、开题报告 ··· 104
　　四、学位论文 ··· 106
　　练习 ··· 110

第八章　引　言 ·· 117
　　一、引言的构成 ·· 117
　　二、引言的类型 ·· 119
　　练习 ··· 133

第九章　文献综述 ·· 143
　　一、文献综述的内容 ··· 144
　　二、归纳研究主题的方法 ··································· 147
　　三、文献综述的顺序 ··· 151

四、评价文献 ·· 152
　　五、文献综述注意事项 ······································ 155
　　六、文献综述常见问题 ······································ 159
　　练习 ·· 162

第十章　论　证 ··· 172
　　一、论证的定义和论断的类型 ····························· 173
　　二、论据的类型 ·· 174
　　三、推理的类型 ·· 183
　　四、简单论证和复杂论证 ·································· 186
　　五、论证的常见问题 ·· 187
　　练习 ·· 190

第十一章　结论部分 ·· 201
　　一、结论部分的主要内容 ·································· 201
　　二、论文写作的检查清单 ·································· 207
　　练习 ·· 207

第十二章　范文阅读与分析 ····································· 211

各章练习参考答案 ··· 216
参考文献 ··· 258

第一章 绪 论

◇**本章主要内容**

> ➢ 研究的定义和过程
> ➢ 研究问题
> ➢ 研究的分类

学术论文写作有其内在的规律,已有很多学者对学术论文写作进行了多方位的研究。从 Swales(2001)开创性地提出了论文结构分析模式以来,学者们已经对论文的宏观结构和微观结构进行了深入细致的研究。已有研究(Paltridge,2002;Samraj,2008)表明,学位论文和期刊论文的结构不同,硕士学位论文和博士学位论文的结构也不一样。对英汉学术论文的比较研究(Loi,2010)也发现,汉语学术论文有其自身的特点。此外,学术论文的写作也存在学科差异(Peacock,2011;Lin and Evans,2012),不同学科的论文结构可能有同有异,不同学科的论证方式也不完全相同(Hyland,2004)。学术论文的内在规律并不能通过阅读范文掌握,学术论文各个部分的形式和功能对研究新手来说不是一看就懂的(Basturkmen,2009)。因此,我们有必要引入学术论文的相关理论研究成果,系统介绍本学科论文的特点、论文的结构以及科学严谨的论证方式。

一、研究的定义和过程

我们运用语言达到某种目的,与言语社团的其他成员交流。目的不同,交流的方式也会有所不同,因此不同目的的写作也不完全相同。学术论文的目的是为了呈现学者们的研究。

研究是"为回答所提出的问题而进行有组织的系统研究"(Hatch and Lazaraton,1991)。研究是一个"包含三个要素的系统性探究过程:(1)研究问题或假设;(2)数据;(3)分析和解释"(Nunan,1992)。

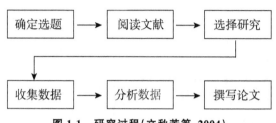

图 1-1 研究过程(文秋芳等,2004)

做研究、写论文的第一步是要找到合适的选题。选题可能来自我们的日常生活观察,也可能是学习、工作中遇到的实际问题,阅读文献的过程中也可能发现合适的研究选题。① 不是所有的选题都适合研究。首先,选题应该对研究者来说有意思,必须是自己感兴趣的问题,否则就得靠"头悬梁、锥刺股"的精神,而享受不到研究的乐趣了。其次,选题应该有创新。需要注意的是完全没有新意或百分之百创新的选题都不合适。比较合适的选题是前人研究不多,前人研究过,但有新的材料和现象,或者有新的角度、新的方法。再次,选题应该有一定的学术价值。例如,"目的语水平与学习者偏误数量的关系"这一选题的价值不大,因为人们基于常识就知道目的语水平高的学习者偏误较少。相比之下,"不同母语背景高级水平学习者作文中的词汇偏误"有一定的研究价值。最后,选题还应该有可行性,要避免过大、过难。特别是学位论文,要充分考虑时间、费用、研究参与者、研究者的能力、伦理问题等,保证在规定时间内能完成论文。

---

① 找到合适选题的具体方法可以参考《汉语国际教育论文写作指导》(张文贤等,2021)第一章。

二、研究问题

选题确定以后,通过阅读文献,我们需要提出明确的研究问题。论文中提出的研究问题是"一个针对两个变量之间关系的疑问句"(拉里·克里斯滕森等,2018)。

研究问题包括以下几类:

1. 叙述性问题(descriptive question),主要探讨变量的性质、特征、状况或事实。例如刘丹青(2012)提出了显赫范畴,即"在一种语言中既凸显又强势的范畴",他在论文中探讨了汉语不同语法层面的显赫范畴以及显赫范畴的扩张功能。再如张文贤等(2018)分析了"这下"的话语标记用法、语体特征和话语标记功能。

2. 关联性问题(correlational question),主要探讨变量间的关系,例如语言距离与语言习得之间的关系(崔萌等,2018)。

3. 预测性问题(predictive question),探讨某(几)个变量对其他变量的预测能力,例如"同形语素意识强的学习者是否在词义推测及阅读理解方面存在明显的优势?"(朱文文等,2018)。

4. 因果性问题(cause-effect question),探讨两个或多个变量间的因果关系。例如,房艳霞(2018)在探讨提高语块意识的教学对汉语学习者口语产出的影响时,研究了以下三个问题:(1)提高语块意识的教学是否可以提高口语产出的流利度、准确度和复杂度,从而提高口语水平?(2)提高语块意识的教学是否可以提高学习者口语中产出的语块数量?(3)提高语块意识的教学是否可以提高学习者的语块识别能力?这三个问题都属于因果性问题。

好的研究问题必须满足三个标准(Kerlinger,1973):

1. 问题中涉及的变量应该表明某种关系;
2. 问题应该以提问的形式表述;
3. 陈述的问题应该能接受实证检验。

例如,研究问题"哪些因素会影响词汇学习"符合上述三个标准,但是这个研究问题太概括,需要缩小研究范围,提出更具体的问题。词汇学习可以集中于伴随性词语学习,影响因素也可以集中在学习者因素(语言水平、词汇量)、语言因素(词语重现的次数、目标词的语境丰富程度)、词语的特点(构词方式、构词语素、词语意义的透明程度等)中的某个因素,形成诸如下列的研究问题:

- 语境线索如何影响伴随性词语学习?
- 哪些词语特点影响伴随性词语学习?
- 学习者因素如何影响伴随性词语学习?

……

三、研究的分类

为了解决研究问题,我们需要选择恰当的研究设计。根据不同的标准,研究可以分成不同的类型,详见下表:

表 1-1　研究的类型

分类依据	研究类型
研究目的	理论研究/应用研究
数据来源	文献研究/实证研究
研究方法	定量研究/定性研究
写作方法	演绎研究/归纳研究

根据研究目的,研究可以分成理论研究和应用研究两大类。理论研究通常是为了构建新的理论,例如克拉申针对第二语言习得提出的"习得假设""自然顺序假设""监控假设""输入假设""情感过滤假设"等理论都属于理论研究。冯胜利、施春宏(2011)提出教学语法理论"三一语法"的研究也是理论研究。还有一些研究的主要目的是为了验证其他学者提出的理论。例如:

无论是第一语言还是第二语言,人们学习词语的途径主要有两种:专门的词语教学和阅读中的伴随性习得。本文在实验的基础上,研究学习汉语的日本学习者是否能通过阅读习得词语。结果显示,阅读能使学生学会一些本来不知道的词语。文章探讨了通过阅读学习词语的过程,同时还分析了影响这种学习的因素,包括学习者的语言水平、词汇量、词语出现的次数及词语所处语境的特点等。(钱旭菁,2003a)

上述论文就是验证伴随性词汇学习理论是否也适用于汉语作为第二语言的词汇学习。

应用研究通常是为了解决某个实际问题所做的研究。要知道汉语学习者掌握的词汇量是多少,就需要对他们进行词汇量测试。汉语中有很多词形和意义相近的虚词,如"无故—无端""私自—私下""不仅—不但—不光—不单—不独",在对外汉语教学中如何辨析这些词语,告诉学生这些词语的区别,就是一个需要解决的实际问题。邵敬敏(2018)《国际汉语教学中近义虚词辨析的方法与理据》一文介绍了辨析近义虚词的七种方法,是解决近义虚词辨析的一项应用研究。有关汉语教学中练习的研究也是一种应用研究,例如:

> 针对课文中的对话进行复述是对外汉语教学中一种很有效的练习形式,能够促进二语习得的发展。目前面向对外汉语教学的课文复述练习研究还有待深入。本文总结并分析了美国英语母语者初级水平学生的偏误类型,并对照教材中的复述范例(母语者复述),指出复述时容易缺失或增加的语言特征。最后对复述练习的教学方法提出建议:教学时应先让学生了解并掌握复述语篇和对话语篇的差异,并根据学生水平进行多层次、多类型的复述练习。(张文贤、李榕,2015)

根据研究的数据来源,研究可以分为文献研究和实证研究两类。文献研究的数据来自他人的研究,作者本人并不亲自收集数据。例如Wray(2002)研究语块的数据来自他人有关 L1 习得研究、L2 习得研究、失语症患者研究的文献。在校学生的课程作业、学期论文很多都是文献研究。例如某位学生在历史词汇学课程上学习了意义的确定和义位的划分、同义词和近义词、词义的发展变化、语义场的演变、词汇所反映的文化等内容,学期结束根据这些方面的内容写成了一篇课程作业"试论组合关系在历史词汇学研究中的重要性"。再比如,第二语言习得课程老师布置的作业"选择两个你认为最重要的学习者因素来说明汉语学习者的个体差异",学生通常是根据已有文献中的数据完成这一作业,因此也属于文献研究。实证研究则是研究者自己收集数据完成研究,例如收集汉语学习者的自然语料或者设计一个测试来诱导学生说出某个语言点、某类词语、某种话语功能来研究汉语习得。

根据研究方法,研究还可以分为定量研究和定性研究。定量研究是通过收集数值数据来解答研究问题的研究,定性研究是指在研究中通过收集非数值数据(如访谈内容、观察记录、照片、影像等)来解答研究问题的研究。(拉里·克里斯滕森等,2018)

表 1-2 定量研究和定性研究的差异(拉里·克里斯滕森等,2018)

	定量研究	定性研究
研究重点	检验明确的变量;验证假设 强调现实的稳定方面	确定变量;形成假设 强调现实的动态方面
研究问题	数据收集前是明确的	在研究过程中逐步具体化
研究目标	解释(因果关系),描述总体特征	描述、深度理解并从社会角度"构建"现实
变量的控制	操纵、控制	自然地、不加控制
材料	可靠、严谨、可复制	有效、真实、丰富、深入
数据收集	固定的程序结构	灵活和动态的程序结构
数据分析	统计分析 推论、演绎	定性分析为主,也可用统计分析 描写、归纳
结果	有广泛的应用性	缺乏广泛的应用性
最终报告	统计结果及结果讨论	丰富的情境描述、带有许多直接引语的叙述

定量研究主要用测量所得的数据来描述被研究的事物或过程。要使研究结果可靠,定量研究必须有系统地选择样本和实施标准化研究的过程,通过分析可以找到变量与变量之间的因果关系。定性研究

主要通过观察和访谈的手段,用所记录的词语来描述被研究的事物或过程。定性研究强调保持研究情境的自然状态,重视意义的解释性理解,主要目的是从被研究者的角度出发,对他们的个人经验和意义建构作出阐释。

例如关于汉语学习者学习策略的研究,既可以用定量的方法研究,也可以用定性的方法研究。江新(2000)通过问卷调查考察了不同性别、母语背景、学习时间以及汉语水平的留学生的汉语学习策略。她的研究发现,学习者使用最多的学习策略是社交策略、元认知策略、补偿策略,其次是认知策略,最不常用的策略是记忆策略和情感策略。不同性别的学习者使用学习策略没有显著的差异,但不同母语背景以及学习时间不同的学习者的策略使用有显著差异,此外,学习策略的使用与汉语水平显著相关。

而徐子亮(2007)则采用定性研究的方法研究两个认知风格不同的留学生汉语学习策略的使用情况。她采用的具体方法包括:

- 观察:观察两个研究对象在课堂教学中的学习行为。
- 访谈:采访研究对象及其老师,了解研究对象对教学的要求和适应性、学习观念、学习习惯、学习方法等。
- 教学资料:包括研究对象的试卷、成绩单、口语测试的录音等。
- 出声思考:请研究对象把自己对某种学习行为的想法表述出来。

多种方法收集数据使得该研究收集到了丰富的数据,详细展现了两种认知风格的学习者所使用的学习策略各不相同。

总的来说,定量研究和定性研究各有利弊。定量研究可以开展大范围的研究,对变量有较好的控制。但正因为控制了变量,也可能使复杂情况简单化,实验室研究的结果因此很难用于纷繁复杂的真实世界。定性研究能够对现实世界作出比较真实的描述,展示现实世界的复杂性。但定性研究很难得出确切的因果关系,复制研究也比较困难。

按照写作方法,研究可以分为演绎研究和归纳研究。演绎研究是从理论出发,用材料和数据来说明、验证理论。例如刘超英(2007)

《HSK(商务)的理论基础与试题设计思路》一文就是从测试理论出发，阐述商务 HSK 要测学习者哪些能力，然后用具体试题来说明商务 HSK 是如何测试这些能力的。归纳研究则是从材料和数据出发，概括、总结规律。例如偏误分析、习得顺序研究、教材分析等都是从材料和数据出发，因此都是归纳研究。

 练 习

(一)在下面段落的横线处加上标点。

1. 世界上万事万物极其繁多＿＿人们认识世界＿＿给事物命名＿＿不可能一个一个地给予名称＿＿而只能是一类一类地给予名称＿＿这种＿＿类＿＿怎么分＿＿比如上面所举的例子，一本装订好的供人阅读的单行本＿＿一个装订好的供人阅读的连续出版物＿＿一个装订好的供人书写的本册＿＿究竟是分为几类＿＿这不是这些东西自己分好的＿＿而是人们加以分类的＿＿而且＿＿使用不同语言的人分类会有所不同。说汉语的把它们分为三类＿＿书＿＿杂志＿＿本子＿＿说英语的人把它们分为两类＿＿book＿＿magazine＿＿说日语的也分为两类＿＿但和英语的分类不同＿＿本＿＿ノート＿＿分类的不同＿＿就形成了词义的不同＿＿(蒋绍愚,2014)

2. "易混淆词"与"同义词""近义词"之间有交叉关系＿＿而非包含关系或并列关系＿＿因为它们是研究者站在不同的立场＿＿以不同视角和不同标准归纳出来的词语类聚＿＿具体而言＿＿"同义词""近义词"是站在语言本体的立场＿＿着眼于词语的意义并根据其相同相近的程度归纳出来的词语类聚＿＿"易混淆词"则是站在中介语的立场＿＿着眼于目的语理解和使用中的词语混淆现象并根据混淆的普遍程度归纳出来的词语类聚＿＿这两类词语之间互有交叉重合＿＿有些同义/近

义词是第二语言学习者容易混淆的词___有些则可能不存在混淆的问题___比如___"受伤：挂彩"___"熟悉：熟稔"___这类使用频率差异较大的"同义/近义"词对___学习者在阅读和表达中一般不会遇到或用到那个低频词___因而也就不可能发生混淆___反之___有些易混淆词是同义/近义词，有些则可能不是___如前举___"从：离"___"乘（坐）：用"___等就不是近义词___以往对这两类词语类聚之间的交叉关系认识不足___往往将其处理为或视为包含关系___在近义词的框架下进行易混淆词辨析的做法___等于用近义词包含易混淆词___相反___认为易混淆词的范围大于同义/近义词___又等于将同义/近义词纳于易混淆词的范围之内___（张博，2007）

3.语言符号是一个分层装置___是一个系统___那么这个系统究竟是如何运转的呢___也就是说语言符号的工作原理是什么呢___有那么多的符号___有那么多层次___但是语言的工作原理很简单___就是组合和替换___每一个符号都不是孤立存在的___它都处于既能和别的符号组合又能被别的符号替换的关系中___拿汉语来说___汉语中的词这一级符号___例如___"我"___"买"___"苹果"___可以组合成一个更大的语言单位___"我买苹果"___其中的任何一个符号都可以参与组合___与此同时___任何一个符号也都可以被别的符号替换___

  我—买—苹果 我—买—苹果 我—买—苹果
  我—买—橘子 我—吃—苹果 他—买—苹果
  我—买—菠萝 我—画—苹果 你—买—苹果
  ……   ……   ……

___"我"___可以被___"他"___"你"___等替换___"买"___可以被___"吃"___"画"___等替换___"苹果"___可以被___"橘子"___"菠萝"___等替换___横着看___符号与符号之间具有组合关系___竖着看___符号与符号之间具有替换关系___语言符号通过组合构成语符串___形成一个一个的表达单位___当然这个组合是按照一定的规则进行的___语言符号通过替换使语符串中的任何一个链条都可以换下来重新组装

成一个新的语符串___当然替换也是按照一定的规则进行的___语言符号的这种既可以组装又可以拆换的工作原理就叫作语言的组合和聚合___每个语言符号都会因为自己能不能跟别的符号组合___能跟什么样的符号组合而具有自己的分布特征___或者叫作组合能力___每一个语言符号也都会因为自己跟别的一些符号具有相同的组合能力而自然聚合成一个整体___可以组合的符号彼此具有组合关系___同属一个聚合体的符号彼此具有聚合关系___语言符号有了这样一个特点___有限的规则就可以控制无限多的组装和拆换___有限的符号就可以生成无限多的表达单位___这样___有限的音位就可以生成数量更多的音节___有限的语素就可以生成数量多得多的词___有限的词就可以生成无限多的句子___一种语言中的音位通常只有几十个___而音节会增加到几百个___一种语言中的语素通常只有几千个___而词通常会有几万个___句子则是无限多的___只有这样___语言才能用有限的材料表达无穷多的意思___(崔希亮,2009)

(二)写作:我的研究兴趣。

第二章 阅读文献

◇ 本章主要内容

> ➢ 检索文献,建立阅读书目
> ➢ 确定文献阅读范围
> ➢ 阅读文献
> ➢ 做阅读笔记

文献阅读一般包括以下几个步骤:(1)检索文献,建立阅读书目;(2)确定文献阅读范围;(3)阅读文献;(4)做阅读笔记。

一、检索文献,建立阅读书目

检索文献主要有电脑检索和人工检索两种方式。电脑检索是通过输入关键词的方法在图书馆的检索目录中查找图书,或者是在网络数据库中检索文献。人工查找文献主要有两种方式:一种是通过阅读图书或论文,尤其是图书或论文的参考书目获取自己需要的文献;另一种方式是定期阅读相关学科的期刊。汉语国际教育专业期刊推荐:

• 语言学和汉语研究类期刊:《当代语言学》《中国语文》《语言研究》《语言科学》《语文研究》《汉语学报》《语言文字应用》以及 *Language*

• 语言教学和习得类期刊:《世界汉语教学》《语言教学与研究》

《汉语学习》《外语教学与研究》《外语与外语教学》以及 *Applied Linguistics*,*Language Learning*,*Studies in Second Language Acquisition*

阅读书目可以围绕研究专题和相关学者的研究两个维度建立。

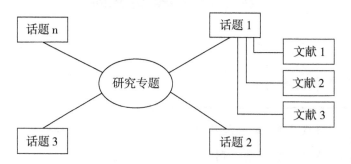

以听力研究为例,阅读书目可以围绕以下专题①:

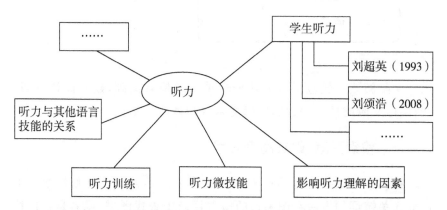

我们也可以围绕在某领域研究成果较多的学者建立阅读书目,例如查找易混淆词时我们发现,张博最早提出了"易混淆词"这一重要概念,并发表了一系列的文章,那么我们可以围绕这位作者建立相关的阅读书目:

---

① 相关内容参考了刘颂浩(2001)。

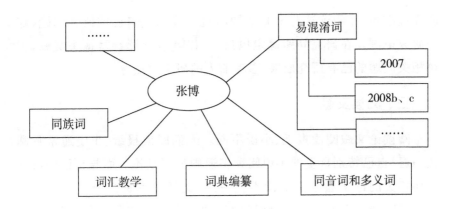

二、确定文献阅读范围

与自己研究相关的文献通常会比较多。不同的文献与自己研究的关系也有近有远。文秋芳等(2004)借用电影拍摄中有关镜头的术语区分了三类文献综述:(1)远镜头综述,提供一般的研究框架或相关理论的文献;(2)特写镜头综述是与自己的研究题目直接相关的文献;(3)中镜头综述是介于远镜头综述和特写镜头综述之间的文献。例如:

> 研究问题:学习者焦虑与汉语写作的关系
> • 远镜头:心理学关于焦虑的文献,焦虑与学习的关系
> • 中镜头:焦虑与第二语言学习的关系
> • 特写镜头:国内外有关焦虑与写作关系的研究
>
> 研究问题:第二语言写作过程中母语对学习者词汇使用的影响
> • 远镜头:第二语言学习中使用母语的理论阐释
> • 中镜头:第二语言写作中母语的使用
> • 特写镜头:母语对第二语言写作中词汇选择的影响

从上述例子可以看到,三类文献的区分能帮助我们了解不同文献与自己研究远近的关系不同,我们可以根据这些文献的性质,在研究的不同阶段选择不同的文献进行阅读。在研究的初始阶段,我们可能只有大致的研究方向,这时需要阅读远镜头文献和中镜头文献,为我们的

研究做准备,在阅读这些文献的同时进一步明确自己的研究问题,缩小研究范围。在研究问题确定以后,可以重点阅读特写镜头文献,了解相关问题的已有研究成果,参考前人的研究方法等。

三、阅读文献

阅读论文跟阅读报纸、小说不同。人们阅读报纸、小说通常只阅读一遍,自己特别喜爱的小说阅读多遍则另当别论。而与自己的研究密切相关的论文通常需要读不止一遍,文献阅读贯穿研究的整个过程。不同的研究阶段,文献阅读的目的也不完全相同。开始阶段,寻找研究领域,确定研究课题,缩小研究范围。中间阶段,提出研究问题,确定研究设计。最后阶段,讨论研究结果的意义,与他人的研究结果进行比较。

报纸、小说阅读与论文阅读的第二个不同在于阅读的顺序。人们阅读报纸、小说一般是按顺序从第一个字阅读到最后一个字。专业论文的阅读则不太一样。"写作是个把网状的思考,用树状的语法结构,转换成线性字符串的过程"(史蒂芬·平克,2018)。而阅读是要还原作者的网状思考,因此阅读论文不能一字一句从头到尾线性地阅读。论文一般包括题目、摘要、关键词、引言、论文主体、结论、参考文献、附录、致谢等部分,阅读论文不是按顺序阅读上述部分,而是要有选择地阅读论文的各个部分。阅读论文也不是一个线性的过程,而是一个可能前进、后退、反复的过程。

在详细阅读论文全文之前,我们首先要判断某篇论文是否需要阅读全文。阅读论文首先从阅读标题和摘要开始。大部分标题能够显示论文的主要内容,因此如果阅读标题发现自己对论文内容不感兴趣,或者跟自己的研究无关,那么就无须继续往下读了。阅读完标题之后阅读论文摘要,了解论文的研究问题、研究方法和主要结论。有时,研究问题、研究方法都是我们感兴趣的,但如果论文的结论跟研究无关,就无须通读这篇论文的全文了。因此阅读完摘要后可以读一下论文的结论部分。① 例如,我们在研究多义词的过程中,找到了一篇关于"味"的非味觉义文献 Xiong and Huang(2016)。味觉词通常都是多义词,因此从研究问题来看是有关系的。但通过阅读摘要,我们发现这篇文献的主要结论是佛教中的"味"主要有两个非味觉义用法:(1)"味"可以跟所有表示感觉义的词语搭配,如"色味""香味""声味""触味";(2)"味"可以跟一些抽象的佛教术语搭配使用,如"义味""解脱味"。除了"香味"以外,这两个用法基本不出现在现代汉语的日常使用中,因此跟现代汉语的多义词用法关系不大,这样这篇论文我们就只需要读论文摘要就够了,不需要继续往下读全文了。此外,在阅读全文之前,也可以先浏览一下论文中的图表,因为这是研究所做的实质性工作。而且浏览图表费时不多,能在较短的时间内判断是否值得读全文。

通过阅读论文题目、摘要、结论和图表,我们确定需要深入阅读的论文全文。阅读时主要关注两方面的内容,一是论文的要点,一是对自己的研究有用的信息,然后详细阅读这些内容。

四、做阅读笔记

杨绛先生在《钱锺书手稿集》(钱锺书,2014)序中提到:

> 许多人说,钱锺书记忆力特强,过目不忘。他本人却并不以为自己有那么"神"。他只是好读书,肯下功夫,不仅读,还做笔记;不仅读一遍两遍,还会读三遍四遍,笔记上不断地添补。所以他读的书虽然很多,也不易遗忘。
>
> ……
>
> 做笔记很费时间。锺书做一遍笔记的时间,约莫是读这本书的一倍。他说,一本书,第二遍再读,总会发现读第一遍时会有很多疏忽。最精彩的句子,要读几遍之后才发现。

---

① 很多摘要已经包括主要结论,此时无须再读论文的结论部分。

阅读文献的时候，为什么要做阅读笔记？第一，读完文献一段时间以后，我们会遗忘。为了避免再次阅读时从头到尾再读一遍，阅读时做一些笔记就非常有必要。第二，记笔记能够教会我们如何阅读文献。记笔记不是把原始文献所有内容都抄一遍，需要有所取舍。取舍的过程，就是对文献内容进行加工的过程。此外，阅读笔记可以帮助我们把握论文的结构，区分论文中的重要信息和不重要的信息。第三，阅读笔记能更有效地管理阅读过的文献。阅读笔记的一项重要内容是记录文献的哪些内容需要在论文的什么部分引用，这样能使我们对阅读过的文献利用得更高效。

阅读笔记按照记录的载体大致有以下四类。（1）书籍、论文的边注。阅读书籍或论文的时候，在书籍和论文的空白处随看随记，好处是方便，缺点是时间长了，阅读的书籍、论文数量庞大的时候，我们可能记不住记了什么内容，也可能记得记的内容是什么，但记不住记在哪本书或哪篇论文中了。（2）记在卡片上的笔记。在电脑发明以前，人们做笔记、给笔记分类主要是利用卡片。现在用卡片做阅读笔记的人应该已经很少了。（3）在笔记本上做阅读笔记是比较常见的方式，缺点是检索不方便。（4）电子笔记，如印象笔记、OneNote 等。电子笔记因为记载的容量大，检索方便，越来越受到人们的欢迎。

阅读专著或论文所做的笔记主要包含四方面的内容：

（1）专著或论文的信息。

（2）专著或论文的内容。

（3）对所读内容的评价。

（4）所摘录内容的功能。

需要记录的文献信息包括篇名、作者、最初发表或出版的时间，我们可以根据时间判断这项研究是过去的研究成果还是最新的研究成果。如果是专著，还需要记录出版者；如果是论文，则需要记录刊物信息，包括刊物名称、卷号或期号以及论文页码。无论是专著还是论文，都需要记录文献位置。专著是自己拥有的还是图书馆的？如果是图书馆的，是自己所在单位图书馆的还是需要通过馆际互借借阅的？论文是自己复印的还是储存在电脑里的电子版？或者是能在某个数据库中找到？如果缺乏文献的位置信息，以后想要找到这些文献可能会花费额外的时间。下表是文献基本信息和位置的例示：

表 2-1　阅读笔记中的文献信息

洪炜(2013)汉语作为第二语言的近义词教学实验研究，《世界汉语教学》第 3 期：424—432。	D:\专业写作\论文阅读
Brown, Cecil H. (1999) *Lexical acculturation in Native American languages*. New York & Oxford: Oxford University Press.	国家图书馆

阅读笔记中最主要的部分是文献的内容。不同类型的文献，笔记内容可能有所不同。理论性文献的笔记可以包括以下内容：
- 文献的主要观点、理论框架有哪些核心成分
- 支持主要观点的有哪些论据

而实证性论文的阅读笔记内容可以包括：
- 研究问题
- 该研究的理论或假设
- 研究方法，包括收集数据的程序和测量工具
- 研究对象
- 数据分析
- 主要发现

阅读文献除了了解文献的内容以外，还需要对文献作出思考，形成对文献的评价。阅读笔记第三方面的内容是对文献的评价。评价可以是对文献的总体评价，也可以是细节评价，如文献有哪些优缺点，研究设计是否合理，是否存在不足，是否有可以改进的地方，研究结果、结论是否可靠，以及该文献让你想起了哪些研究结果类似的文献、哪些研究结果不同的文献。上述内容都可以在阅读笔记中记录下来。例如：

表 2-2 阅读笔记举例

文献信息	文献内容	评价	功能
Kishner, J. M. & Gibbs, R. W. (1996) How "just" gets its meanings: Polysemy and context in psychological semantics. *Language and Speech*, 39(1): 19—36	研究者分析了 871 个包含 just 的句子,归纳出 6 种意义 每一种义位与 just 后边出现的词的词性有一定的对应关系,比如"比较"义的 just 后边都是连词,强调义的后边主要是动词 测试材料共 18 个"just+X"的短语,X 包括 6 类词:动词、名词、连词、疑问词/指示代词、介词、可以强调的形容词,每类词 3 个。例如"just+动词":just aching, just waiting, just beginning。用 6 个近义词分别表示 just 6 种意义的释义。要求被试判断由 just 构成的短语是否能用某个近义词来解释。在 1—7 度量表上打分,1 表示 just 的意义与近义词完全不同,7 表示 just 的意义与近义词完全相同	研究者已经找到了 just 的近义词,只是让被试选择来确认最合适的近义词。也可以是不给近义词,让被试写出近义词,不过这种方法需要的被试数量可能要更多。否则有可能 11 个被试写出八九个不同的近义词来	调整研究方法
李丽虹(2012)《汉英温觉词语义对比研究》,中央民族大学博士学位论文	上古温度语义场有 4 个基本温觉词:热、温、凉、寒;中古有 6 个:热、暖、温、凉、冷、寒;现代汉语中则变为 5 个词:热、暖、温、凉、冷。现代汉语中温觉词语义场最终形成了以"冷、凉、温、暖、热"为主,"寒、暑"为辅的基本格局	判断基本温觉词的标准是什么?比如为什么"暖"在上古不是基本温觉词?	以此文献为基础选择要研究的温觉词

阅读过的文献对自己的研究有何用途?记录下来的内容怎么用于自己的研究?阅读笔记第四部分是要记录文献对自己研究的功能。是否要使用该研究的理论框架?是否要使用该研究的方法?是完全重复

该研究的方法还是要作出某些调整？该文献的哪些结论是你的研究需要引用的？你在自己论文的哪个部分引用该文献？在文献综述中引用，还是在讨论结果的时候引用？上述问题的答案都需要在阅读笔记中记录下来。例如某位同学 ZY 的硕士论文研究日本留学生习得"有"的情况，不同文献在其研究中的功能不同，分别用于论文的不同部分：

表 2-3　不同文献的功能

文献信息	文献内容	功能
施家炜(1998)外国留学生22类现代汉语句式的习得顺序研究	现代汉语22类句式的习得顺序，"有"的句式是其中的一类	文献综述
王兴燕(2013)日本留学生"是"字句和"有"字句偏误分析	日本留学生"有"的偏误	偏误分析
肖青、冯丽萍(2011)美国学生对领属义"有"字句的使用情况分析	美国留学生"有"的领属义的习得情况	习得情况

施家炜(1998)研究汉语22类句式的习得顺序，"有"的句式是其中的一类，因此此文献用于该硕士论文的文献综述中。而王兴燕(2013)的研究涉及"有"字句的偏误，该硕士论文的偏误分析部分引用了此文献。ZY论文的习得部分则引用了肖青、冯丽萍(2011)关于美国留学生习得"有"的领属义的研究。

随着阅读文献的增多，还需要对文献和阅读笔记进行分类管理，把相同主题的文献和笔记放在一起。

切下来的资料怎么分类呢？我有很多夹子，在上面写上字就表示分类了。好比我写"北京大学"，夹进去的就全部是北京大学的资料。我不断用这种夹子分类，可以分出多少类呢？几千个类来，分得很细很细。一般图书馆的分类，好比哲学类、宗教类、文学类……宗教类又分佛教、道教、天主教等。我李敖分类分得比这个更细，好比"天主教类"还要细分，修女算一类，神父又算一类；神父里的同性恋算一类，还俗的又是一类。好比发生了一个跟修女同性恋有关的新闻，我要发表感想的时候，把这个夹子里的资料一打开,文章立刻写出来!换句话说,一本书被我大卸八块、五马分尸完,我并不是凭记忆力去记它,而是用很细致的分类方法,很有耐心地把它钩住,放在资料夹里。这样我就把书里面的精华逮到了,你这个资料就跑不掉了。①

对文献和笔记进行分类,一方面是为了便于查找,更重要的是为了整理思路,理清研究问题。当积累的文献非常多以后,还可以从变量、研究结果的角度来整理文献。

从阅读笔记所记录的文献信息、文献内容、对文献的评价以及所读文献的功能可以看出,做阅读笔记和整理笔记的过程是一个对所读文献深度加工的过程,在阅读文献的同时,思考自己的研究。

做阅读笔记的时候还需要注意的一点是记录阅读内容所用的语言,可以使用自己的语言,也可以直接引用原文。我们推荐使用自己的语言记录阅读内容,因为用自己的语言重新组织阅读内容是对文献的一个加工过程,有助于理解和记忆文献内容。经典、重要、有影响力的语句可以直接摘抄原文。摘抄原文时切记把摘抄的内容放入引号中,避免时间长了记不清哪些是重述文献内容,哪些是直接引用原文。在阅读笔记中用引号将摘抄的原文和自己的语言区分开来,能有效地避免不加引号地引用原文。

除了阅读笔记以外,在写论文的过程中,我们还可以有研究笔记。阅读笔记是研究笔记的主要部分。除了阅读笔记以外,研究笔记还可以包括以下内容:
- 研究问题
- 论文思路
- 时间安排
- 待办事项
- 参考文献

以上每个部分的内容都应划出专门的区域记录。

---

① https://www.sohu.com/a/386781142_694048。访问日期:2020年2月5日。

研究是"为回答所提出的问题而进行有组织的系统研究"(Hatch and Lazaraton, 1991),因此研究问题是我们进行研究、写论文的总指挥。大部分研究开始的时候,只有一个大致的研究方向,而没有明确的研究问题。研究问题通常是在阅读文献的过程中逐渐形成的,我们需要在研究笔记中随时把研究问题记录下来。随着研究的推进,研究问题也可能会发生变化,这些变化也需要记录下来。

和研究问题一样,论文思路也是一点一滴逐渐形成的,从最原始的一个大致研究方向,到形成具体的研究问题,到具体的研究设计,到数据分析的结果,到论文分成哪几个部分,这些都可以记录在研究笔记的"论文思路"部分。

很多论文都有交稿的截止时间,比如课程作业、学位论文,因此时间安排是论文写作中必须要考虑的因素,研究笔记中也需要专门板块来记录和时间安排有关的事宜。在"时间安排"这个部分我们可以计划自己的研究和论文写作的时间安排,确定完成数据收集、完成论文写作一稿和终稿的具体日期等。我们可以按照以下步骤制订一个整体的计划和时间安排。

(1)首先制订一个整体计划,确定完成论文各个任务的大概时间点,比如文献综述、数据收集、开题报告、一稿和终稿的完成时间。

(2)把整体计划分解成一些短期目标,确定每个短期目标的完成时间。例如文献综述可以分成若干部分,每个部分就是一个小目标。论文的每一个章节也可以是一个短期目标。数据分析的时候,如果需要分析100个被试的数据,那么可以把每20个被试的数据定为一个短期目标。

(3)根据短期目标制订每天的研究计划。每天找一个没有干扰、环境适宜的时间做研究。每天持续做相关的研究使你的思路是连续的。研究工作中断一段时间再捡起来需要一定时间才能接上之前的思路。因此一周每天花2个小时,比两天突击干14个小时的效率更高、效果更好。

(4)计划不是一成不变的。随着研究的开展,会出现一些意想不到的情况,比如需要阅读的文献增加了、某些被试没有出现需要找新的被试、实验结果不理想需要调整实验设计等。因此研究计划可能需要根据研究进展作出调整。

(5)在研究笔记的"时间安排"板块记录每天做了什么,比如收集了多少数据、分析了多少数据、写了论文的什么部分、写了多少字等。记录工作情况一方面能够监督自己是否每天做了与研究相关的工作,检查研究计划的执行情况;另一方面记录下来的工作成果也能作为一种奖励激励自己继续坚持做研究、写论文。

计划给研究者提供一个努力的方向,朝着短期目标和长期目标有序地迈进。

有些学生做研究、写论文效率不高,一个主要原因是按线性的顺序完成研究设计、收集数据、分析数据、撰写论文等各个阶段的任务。到了写论文阶段,他们除了写论文已经没有其他事情可做了,除了写论文就是无所事事。上述任务实际上可以交替完成,例如收集数据的时候写文献综述,分析数据的时候写论文的结论部分,写论文结论部分的时候修改引言和文献综述。总之,不需要等到前面的任务都完成了才开始动手写论文,在研究的不同阶段都要写!写!写!

练习

(一)把下列内容填入合适的框中(Bailey,2011)。

阅读摘要
阅读结论
浏览图表
阅读引言、主体
查找所需信息

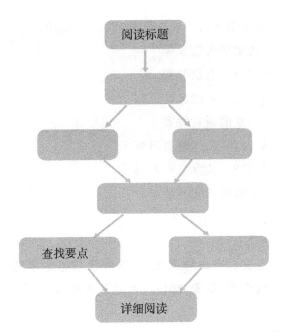

(二) 阅读下面的材料,确定远镜头、中镜头和特写镜头。

研究题目:诵读在对外儿童汉语教学中的应用考察研究

第1章 绪论

第2章 有关诵读的文献综述

 2.1 诵读的定义和分类

 2.2 与诵读相关的历史回顾

  2.2.1 传统的诵读

  2.2.2 诵读的衰落

  2.2.3 诵读的复兴

 2.3 诵读在教学中的作用

第3章 诵读在对外儿童汉语教学中的研究与应用现状

 3.1 诵读应用于对外汉语教学的相关研究

 3.2 诵读应用于对外儿童汉语教学的相关研究

 3.3 诵读在对外儿童汉语教材中的应用现状

第4章 儿童语言习得和认知的相关理论基础
    4.1 儿童的大脑发展
        4.1.1 右脑开发
        4.1.2 才能递减原则
    4.2 儿童的语言发展
        4.2.1 儿童语言习得
        4.2.2 儿童二语习得
    4.3 儿童的认知发展

(邵敬庭,2014)

(三)阅读论文《"产出导向法"在对外汉语教学中的应用:产出目标达成性考察》(朱勇、白雪,2019),填写下面的内容。

研究问题:＿＿＿＿＿＿＿＿＿＿＿＿＿＿＿＿＿＿＿＿
收集数据的程序和测量工具:＿＿＿＿＿＿＿＿＿＿＿＿
研究对象:＿＿＿＿＿＿＿＿＿＿＿＿＿＿＿＿＿＿＿＿
数据分析:＿＿＿＿＿＿＿＿＿＿＿＿＿＿＿＿＿＿＿＿
研究结果:
(1)＿＿＿＿＿＿＿＿＿＿＿＿＿＿＿＿＿＿＿＿＿＿
(2)＿＿＿＿＿＿＿＿＿＿＿＿＿＿＿＿＿＿＿＿＿＿
(3)＿＿＿＿＿＿＿＿＿＿＿＿＿＿＿＿＿＿＿＿＿＿

(四)阅读论文《媒介语在初级汉语二语教学中作用的实证研究》(吴琼,2018),填写下面的内容。

提出该研究课题的理由:＿＿＿＿＿＿＿＿＿＿＿＿＿＿
＿＿＿＿＿＿＿＿＿＿＿＿＿＿＿＿＿＿＿＿＿＿＿＿＿
研究问题:＿＿＿＿＿＿＿＿＿＿＿＿＿＿＿＿＿＿＿＿
研究对象:＿＿＿＿＿＿＿＿＿＿＿＿＿＿＿＿＿＿＿＿

收集数据的程序和测量工具：_____

数据分析：_____

主要发现：

(1)_____

(2)对结果(1)的解释：_____

(3)_____

第三章 段落(上)——概说

◇ **本章主要内容**

> ➤ 段落的定义
> ➤ 段落的构成
> ➤ 段落的一致性

一、段落的定义

段落是为了说明某个主要观点的若干有联系的句子。段落可以只是一个句子,也可以是很多句子。例如:

> 经过新文化运动,白话取代了文言的地位,成为全民使用的正规的书面语。这在中国历史、文化上是一个重大的转变。这一转变的重要意义,人们已经谈得很多,这里不拟重复。
>
> 但文言文在今天的社会生活中仍然需要。
>
> 现在,传承和发扬中华优秀传统文化得到了全社会的高度重视,……

(蒋绍愚,2019)

上述第一个段落由三个句子构成,第二个段落则只有一个句子。

段落本身可以是独立的,例如考试中的简答题写的段落就是独立的。段落也可能是一篇文章或一本书的一部分。汉语中段落的标记是段落开头两个汉字的空格。

根据段落在论文中的功能,段落可以分为引入段落、阐述段落、过渡段落和结论段落。引入段落通常是论文开始的若干段落,介绍背景,阐明主要观点,即论题。阐述段落由阐述某个观点的若干句子组成。过渡段落引导读者从一个观点转向另一个观点,通常比较简短。结论段落通常是论文的最后一个或若干段落,总结全文。(Brandon and Brandon,2017)例如《构式压制现象分析的语言学价值》(施春宏,2015)一文中的段落:

一、关于构式压制的基本内涵 　　构式语法(Construction Grammar)的兴起和发展,与人们对构式压制(construction coercion)现象的描写和解释有着显著而深刻的关联。面向语言计算分析的生成词论(The Theory of Generative Lexicon),也将如何分析构式强迫(即构式压制)现象作为理论的突破口和生长点。如下面这样一些表达形式就是相关研究的经典用例并成为反复讨论的焦点: 　　(1)He sneezed the napkin off the table.(他打喷嚏把餐巾纸打到了桌子下面。) 　　(2)He began the book.[他已开始写(或读、编等)那本书了。] 　　(3)He was always losing the key.(他总是把钥匙弄丢了。) 　　构式语法对这些用例的分析思路是这样的。就例(1)这类所谓的"论元增容"(argument augmentation)现象而言,"sneeze"本为一价动词,进入三价的使移构式(caused-motion construction)时,因受到来自构式的压力而获得了三价动词的句法语义特征。就例(2)这类所谓的"宾语强迫"(complement coercion)现象而言,"begin"本来应该带上表达事件的动词性成分(如 He began writing/reading the book),可是表达实体的名词性成分"the book"却出现于其宾语的位置,此时必须获得事件性读解才能正确理解其义。显然"the book"所获得的这种读解也是来自构式的某种压力,甚至可以具体地说来自构式中词项"begin"的压制。就例(3)这类所谓的"体压制"(aspect coercion)现象而言,"lose the key"本是一个表示达成(achievement)的事件,不具有动态延续性,却被用于表达动态延续的进行体中。也就是说,这里的词汇体受到了语法体的压制,使丢钥匙这类事	第三个段落的第一个句子表明前两个段落是引入段落

件重复出现,从而适应了进行体的语义要求。 　　这些现象就是所谓的构式压制。例(1)代表了构式整体对组构成分的上对下的压制。例(2)代表了构式中某个组构成分对另一组构成分的压制。例(3)的读解可以从以上两个角度进行:既可以从构式整体对局部组构成分的施压来看,即"lose the key"虽为非动态延续性的成分,但构式的形义关系要求它在进入构式之后要能获得动态延续(通过动作的重复出现来体现)的识解,这是自上而下的压制;也可以从句中的一个组构成分"always"对另一个组构成分"lose the key"的施压来看,这是构式中关键词项在句子成活中的压制作用(比较"He was losing the key"不能成活就可得知)。 　　……	
二、构式压制现象无所不在的根本原因 三、构式压制现象分析引导人们对构式形义关系做出新的认识 四、构式压制现象分析启发人们对语言用变和演变的机制做出新思考 五、构式压制现象分析进一步提升特殊界面现象的理论化地位	
六、构式压制现象分析的方法论意义 　　就目前的研究而言,构式压制所涉及的现象基本上就是语言学研究中一般所言的非常规现象、边缘现象(由此而形成新异现象),它们都在某些方面体现出新异性,或者是现象表现上的,或者是理论启发上的。	引入段落
非常规现象是相对于常规现象而言的,边缘现象是非常规现象的重要体现。所谓边缘,有两种情况,一是客观上的数量少、形式和/或语义及其结构关系相对特殊;二是研究者视野中的"边缘",某个理论体系中的"边缘"。构式语法以及生成词库论兴起的一个重要背景就源于对非常规现象、边缘现象的重视,或者说是将非常规现象、边缘现象由理论体系的边缘拉到了理论体系的核心,认为它们和常规现象、核心现象在本质上是一致的,并试图通过对非常规现象、边缘现象的能产性分析从而对整个语言现象做出全面的说明。构式语法对"构式"内涵的理解正是这种观念的体现。这是语言研究观念的重大调整。	阐述段落,说明什么是非常规现象、边缘现象

续表

然而,如何研究非常规现象、边缘现象,目前似乎还缺少系统的总结。但这并不影响人们在分析具体现象时展示出某种方法论原则。基于构式压制的分析给人们提供了探索的空间,尤其是探讨如何将整体论和还原论这两种方法论原则有机结合的问题。	过渡段落,从非常规现象、边缘现象的研究过渡到构式压制分析的方法论意义
构式压制分析首先体现的就是构式完形的观念。基于认知语言学/构式语法的方法论原则,一般认为其基本方法论是整体论(holism),特别强调语言现象的完形特征,即整体大于部分之和。在这种理论观念指导下,构式压制的基本内涵必然是构式整体形义关系对进入其中的组构成分进行施压,进而使其带上构式所赋予它的形式或/和意义方面的特征。也就是说,构式压制经历了两个过程,既"压"且"制","压"而"制"成。这是自上而下的分析策略。即便是强调词汇压制等压制方式,仔细分析起来,也并非纯粹词汇本身的问题,而是词汇所在的句法结构的作用。然而,如果只强调构式压制中"压"的一面(即"招聘"机制),显然只看到了互动机制的一个侧面,必须考虑"制"的一面(即"求职"机制)。而且我们认为,构式压制成功实现的基础是"求职"者自身的主体作用,有了这个主体才能在"招聘"者的主导下发挥作用。构式理论强调整体大于部分之和,但对如何"大于",这"大于"的部分又是如何产生的,却又说明不足,而容易将其简单地推到"浮现"的概念叙述中。"天赋性"似乎成了最后的避难所。另外,由于坚持整体观,以致很多强调整体分析的研究往往将还原分析视为一种落后的观念和方法。基于这样的研究状况,我们这里重点对构式压制现象研究中所体现的现代还原方法和方法论原则做出初步说明。 　　……	阐述段落,阐述构式压制分析中的整体论原则和还原论原则
七、余论	

二、段落的构成

段落由主题句、论证句和结尾句构成(Kanar,2011)。例如①:

> 查找文献和阅读文献是研究生需要具备的基本能力,是完成学位论文的必要前提,但是目前研究生阅读文献的能力令人担忧。关于文献阅读的重要性,学者们已经达成了基本的共识。根据邬智等(2009)的调查,1984—2009年之间与研究生阅读直接相关的46篇文献中,70%是关于阅读重要性的研究。尽管文献阅读的重要性已为人们所认识,但研究生的实际阅读现状却不容乐观。首先,从量的方面来看,导师们的一个普遍感受是现在研究生的阅读量不够(李红惠,2005;宗利永、孙绍荣,2006;张立军等,2012)。其次,从质的方面来说,研究生从文献中获取信息的能力不够(张立军等,2012),离开文献资料,不能说出文献的基本内容(薛瑞,2019)。邬智、孙侠(2009)对1704名研究生的调查发现,1/3的学生不能在较短时间内读完文献后复述文献的主要内容。再次,从技术层面来说,研究生既缺乏系统的检索文献的能力,也缺乏整理文献的能力(张立军等,2012)。因此,如何提高研究生的文献阅读能力是研究生培养的重要组成部分。②

主题句论述一个段落的主要观点,统摄整个段落,段落的所有内容都要围绕主题句展开。主题句由话题和论述点构成。例如下列主题句中,加点的部分是话题,下划线部分是关于话题的论述点:

> 易混淆词存在于第二语言学习者目的语使用和理解两个层面。
> 偏正结构是汉语学习者接触最多的、最熟悉的结构类型。
> 心理语言学的研究也表明语块是确实存在的语言单位。

例如,第三个句子是某个段落的主题句,通过这个主题句,读者可

---

① 本章中单下划线是主题句,波浪线是论证句,双下划线是结尾句。
② 该段落为本书作者自撰。

以知道,这个段落是关于"语块"这个话题的,这个段落的主要观点是"语块是确实存在的语言单位",而不是语言学家臆想出来的一个概念。段落主题句中的论述点不能相互没有关系。例如:

  韩国留学生语篇回指的偏误主要是学习方式、母语负迁移以及教材的影响造成的。

上述主题句中的论述点论述了语篇回指偏误三方面的原因,而这三方面的原因关系不太密切,因此这三方面的原因最好用三个段落来表达,上述主题句相应地也应拆成三个主题句。例如:

  造成韩国留学生语篇回指偏误的原因是多方面的,其中之一是学习方式。
  韩国留学生语篇回指偏误的第二个原因是母语的负迁移。
  教材的不当处理也会造成韩国留学生语篇回指偏误。

论证句提供支持主题句的论据,其主要作用是解释、论证主题句。支持主题句的论据包括列举数据之类的事实、举例子、引用权威的论述或已有的研究等。例如:

  人类都有类推的倾向,例如英语的过去式是"动词+ed",英语学习者就倾向于只要是过去式就都在动词后边加 ed,因此出现不规则动词也加 ed 的偏误,如 goed。实际上以英语为母语的儿童开始学英语的时候也会出现这样的偏误,说明了类推的普遍性。①

上述段落用英语学习者不规则动词过去式加 ed 的例子来论证主题句"人类都有类推的倾向"。

结尾句有两个主要作用:(1)标志段落的结束;(2)告诉读者要记住的重要观点。结尾句可以采用以下两种方式:

 A. 总结段落的主要观点。

---

① 该段落为本书作者自撰。

B. 换一种方式表达主题句。

　　20世纪最有影响的语言学理论是乔姆斯基提出的理论。这种理论把语言看成是一个高度系统化、按语法词汇规则组合的独立体系。但是语法规则体系只能解释语言中受规则制约的部分，对于不规则的部分，如习语、成语等则束手无策。而且并非所有合乎语法规则的结构都以相同的频率在语言中出现。根据乔姆斯基的理论，语言的创造性处于现代语言理论的中心地位："语言的基本特点是它给我们提供了表达无限思想的手段，以及在无限不同的新语境中得体应对的手段。"(乔姆斯基，转引自 Wray，2002)①人们能够说出和理解以前从没遇到过的句子，这一点当然正确，但是这一事实被过度强调了。语料库语言学的研究表明词语的结合并不像过去人们想的那么自由。根据语法规则，形容词可以和名词组合，因此可以说"红裙子、红太阳、红眼睛"，但是仅有语法规则还不够，因为根据形容词和名词组合的规则也可能会生成"红月亮、红熊猫"这样的组合。这时就还需要加上语义限制规则："'红'只能和具有'红'这种属性的词语组合"，因此"红月亮、红熊猫"之类的组合是不合法的。不过有些事物即使有"红"这个属性，在实际语言使用中一般也不和"红"组合，如一般不说"红桃花、红田地、红矿物"。(符淮青，1996：287)再如，我们可以说"一年比一年、一天比一天"，可是不说"一个月比一个月、一个星期比一个星期"。<u>由此可见，实际的语言使用中语言变换的可能性比语言规则所允许的要小得多，我们应当重视语言使用的这种不自由性——语言的习用性。</u>(钱旭菁，2009)

上述段落的结尾句总结了该段落的主要内容。

　　　　阅读中的语块加工优势还得到了病理语言学研究的支持。Arcara等(2012)考察了左忽视性阅读障碍病人对固定二项式短

---

① 本书例子中出现的文献请参见引文来源文献的参考文献。

语(irreversible binomials)的阅读加工情况。忽视性阅读障碍通常是由于大脑右半球受损而引起的,典型的情况多为左忽视性阅读障碍。病人在阅读字母、词和词串时,他们会典型地忽视左边的部分,因而时常出现遗漏、误读、替换等错误。研究者认为,固定二项式短语在心理词典中很可能是整体存储和加工的,因此他们预测,忽视性阅读障碍病人在阅读固定二项式短语时的表现应该要比非固定二项式短语(reversible binomials)更好。<u>该实验发现被试在阅读固定二项式短语时的表现确实要比非固定二项式短语显著更好,从而证实了固定二项式短语作为语块整体存储和加工的假设。</u>(易维、鹿士义,2013)

　　在汉语初始教学阶段,我们从词入手进行教学,一般教授其"言语意义",也就是词的具体义项。而词是以其"语言意义"贮存于头脑中的,也称为"贮存义"。王宁(2011)说:"语言里经常所说的词义,指的是词的语言意义,这种意义是脱离具体语境而存在的,是在词的聚合状态下贮存着的,所以我们称之为'无语境义'或'贮存义'。""没有哪一个人说话可以全面体现一个词的语言意义所包含的全部内容;但是,任何人说话都不能违背这个词的语言意义。"多种实验证明,人们头脑中是有词的存在的,是以其语言意义贮存的。作为语言单位的词是有其心理现实性的。神经语言学的研究成果证实,在人的大脑中语言单位是以词的方式存储和提取的。(杨亦鸣等,2006)<u>所以,我们必须从词入手,教授外国人初始汉语。</u>(赵金铭,2012)

上述两个段落的结尾句都是换了一种方式表达了段落的主题句。

　　不是每个段落都有结尾句,但是比较长的段落最好有结尾句。结尾句常常有一些语言标记,例如"总之""总而言之""毫无疑问""上述例子表明"等。需要注意的是,结尾句标志段落的结束,因此不要在结尾句中引入该段落主要观点以外的新观点。

三、段落的一致性

段落的一致性是指段落中的所有句子都为主题句服务。因此一个段落最好只表示一个问题,如果一个问题涉及很多方面,那么一个段落最好只表示一个问题的一个方面。例如要论述目的语环境下学习语言的优势和劣势最好用两个段落,一个段落表述优势,一个段落表述劣势。

   每种语言都有表示数量的固定用法。笔者刚来到中国学习汉语的时候,最让笔者困惑的就是如何正确使用相应搭配的名词与量词。有一天,笔者在做量词填空题的时候,中国同学偷偷地告诉笔者一个秘诀:"如果实在不行,就选'个','个'的使用范围越来越广,可以替换。"笔者发现这种方法十分实用,对量词"个"产生了兴趣。因此,笔者查阅了很多资料,发现汉语中的量词"个"在《现代汉语词典》(2007年第5版)里定义为:1.用于没有专用量词的名词(有些名词除了用专用量词之外也能用"个");2.用于约数的前面;3.用于带宾语的动词后面,有表示动量的作用(原来不能用"个"的地方也用"个");4.用于动词和补语的中间,使补语略带宾语的性质(有时跟"得"连用)。汉语量词使用比较多,也随时可以代替,所以很容易错。韩语中的量词没汉语多,随意替换也是很困难的。汉语的量词是词类之一,而韩语的分类词还不是单独的词类,它只是名词中被称为单位依存名词,没有独立性。①

上述段落论述了三方面的内容:(1)通过自己的经历引出汉语量词"个";(2)"个"的用法;(3)汉语量词和韩语量词的区别。由于该段落表述了多方面的内容,因此读者很难把握这个段落想表达的主要观点是什么。

---

① 本书所有未说明出处的语料均来自学生作业。

 练 习

(一)阅读下面的段落并回答后边的问题。

1.我觉得,要使现代汉语书面语有更丰富的表达力,不单要恰当地吸收一些古文的词语,还要注意学习古文的意境和表达。古文很多篇幅不长,但意在言外,含义深远。写景的文章,往往是寓情于景,如上面引的苏轼《记承天寺夜游》,不但写了月色,也写了作者的情怀;柳宗元的很多山水小品,都写得"凄神寒骨,悄怆幽邃",使人感慨。写人的文章,着墨不多,但感人至深,如《史记》写廉颇、蔺相如,真是千载下凛凛有生气;方苞写左光斗,只写了狱中的一件事,就写出其"肺肝皆铁石所铸造也"。古文的表达,有很多值得学习。欧阳修写《醉翁亭记》,原稿开头是"滁州四面有山",凡数十字,后来改定,只"环滁皆山也"五字。范仲淹《严先生祠堂记》,原稿作"云山苍苍,江水泱泱,先生之德,山高水长"。后来把"德"改为"风"。(杨树达,1953/1980:30、19—20)这样的改动,使文章增色不少。这告诉我们,文章的开头该写得简练峭拔;文章的用字,有时用具体的意象比用抽象的概念气象更为阔大。这都是我们在提高现代汉语书面语的表达力时值得学习的。(蒋绍愚,2019)

(1)这个段落的主要观点是什么?
(2)关于这个主题,作者论述了哪两个观点?
(3)作者用什么例子支持每个观点?

2.基于原型的范畴化可以这样表述:一个类当中有一个最典型的成员,它就是这个类的原型。该类中的其他成员根据它们与原型的相似程度跟原型具有相应的对应关系,这种相似程度是有层次的,有

的成员与原型相似性多一些,有的成员与原型相似性少一些。比如"鸟"是一个范畴化了的概念,在这个范畴里有一些成员是典型成员,比如麻雀、画眉、喜鹊等,鸡、鸭、鹅等成员典型性就要差一些,而企鹅和鸵鸟就更不典型了。我们说麻雀类成员是"鸟"这个范畴的原型,鸡类成员是原型的外围成员,企鹅等成员则是范畴的边缘成员。

范畴化的理论在语言学中的应用可以解释很多现象。举例来说,现代汉语的介词"由"可以标引不同的语义角色:位移的起点、发展变化的源头、位移的路径、位移的经过点、判断的依据、致使结果事件的使因或者缘由、活动时间的责任承担者或者发端者。这些语义角色以源头(起点)为原型。此外还有一些语义角色则属于另外的范畴。(崔希亮,2009)

(1)这两个段落的主要观点是什么?在主题句下画线。
(2)作者用什么例子支持他的主要观点?用[ ]标出例子。
(3)哪些词语引出例子?圈出这些词语。

3.易混淆词存在于第二语言学习者目的语使用和理解两个层面。也就是说,易混淆词不仅体现为口头表达和写作中的词语混用,还体现为阅读和听辨中的词语误解。口头表达和写作中的易混淆词是指学习者普遍混用的词对或词聚,包括当用词和误用词两方,应当用甲的情况下常常误用了乙,甲和乙就是一对易混淆词。阅读和听辨中的易混淆词是指由某词与学习者予以另解或另认的词构成的词对,即本来是甲词,常被误解或误认为乙词,甲和乙就是一对易混淆词。例如,据钱旭菁(2005)报道,被试将"每当回忆起童年那段往事"中的"往事"理解为"故事";再如,外国学生常将"日前"认作"目前",将"统一"(如"课本由学校统一买")听成"同意",类似的词对也是易混淆词。

使用层面的易混淆词是显性的,理解层面的易混淆词是隐性的。以往对易混淆词的研究大多局限于使用层面,这是很不够的。从数量来说,理解层面的词语混淆现象更多更普遍,因为学习者在听话和阅读时接收的词语的数量总是大于应用型(或曰积极型)词汇的数量,为了理解说话人和文本的意思,学习者必须对生词的意义进行猜测,这必然会使听话和阅读理解时发生词义误解或词语误认的几率相对较高;而学习者在语言表达中能够调动的词汇有限,加之经常使用回避策略,不少听和读的过程中误解误认的词语没能暴露或很少暴露出来。另外,从词语误用和误解的关系来看,误解一般会导致误用,是误用的根源,比如外国学生把"往事"理解为"故事",在中介语中,确有该用"往事"而用"故事"的情况:

④他只有采用了一个下午来作为三十年的【故事】。

⑤过今年中我最忘不了的【故事】是春节和元宵节的时候跟同学们过节日。

⑥那时候我们也去看一个地方对中国人很不可能忘记。那个地方叫七三一,进入里面可以看到一前的【故事】,很难过。

而语言表达中的误用,未必以阅读中的误解或误认为基础,比如,尽管"用出租车"这样的误用相当普遍,但外国学生一般不会误解"乘(坐)出租车"或"用出租车运书"之类的表达。由此看来,研究易混淆词不能只关注外国学生的词语使用,还应通过阅读课和听力课教学或相关语言测试发现更多的隐性易混淆词。(张博,2007)

(1)第一个段落的主要观点是什么?

(2)第二个段落的主要观点是什么?作者用什么论据支持这个观点?

(二)把下面的句子按顺序排列,并画出主题句、论证句、结尾句。

A. 语法格式是如此,词汇更是如此。

B. 所以,可以说,要很好地掌握现代汉语,就必须懂文言文。

C. 从语言方面讲,我们今天的现代汉语书面语中有不少文言成分。

D. 实际上,很多文言成分积淀在今天的日常语言中,成为现代汉语有机的组成部分。

E. 但是,在某种情况下,仍然要用这些文言虚词,如"高山之巅""自圆其说""以少胜多""集体所有"。

F."在其形成与发展过程中,文言语法成分起了十分重要的作用,是现代汉语书面语正式、典雅语体风格的主要决定因素"。

G.很多文言词在现代汉语中不单用了,但作为语素还很活跃,如"奥"可以构成"奥秘""奥妙""奥义""深奥"等。

H.这些文言成分不是外加的,不是因为仿古、转文而使用的,而是现代汉语的书面表达(特别是比较典雅、庄重的书面表达)所必需的。

I.而且,即使在口语中,有的还是不可替代的,如"三分之一","之"不能换成"的";"以大局为重","以"不能换成"拿"。

J.有的词在历史上早已被替换,如"舟"已被"船"替换,但在现代汉语中,有时还必须用旧词,如"扁舟""诺亚方舟""神舟七号"。

K.孙德金(2013)对此作了很好的论述:"现代汉语书面语是在近代白话的基础上,融合了文言、方言及其他语言(主要是以英语为主的西方语言)的成分,经过百年多发展而成的",

L.在成语中保留文言词语更多,如"唯利是图""空空如也""披荆斩棘""有的放矢""罄竹难书""破釜沉舟"等等,这些都要有一定的文言知识和历史知识才能正确理解。

M.比如,"之""其""以""所"是四个很常用的文言虚词,今天在一般情况下,会用现代汉语的虚词代替,"之"换成"他/它","其"换成"他的","以"换成"用","所"换成"……的"。

(蒋绍愚,2019)

(三)阅读下面的段落,在横线上写出主题句。

_____。自我创造、改造主要是指直接利用本民族语言材料或对本民族语言材料重新改造而创造出来的新词语,像"希望工程""万元户""小康""下岗""健美"等就属于自我创造性新词。"革命"(出自《易经》"汤武革命,顺乎天而应乎人")、"政治"(出自《墨子》"是以政治而民安也","政治"在这里是主谓结构)、"文化"(出自《太平经》"治者,当象天以文化")、"同志"(出自《国语》

"同姓则同德,同德则同心,同心则同志")等则属于改造后赋予了新意义的词语。由外输入是指共同语从外来语或地域方言中借入词语的情况,像"迪斯科""卡拉OK""色拉""纳米""的士""克隆"等就属于借用外来语的新词语,而"侃""搞定""尴尬"等则属于借用地域方言的新词语。(崔希亮,2009)

(四)找出下面段落的主题句和论证句,标出举例、数据、引用。

1. 偏正结构是汉语学习者接触最多的、最熟悉的结构类型。根据许敏(2003)的统计,《大纲》中的偏正结构所占比例最高,约43.24%。学习者在学习过程中接触到的偏正结构是最多的,他们对偏正结构也最为熟悉。徐晓羽(2004)的实验研究证明了学习者的偏正结构意识强于联合结构意识。邢红兵(2003)对留学生新造的偏误词的统计也说明,各级留学生的偏误词中偏正结构最多,其次是联合结构。学习者还因熟悉该结构而将该结构过度泛化,生成本来不应该是偏正结构的偏正结构偏误词,如"兵人"等(邢红兵,2003;徐晓羽,2004)。本次测试中也有学习者把一些词语按照偏正结构的格式来解释,例如"险峻"就是"危险的峻";"轻便"就是"轻轻的便"。(干红梅,2010)

2. 第二次世界大战期间,美国需要大量的能说外语的士兵。从1942年开始美国政府和55所美国大学签订合同,建立语言教学项目,对士兵进行外语培训。这就是著名的"军队专用训练项目"(Army Specialized Training Program, ASTP),其教学法又称"军队法"。前后参加训练的士兵大约有15000名,涉及的语言有27种,大多数是亚洲特别是东南亚国家的语言。(Howatt,1984)……ASTP的对象是军人,又有迫切的现实需要,因此教学中采用强化、沉浸的方式,一般每周学习6天,每天10个小时。(刘颂浩,2007)

3. 语言学能和人类的一般能力有一定的重叠。卡罗尔等人1959年的研究中,语言学能和不同的智力测验存在着中等程度(0.34—0.52)的相关,这一结论在后续的研究中基本上得到了证实(Dörnyei,

2005)。但语言学能具有相对独立性,和智力不完全等同。很多语言学习上的天才在智力方面并非同样出众,甚至远远低于平均水平。史密斯等人 1995 年用 240 页的篇幅记录了一位出生于 1962 年的男子。该男子在出生后 6 个星期即被确认为大脑损伤患者,后来被送进精神病院。他不能照顾自己,常常迷路,手眼协调极其困难,刮胡子、系纽扣之类的事做起来困难重重。但是他却能用 15 到 20 种语言进行读写活动和口头交流,而且学习语言的速度奇快。(转引自 Johnson,2002)(刘颂浩,2007)

(五)阅读下面的段落,画出主题句。用[1][2][3]标出论据,并给段落写一个结尾句。

　　心理语言学的研究也表明语块是确实存在的语言单位。人们是更擅长记忆(从记忆中提取现成的预制语块)还是更擅长计算(根据语法规则生成自由组合)?对于这一问题,Aitchison 认为:"人们一开始从记忆中提取习用的东西,如果行不通,再转向计算。"L1 习得研究发现,儿童在某一阶段在某些可以预测到的社会场景中使用大量未经分析的语块。一个母语为汉语的儿童(3 岁 2 个月)在幼儿园体能测试时听到了"预备起步跑"这样一个词语串,其中的"跑"是他能理解的词语,而"预备起步"对他来说是新的语言结构,但根据语境他知道这个词语串用于开始做某件事以前。由于他不知道"预备""起步"的意思,因此他把"预备起步"当作一个整体储存、使用,在他要求母亲给他讲故事时说"预备起步讲"。L2 习得研究也发现了类似的现象。Wong-Fillmore 用了 1 年的时间收集学习英语的西班牙儿童的自然语言材料,发现在他们的语言中预制语块占了主要的部分。另外,很多失语症患者其他语言能力都丧失了,但是却保留了某些语块。_____

_____

(钱旭菁,2008b)

(六)下面的段落有什么问题？

　　语素是最小的语音、语义结合体，是最小的语法单位。汉语语素的基本形式为单音节语素，有些双音节语素来自古汉语的联绵词，有些多音节语素是音译外来词。语素可以是一个词，也可以是一个构词成分。语素不是独立运用的语言单位，它的主要功能是作为构成词语的材料。说它是语音、语义结合体，有意义的语言单位，目的是把它跟音节区分开来，有些音节光有音没有意义，不能看作语素，如"雳""馄"。说它是最小的有意义的语言单位，不属于独立运用的语言单位，目的是把它跟词区分开来。

第四章 段落(中)——定义性段落、分类性段落

◇本章主要内容

> ➢ 定义性段落
> ➢ 分类性段落

一、定义性段落

概念是讨论问题、学术研究的前提。不同的学者研究、讨论的是相同的概念才有对话的意义。因此研究首先需要对相关的概念作出清晰、准确的定义,否则就无法与其他学者沟通。例如几个人在一起讨论马:

> 第一个人说,我见过一匹10000斤重的马。
> 第二个人说,我见过一匹10厘米长的马。
> 第三个人说,哪里有重达万斤的马?更不会有10厘米长的马!
> 第一个人回答道:"我说的是河马!"
> 第二个人回答道:"我说的是海马。"

(宋怀常,2010)

上述例子表明,对概念的定义不同,讨论完全没有意义。

哪些概念需要定义?第一是一个研究中的关键性概念或专业术语,例如要研究媒介语在汉语教学中的作用,那么就需要对媒介语作

出定义,例如(吴琼,2018):

> 媒介语是指"教师进行课堂教学所使用的语言"(周星、毛卫娟 2006)。在对外汉语教学领域,媒介语通常是指"为了方便汉语初学者的学习而使用的一种师生双方都能够理解的辅助教学语言"(陈夏瑾 2013)。

再如关于伴随性词汇学习或语速的研究就需要分别定义"伴随性词汇学习"和"语速"。

第二是有争议的概念,如关于什么是同音词,学者们有分歧,因此在进行同音词的相关研究时,张博(2004b)对同音词这个概念作出界定:

> 早在上个世纪五十年代,"同音词"就被作为一种重要的词语类聚列入词汇学专著和语言学教材中。综观 50 年来的有关研究,首先引起我们注意的是"同音词"概念的界定发生了由宽而严的变化。宽式界定在早期著述中常见,基本表述为"语音形式相同而词义不同的词是同音词",是在属概念"词"上加两个种差作出的。种差一"语音形式相同"显然没有问题,而种差二"词义不同"则属冗余限定,因为词是音义结合的语言单位,一个词之所以能作为独立的个体存在于语言的词汇系统之中,必在语音形式或意义内容上与他词有所不同。既然同音词已在语音上相同,"词义不同"是理所当然的,语言中怎么可能存在两个音形皆同而词义也完全相同的词?即便字形不同、音义全同,也只是一词之异体或用字之通假,而不是两个词。因此,用"词义不同"来限定同音词的意义关系等于没有限定,而且也无须这样限定,这与同义词不用"语音不同"来限定一样。透过这种限定过宽的逻辑失误,可以看出当时同音词与多义词的区别尚未引起足够重视,学者们在认识同音词的意义关系时,一般没有把多义词的特点作为主要参照,因而在同音词的定义中没有特别强调同音词与多义词差别的意图。严式界定已出现于早期的一些著述中,以后渐被认同。基本表述大致可分为两类,一类把同音词的意义表述为"完

全不同",另一类表述为"没有任何联系"或"毫无联系"。两种表述虽说都对"词义不同"严加限制,可仍不具有逻辑上的严密性,因为汉语中确有一些语音相同而词义也有相同相通之处的词,例如由词义分化而产生的同族词"平—坪(平地)""鱼—渔(捕鱼)"等,既有相同的语义成分,又有源流相因的关系,并非意义"完全不同"或词义"没有任何联系"。

再看下例:

> 本文将外来词融入汉语,并成为汉语的有机组成部分的这种现象及其过程称作外来词的"汉语化"。以前的考察基本上将这种现象称作"汉化",如李荣嵩(1985)、杨振兰(1989)、颜红菊(2002,2003)、宋春淑(2005)、杨锡彭(2007)等。我们认为,"汉化"这个术语概括得不够到位:一是过于宽泛,不够准确;二是历史上语言之外的领域对"汉化"的理解大都带有大汉族主义的倾向。也就是说,"汉化"这一概念有时带有某种价值评价,而且更多的时候是从汉族文化和心理等方面加以探讨的。而以外来词的"汉语化"来概括这种现象则可以使我们的问题更集中,观点更明确。(李艳、施春宏,2010)

上述定义的争议表现在表达概念所用的术语不同,已有研究多用的是"汉化",作者用的是"汉语化"。

第三,有不同版本或流派的理论或方法的概念也需要定义,如普遍语法理论至少有经典理论、管辖与约束理论以及最简方案三个不同时期的理论(刘金凤、梅德明,2017),相关研究采用的是哪个理论是需要定义的。

第四,借用已经为多数研究者采用的术语但有新内容的概念需要定义。例如"语言变异"是社会语言学中的一个概念,指的是"说话者的语言表达系统由于社会因素(社会等级、职业等)、社会心理因素、心理语言因素而产生的语言变化形式"(王建勤,2009)。语言习得研究借用这个术语来研究二语学习者的语言表现,就需要重新定义。例如施春宏等(2017)在研究汉语双及物式的习得时,将"语言变异"定义为"在第二语言学习过程中出现的临时变动现象"。

在研究的最开始,研究者并不了解所要研究的概念是什么,这时候他们往往从可观察的现象出发,给要研究的概念下一个操作性定义。操作性定义是指用可观察、可测量的操作给一个概念所下的定义(斯塔诺威克,2005)。同一概念可能有不同的操作性定义。例如"热"这个概念可以分别从热力学和动力学两套理论体系下不同的操作性定义。复杂的概念可以用若干操作任务来定义,而不只是由一个单一任务来定义。若干操作任务各自都在观测同一个概念,但是手段略有不同。例如"阅读能力"是一个相对来说比较复杂的概念,需要用若干测试来定义。

定义可分为简单定义和扩展定义两种。简单定义一般用一句话定义某个概念的内容,扩展定义除了定义概念内容以外,还用其他方法来说明某个概念。例如:

> 语块是指在语言运用中作为一个整体储存、提取和使用的结构,是"一种连续或非连续的序列,由词或其他有意义的成分组成"(Wray,1999)。嵌入式语块是汉语语块的一种,是以单音节动词和名词性成分为基础结构,中间嵌入形容词性、名词性或动词性成分而构成的。例如:
>
> 吃闲饭　　吃青春饭　　打肚皮官司　　打嘴仗
> 读死书　　喝闷酒　　　碰软钉子　　　装洋蒜
>
> (李慧,2012)

上文中"语块"是一个简单定义,而"嵌入式语块"除了说明该概念的内容外,作者还举了例子来说明这个概念,因此是一种扩展定义。

扩展定义的方法有很多种,如引用词典或其他文献的定义、举例子、作比较、追踪溯源、列举特征以及通过否定来定义。

(一)词典或其他文献的定义

词典作为具有科学性和权威性的代表,很多研究者可能会引用其中的定义。

"工具"一词在《现代汉语词典》(第7版)中有两个义项:"❶进行生产劳动时所使用的器具,如锯、刨、犁、锄。❷比喻用以达到目的的事物:语言是人们交流思想的～。"由词典释义可知,"工具"义有广狭之分,狭义的"工具"指人类从事某项具体的生产活动时所使用的有形的器具;广义的"工具"泛指人类从事各类活动时为了达到目的所凭借的各种事物。以往研究多采用的是狭义的"工具"。王力(1982:27)考察同源的词与词之间意义关系时指出,同源的词与词之间的意义有多种关系,包括工具、对象、性质、作用等,其中,"凡借物成事,所借之物就是工具"。参考王力(1982:27)的观点,我们认为,在某个词语词义系统内部或某组同族词之间,如果其中一个意义表示某种事物,另一个意义能够表示"凭借该事物施行的动作",则凭借的这个事物即可视为工具。

(二)举例子

举例子是扩展定义最常见的方式,例如蒋绍愚(2014)定义"第一次分类"时就列举了多类例子①:

第一次分类:在各种语言中(或同一种语言的不同历史时期中),把一些事物、动作、性状归为一类,成为一个义元(semantic unit),把另一些归为另一类,成为另一个义元。这种分类,在不同语言中,或同一种语言的不同历史时期中,可以是不同的。

(1)上面所说的例子,可以列表如下,其分类的不同可以看得很清楚。

(2)颜色词也是分类的一个好例子。阳光透过三棱镜,呈现一个光谱,这个光谱里的各种颜色,其实是有连续性的,它本身没有分成类,分类是人为的,而且人们的分类并不相同。古代汉语分为五色,现代汉语一般分为七色,英语一般分为六色,而菲律宾

---

① 引文省略原文中的表格。

的 Hanunóo 语分为三色：在"赤—橙"区域的是(ma)rara?，在"黄—绿"区域的是(ma)latuy，在"蓝—紫"区域的是(ma)biru。

(3) 其他表事物的词语也有分类问题。如：在上古汉语中，生物表层的东西分为两类，人身上的是"肤"，兽和树身上的是"皮"。在英语中也分为两类，但分类不同：人和兽身上都是"skin"，树上是"bark"。而现代汉语中分为一类，人、兽和树都是"皮"（但在某些场合仍用"肤"，如"润肤露"）。

(4) 表动作的词也有分类问题。如：人们往身上穿戴衣物的动作，上古汉语中分为三类，往头上套叫"冠"（去声），往身上套叫"衣"（去声），往脚上套叫"履"。中古汉语中合为一类，都叫"著/着"。现代汉语又分为两类：头上叫"戴"，身上脚上叫"穿"。

(5) 表性状的形容词也有分类的不同：古代汉语中横向的距离用"长—短"，纵向的距离用"高—下/卑"，人的身体和横向的同一类，也用"长—短"。现代汉语中横向的距离用"长—短"，纵向的距离用"高—低/矮"（这是词汇替换），人的身体和纵向的同一类，用"高—矮"。英语横向的距离用"long—short"，纵向的距离用"high—low"，人的身体矮的和横向的同一类，也用"short"，高的另成一类，用"tall"。

为了说明"第一次分类"是什么，上述论文列举了颜色词、表事物的词语、表动作的词以及表性状的形容词作为例子。

(三) 作比较

将要定义的词语与读者已有的知识进行比较。

他认为，应该区分两种发展水平。能够独立地解决问题，这是实际发展水平。需要成人指导或者与能力更强的人合作才能解决问题，这是潜在发展水平。两种发展水平之间的距离，或者更准确地说，潜在发展水平减去实际发展水平，就是最近发展区。最近发展区描述的是儿童的可见的未来，是动态的概念，和静态的 IQ 分数完全不同。（刘颂浩，2007）

上文在定义"最近发展区"时,作者就将该定义与人们可能比较熟悉的IQ分数进行了比较。

（四）追踪溯源

通常我们研究的内容前人已有一些相关的研究,对某些概念不同的学者可能也做过一些界定。不管是采用某位学者的定义还是提出自己的定义,研究者常常在论文中介绍一下相关概念从最早提出时的定义到随后人们对这一概念认识的发展变化。例如施春宏等(2017)在给语块下定义之前,介绍了这个概念从提出以来的发展过程：

> 语块理论发端于心理学领域的相关研究。早在1950年,美国心理学家就把单个信息组成的更大单位,即记忆对信息加工过程中所操作的单位,命名为chunk(一般译为"组块")(Miller & Selfridge,1950)……Becker(1975)借鉴心理学组块研究的成果,突破了习语研究的局限,将作为人类记忆和储存、输出和使用的固定或半固定模式化的板块结构统称为"语块",……
> ……
> 相对而言,Nattinger & DeCarrico(1992)对语块性质的定位更加具体、明确,更能体现语块的交际本质。该研究将这种模块化了的块状结构称为词汇性短语(lexical phrase),认为语块是一些长度不同的、介于传统的词汇与句法之间的语言结构；与临时组装起来的结构相比,词汇性短语有较为固定的形式、功能以及习语性的意义。……至于Wray(1999,2002)从形式角度出发,将一些非连续的词串也纳入语块的研究范围,则是基于语块基本性质在范围上的进一步拓展。Wray(1999)指出,语块是"由连续或不连续的词语或其他有义元素预先建构成的一组序列,它是作为一个整体而被储存在记忆中的,并在需要时整体提取出来,并非经由语法分析而产生"。

（五）列举特征

在对相关概念下了定义之后,很多论文会进一步说明该概念有哪些性质或特点,以进一步说明该概念。如上文提到的语块概念,施春宏等(2017)首先介绍了有关这个概念的历史发展,然后给出了自己的定义:

> 语块是由连续或不连续的词语或其他有义元素预先整合成的、形式和意义/功能相匹配的实体性语言交际单位。

之后该文进一步说明了语块具有结构预制性、整体存取性、界面性、共时性、网络性、动态性六个方面的性质。

(六)通过否定来定义

有时为了说明一种现象,需要从排除不是这种现象的对象开始。例如,史有为(2017)在研究话尾巴现象时,排除了半截句、后置高端小句、前句尾紧接的另一小句、判断小句后置、句主干后置这些非话尾巴的现象。

二、分类性段落

无论是在日常生活中,还是在科学研究中,分类随处可见。超市里你能迅速找到你要买的东西,图书馆里你能迅速找到你需要的图书,博物馆里你能迅速找到你想看的展品,都是因为这些地方的东西是分类存放的。科学研究中的分类常常是为了能对研究对象进行深入的研究,例如对语言结构的分类、对学习者偏误的分类等。

分类的目的不同,分出来的类别可能完全不同。动物园的分类和动物学家的分类可能很不一样,动物园中动物的数量有限,其分类只需要帮助游客找到相应的动物即可。而动物学家研究的动物数量可能很多,其分出来的类比动物园中的类别要细得多。随着研究的深入,动物学家可能会增加、改变所分的类。再比如关于大学教授也可以根据不同的目的分成不同的类别。一个学生 A 给大学校报写一篇介绍性的文章,向一年级新生介绍教授职称的意义,那么这个学生的分类就是"教授""副教授""讲师"。另一个学生 B 则是根据教授的教学风格写一篇幽默型的文章,那么他的分类可能是"激情型""不动声色型""天花乱坠型"等。这两篇文章的读者也不一样,前一篇文章的读者是大学一年级新生,对学校里的老师还不太了解。而第二篇文章的读者则是已经听过不同教师的课的老学生,否则无法理解 B 的幽默。因此分类段落必须明确分类的目的是什么。

从中介语立场出发的易混淆词可以根据研究目的的不同,分出不同的类别。例如,为了说明易混淆词与立足于汉语本体研究的同义词、近义词的联系和区别,易混淆词可以分成以下类别(张博,2007):

(1)理性意义基本相同的词,也就是狭义的近义词

(2)有相同语素的词

(3)语音相同或相近的词

(4)字形相近的词

(5)母语一词多义对应的汉语词

(6)母语汉字词与对应的汉语词

(7)方言词与对应的普通话词

为了说明易混淆词的性质,还可以从易混淆词的特征入手进行分类,如根据词际关系,易混淆词有一对一混淆、一对多混淆和多对多混淆等类型;根据误用方向,易混淆词又可以分成单向误用和双向误用两类(张博,2008c)。不同母语背景的学习者易混淆词有共同的特征,也有其特有的误用表现。某一母语背景学习者特有的易混淆词表现,就需要根据其独特表现进行分类。例如蒙古学生易混淆的不只是词,词和不成词语素、词和词组之间也会混淆,因此蒙古学生特异性易混淆词就可以分成词与词混淆和跨语言单位混淆两类(周琳、萨仁其其格,2013)。

在研究的过程中,对相关研究对象的分类一般遵循以下几个步骤:

(1)选定一个群体;

(2)根据分类的目的,确定分类的标准;

(3)分出不同的类别;

(4)分别描写每一类。

 练习

(一)阅读下面的定义性段落,说明每个段落用了哪些定义方法。

1. 要想正确理解阅读,还有必要说明阅读不是什么。Hudson(2007:28—29)指出,阅读不是:一、口语能力的强化;二、语法或语篇分析;三、新词语的习得;四、翻译练习;……(刘颂浩,2016)

2. 这(化石化)指的是中介语中稳定不变的一些现象,包括语言项目、规则或者子系统等。它们在相当长的时间内不会改变,也不受任何因素(输入、教学时间和方法、学习者年龄、练习方式和强度等)的影响。这就是说,化石化具有以下几个特征:持久稳定、不受外界影响、对成人和儿童都起作用。(刘颂浩,2007)

3. 教学模式是指具有典型意义的、标准化的教学或学习范式。教学模式与教学方法既有共同点,也有相异之处。教学模式是一种方法,教学方法也可以形成模式。一种卓有成效的教学模式常常需运用多种教学方法,而一种长期使用、效果显著的教学方法,通过归纳、总结,也可以提炼、升华,成为一种基本模式。简言之,教学模式比较概括、抽象,教学方法比较实在、具体。(赵金铭,2007)

4. 输入与听、读两项技能相连,指的是环境中存在的语言材料,即学习者听到或看到的语料。输出与说、写两项技能相连,是学习者说出或者写出的话语。科德(1967)提出,应该对输入进行更严格的定义。他认为,仅仅在课堂上展示给学习者的语料并不能称为输入;输入应该指"大脑吸收的内容"(what goes in),而不是"供大脑吸收的内容"(what is available for going in)。他建议把"吸收的内容"叫作吸入。这个术语后来被广泛接受。不过,研究者保留了输入一词,用来指"供吸收的内容",与吸入形成对立。也就是说,在输入和输出中间还有一个吸入环节。(刘颂浩,2007)

5. 在第二语言学习中,学习者获知目的语词 A 对应的是母语词 A'后,可能会把为 A'所有而 A 并没有的意义推移到 A 上,因而造成目的语词语误用或误解,本文称这种现象为"母语词义误推"。例如,母语为英语的学习者学过"找到"后,知道它对应的是英语的 find (to get back sth./sb. that was lost after searching for it/them),于是把 find 的另一义位 to discover sb./sth. unexpectedly or by chance(发现)(《牛津高阶英汉双解词典》第 6 版,商务印书馆/牛津大学出版社,2004。以下简称《牛津》")推移到"找到"上,导致如下错误表达:

(1)他是先谁【找到】美国的,很多人以后也从西半球到美国。(他是最先发现美国的人,后来很多人也从西半球来到美国。)

(2)可是大夫幸亏【找到】妈妈的癌症,要不然可以展开。[幸亏大夫发现了妈妈的癌症,否则(妈妈的癌症)就有可能扩散。]

(张博,2011)

6. 完句成分就是虽然在句中不属于主要成分而属于次要成分,但能够使句子具有表述能力的、在句子生成过程中必不可少的成分。对汉语的完句成分吕叔湘(1942)早已指出过。他指出:"为之者难者亦易矣"和"仲子所居之室"中,"者、所"有一种完形作用,此外,"晋国,天下莫强焉"中的"焉"字是"完成句意的必要成分"。陆俭明(1982)也指出:"从一部分副词独用必须带语气词这一点看,语气词的作用不只表语气,似乎还有'成句'的作用。"正式使用"完句成分"这一概念的是胡明扬、劲松(1989):"非独立句段加陈述语调不能成句,总让人觉得缺了什么,还应该接着说下去……非独立句段在语义上是完整的,但在结构上是不完整的,所以不能独立成句。对比相应的独立句段可以发现非独立句段缺了一点东西,这就是所谓完句成分。"(金廷恩,2007)

(二)分别用不同的方法定义下面的概念,并标明所用的定义方法。

1. 语素
2. 洋泾浜
3. 语码转换

(三)阅读下面的段落并填写表格。

隐喻(metaphor)是一种重要的认知模式,可以这么说,没有隐喻,我们就无法表达某些概念。……Lakoff 和 Johnson 把隐喻分为三类:结构隐喻、方位隐喻和实体隐喻。"时间就是金钱"是结构隐喻,它是以一种概念结构来构造另一种概念结构,"时间"和"金钱"在概念结构上具有相似性,我们可以说"花时间""花钱",也可以说"浪费时间""浪费金钱";"情绪高""情绪低"是方位隐喻,在这里我们利用属于空间概念的"高""低"来隐喻情绪这样抽象的概念;"孩子们在书本中汲取知识"是实体隐喻,在这里我们把抽象的概念"知识"隐喻为实体,并把一种实体"孩子们"隐喻为另一种实体——容器,因为只有容器才会"汲取"。(崔希亮,2009)

类别			
例子			

(四)阅读下面段落的内容,填写表格并给出你自己的例子。

推理有三种模式:归纳推理、演绎推理和溯因推理(abduction)。归纳推理根据观察到的实例和结果建立规律,而演绎推理则是将规律运用于实例以预测结果。以三段论为例,根据规律"人终有一死"和实例"苏格拉底是人",我们可以推测出结果"苏格拉底终有一死",如果规律和实例都为真,那么推测出的结果也必然为真。与之相反,根据结果"苏格拉底终有一死"和实例"苏格拉底是人",我们可以推测出一条规律"人终有一死"。除此之外,我们还可以根据规律和结果推测实例,即根据"人终有一死"和"苏格拉底终有一死"推测出"苏格拉底是人"。这一过程即溯因推理——根据观察到的结果,调用规律,从而推测出可能的实例(Andersen,1973)。(李加鏊,2019)

	归纳推理	演绎推理	溯因推理
定义			
例子			
你的例子			

(五)施春宏(2006)《关于成语用变和演变的思考》一文提出了成语的三种用变方式,阅读论文,填写下面的表格。

用变类型	例词	原义	新义/新形	用变动因
	七月流火			
	豆蔻年华			
	明日黄花		昨日黄花	

(六)阅读下面关于偏误分类的段落,填写表格。

偏误分析有两方面的目的,一是为了系统地描写学习者的语言系统;一是为了增加对语言学习过程的了解,寻求其中的规律性和普遍性。对偏误的分类也可以从这两个角度入手。此外,也有人从交际的角度来看待并区分偏误。从学习者语言系统的角度对偏误进行分类通常就是将学习者的语言和目的语进行对比,找出二者形式和意义方面的差异。跟偏误有关的学习策略主要有"过度泛化"(overgeneralizaion)、"迁移"和"简化"(simplification)。泛化是根据规则进行推论和预测,这是一种通用的学习策略,不只语言学习如此。但是规则有自己的使用范围,在这个范围之外应用规则,就会产生过度泛化现象。汉语里根据"一个星期""一个月"类推出"一个年"就属于过度泛化错误。迁移和过度泛化其实都是对已有知识的运用,以便应对新的情况。区别在于,泛化是对已有目的语知识的运用,迁移则是对已有母语知识的运用。简化是因为语言当中存在大量的羡余成分,对于表达意义来说这些成分不是必需的,因此在学习者的语言中常常被简化掉。此外,从对交际影响大小的角度,偏误还可以分为"全局偏误"和"局部偏误"。"全局偏误"指的是涉及句子成分之间和分句之间关系的偏误,例如语序偏误、关联词偏误、省略偏误等是全局偏误。"局部偏误"则是指句子成分内部的偏误,如汉字书写偏误、词语误用等是局部偏误。[根据刘颂浩(2007)改写]

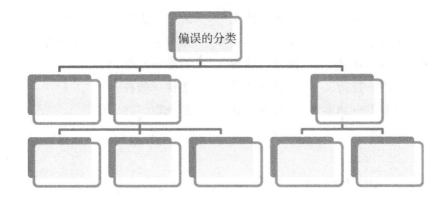

(七)阅读论文《认识"话尾巴"——兼议"句子碎片"》(史有为,2017),指出话尾巴有哪些类型,并把话尾巴的类型写成一个段落。

1. 词语类

(1)_____

(2)_____

(3)_____

(4)_____

2. 跨结构类

(1)_____

(2)_____

(3)_____

(4)_____

(5)_____

3. 非结构类

4. 由语气词构成的类

(1)_____

(2)_____

(3)_____

(八)给下面的汉字偏误分类并写成一个段落。①

城市→成市	比较→比交	故事→古事	星期→星其
冰→冫	屋→厔	竟→意	睛→晴
环境→坏境	惊讶→谅讶	傍晚→膀晚	
支持→技持	及格→极格	桌椅→槕椅	
胡萝卜→葫萝卜	篮球→蓝球	趣→趋	
期→䐡	欢→欤	和→咊	

---

① 偏误材料来自肖奚强(2002)。

(九)给下边"发达"词群的偏误[①]分类,并用一个段落描写偏误类型(包括误用方向)和国别分布。

一、_____
1.1 _____
在世界上离婚率不断上升,这种现象无论先进国家还是发展中国家都是如此,成了一个社会问题。(韩)
在所谓先进国家的日本长大的我,在国内生活的时候虽然没有经济上的压力,但是总觉得欠缺什么东西似得空虚感。(日)
1.2 _____
随着科学的发展,农业也得到了发展,原因在于发达的农具和对植物的研究和化肥和农药,这样就能把饥饿解决了。(韩)
本来搞医学的人的义务是救人命,在物质方面呢,用发达的工具可以搞定。(日)

二、_____
2.1 _____
为了发达国家的经济和文化,我国每年到各国派出了留学生,其中来中国留学的最多。(韩)
现在,科学发达很快,一定会发明替代化肥和农药的东西。(日)
我们最先应该发达经济。(蒙古)
北京要加快发达旅游业。(印尼)
2.2 _____
随着现代经济越来越发展,人民的观念也有了很大变化。(韩)
现在医疗技术太发展了,只为了延长生命、却增加痛苦的情况也多了,而且这样做也没有可能再恢复。(日)
因为在科技日益发展的今天,……(英)
上海是个发展的城市。(蒙古)

---

① 偏误材料来自曹雪林(2012)。

印尼的首都雅加达比别的城市很发展。(印尼)

三、_____

中学生大概是十三岁到十四岁。这期间,不但身体在发达,而且心理也在发展。(日)

身体还在发育的时候吸烟喝酒的话,对身体的发育、对大脑的发达、对思考能力的发展有很大的影响。

(十)先找出下面句子中的关联词偏误,然后分类并写成一个段落。[①]

(1)别人都到了,却主席没来。
(2)不但我去过那儿,而且还去过三次。
(3)不管他是谁,不应该骂人。
(4)除非临时有事,他一定会按时来的。
(5)即使下雨,可是不会太大。
(6)既然天气不好,所以不去爬山了。
(7)你要是不愿意去,我不给你买火车票了。
(8)如果你早来一会儿,又能看到他了。
(9)她虽然很胖,身体不太好。
(10)我不但去过那儿,他也去过。
(11)无论做什么,还要有毅力。
(12)只有王老师同意,才我能去。
(13)只有在最需要的时候,你可以用这笔钱。

---

① 偏误材料来自李晓琪(2001)。

第五章 段落(下)——过程性段落、比较性段落

◇ **本章主要内容**

> ➢ 过程性段落
> ➢ 比较性段落

一、过程性段落

我们的日常生活是由各种各样的过程构成的。例如早晨起床后准备早餐时做一个煎鸡蛋、吃完早饭后洗碗、学习时写一个作业、网上购物等,这些都是一个过程。对这些过程我们可能习焉不察,但是如果我们停下来想一想这些熟悉的过程,我们就会发现这些过程都有一个预期的结果,有一个要达到的目标,这些过程背后都有一些原理,还有一系列的步骤需要完成。

描写过程之前,先要说明你为什么要写这个过程。为什么这个过程对你或对读者来说很重要。描写过程一般按照时间顺序。例如下列例1主要是按照年龄顺序说明儿童语块的发展过程;例2主要是按照历史年代顺序说明汉语统一的过程。

1. 针对儿童的语块发展问题,Wray & Perkins(2000)进行过一项纵向研究,并建立了一个模型。他们认为,随着语言能力的发展,基于语块的整体性加工和基于规则的分析性加工在儿童语

言中的比重不断发生变化。总的来说,1~2岁期间,儿童的语言基本上是以整体存储的语块为主;2~8岁期间,儿童的分析性知识不断发展,此时语块在他们的语言产出中比重不断下降;8~18岁期间,整体存储的语块在整个语言活动中的比重开始回升,但整体上还是低于分析性的基于规则和计算产出的语言;18岁之后,语块在语言产出中的比重逐渐稳定下来,并一直保持高位状态。(易维、鹿士义,2013)

2. 语言的统一是指由于社会的统一使得语言在发展过程中逐渐走向统一的现象,语言统一的最大标志就是出现全社会通用的共同语。……汉语在西周时期方言间的分歧已经很大,为便于交际,一种经过加工了的、主要通行于王公贵族或文人士大夫阶层,用于官场或外交场合的共同语——雅言也同时产生;秦灭六国后,秦王朝实行的统一文字的政策,更保证了汉语书面语的基本统一。因此尽管中国社会历经分分合合,但一旦社会走向统一、安定,依靠政治力量推行语言统一的势头一直没有减弱。新中国成立后,中国政府更是采取了一系列措施开始在全国范围内推广普通话。普通话的推广,改变了方言间无法交际通话的状况,有利于中国社会语言的统一。现在,普通话与方言并存于中国社会,而且,由于中国地域广大、经济发展速度存在地区间的不平衡等因素,汉语方言与普通话共存的局面还将长期持续下去。(崔希亮,2009)

过程可以分成两种:陈述性(informational)过程和指令性(directional)过程,二者的目标和结果都不太一样。陈述性过程是通过提供相关信息,告诉读者某事是如何运作的。指令性过程则告诉读者如何做一件事。陈述性过程是告诉读者某个事物或过程是如何发生的或形成的,而指令性过程则是告诉读者如何在将来做某事。

表 5-1　陈述性过程和指令性过程

过程类型	目的	结果
陈述性	提供信息,说明某事物是如何运作的	读者能够了解事物进行的步骤和阶段,增加对该事物的知识
指令性	给出指令,说明如何做某事	读者根据指令能够自己完成该过程

陈述性过程一般是从介绍背景开始,指令性过程通常是从介绍准备工作开始。介绍完背景或准备工作后,陈述性过程按事物发生的顺序介绍,指令性过程则需要说明过程的步骤。因此过程的写作一般都是按照时间先后顺序安排的。

二、比较性段落

比较是为了说明不同事物的相同之处和不同之处。例如词语的辨析、不同语言的对比、两种学习风格的对比等都是比较。与分类一样,比较通常也有一定的目的。例如:

>汉语中有一类指人的同义名词,如"爸爸/爹/父亲、老婆/妻子/媳妇、儿童/孩子、歌手/歌星"等,看起来浅显易懂,对母语使用者来说,了解这些词的差别并得体地使用,似乎不是什么难事。因而目前我们所能见到的几本汉语同义词学习词典,对它们都是一概不收。但对第二语言学习者来说,是否了解这些"浅显"的同义名词的差异,关系到他们能否正确地使用汉语,能否得体地用汉语进行交际。我们发现留学生在使用这类同义名词时存在偏误现象,如:
>①今天兄特别生气,低着头走,继续骂弟弟。
>②"妻子,稍微等一会儿,我还有这三个球。"
>③不过因为日本男人大学升学率在 40%～50%……
>④彩罐击碎后,大人、儿童蜂拥而上,哄抢礼品。
>⑤在我小的时候,我经常居住在外祖父和外婆的家。
>本研究希望通过对比释义和考察应用实例,探寻表人同义名

词在词义、色彩、功用等方面的差异,希望为对外汉语的同义词教学提供一些可操作的辨析角度,减少学生词汇使用偏误的产生。

(刘春梅,2006)

上述段落用留学生的偏误说明比较的目的是为同义词教学提供参考,减少留学生的偏误。

除了比较的目的以外,比较的段落通常还包括若干比较点。比较点是指从哪些方面展开比较。首先尽可能多地列出比较点,然后找出跟主要观点关系最密切的比较点进行比较。例如上述段落的比较点就是词义、色彩和功用。再如:

文言和白话都有经典的名篇,拿白话名篇(包括宋元以来的白话小说和新文化运动以后的白话作品)和文言的名篇相比,应该说毫不逊色。在表现力方面,文言和白话各有所长。同样是写景,苏轼《记承天寺夜游》:"元丰六年十月十二日夜,解衣欲睡,月色入户,欣然起行。念无与乐者,遂至承天寺寻张怀民,怀民亦未寝,相与步于中庭。庭下如积水空明,水中藻荇交横,盖竹柏影也。何夜无月,何处无竹柏,但少闲人如吾两人耳。"总共不到一百字,只用五六个短句就写出了月色和心境,这是白话文难以做到的。朱自清《荷塘月色》:"月光如流水一般,静静地泻在这一片叶子和花上。薄薄的青雾浮起在荷塘里。叶子和花仿佛在牛乳中洗过一样;又像笼罩着轻纱的梦。虽然是满月,天上却有一层淡淡的云,所以不能朗照;但我以为是恰到了好处——酣眠固不可少,小睡也别有风味的。"色彩和光影的描写都很细致,在描写中显示一种朦胧的美,这是文言文不易做到的。同样是写人,《聊斋志异·婴宁》写婴宁,没有大段的描写,只是屡次写到她的憨笑,以及王子服要和她"夜共枕席",她回答说:"我不惯与生人睡。"寥寥数语,写出婴宁的憨痴。这是文言文之所长。《红楼梦》写凤姐,"凤姐儿滚到尤氏怀里,嚎天动地,大放悲声……说了又哭,哭了又骂,后来放声大哭起祖宗爹妈来,又要寻死撞头。把个

尤氏揉搓成一个面团,衣服上全是眼泪鼻涕",把凤姐的发泼写得绘声绘色、淋漓尽致。这是白话文之所长。(蒋绍愚,2019)

上述段落比较的目的是论证文言名篇和白话名篇各有所长。比较点是写景和写人这两个方面。

比较通常涉及两方(以下以 A 和 B 代表要比较的双方)或多方,比较的结果包括相同点和不同点,因此比较的写作可以有不同的结构。大多数情况下,比较通常先说二者的相同点,然后说不同点。例如:

"即兴"与"即席",语义也非常接近,都表示事先毫无准备,临时实施某种表演性行为,主要修饰技艺性动词"创作、表演、演讲、发挥"等。例如:

(5) 在首映式上,史密斯即兴(即席)演唱了几首说唱歌曲,受到影迷的热烈欢迎。

(6) 哪有什么金口玉言,即席(即兴)讲几句话就句句准确?

关键是后者强调的时间和地点上的即时就地(席位)。因此,后者因为往往受到场地的限制,通常只能修饰"演讲、挥毫、绘画"等较小空间的活动,前者的活动范围就不太受到限制,还可以修饰文艺、武术、体育等表演类动词。例如:

(7) 这里,本报采访组走出会场来次即兴(＊即席)采访。

(8) 觉得语言不足以表达情绪时,便即兴(＊即席)亦歌亦舞。

(邵敬敏,2018)

说明比较的不同点一般有两种方式。第一种方式是直接比较 A、B 双方,先说 A,然后说 B。用于简单的比较。如一个段落内比较二者,例如:

词语的同义关系一般都不是先天形成的,而是来自词义的发展衍化。也就是说,本义或词源义不同或差异较大的词语,在其意义的不断引申或分化的过程中,可能发展出一个(或几个)意义相同的义位,从而变成同义词。这些词尽管有了相同的义位,可它们各自的词源义或本义的某些语义特征,还会深深地潜隐在语言使用者的语感中,制约着人们在组词造句时对同义词语的选择。例如,"房"和"屋"在先秦时期已都有房子、房屋义,形成同义关系,可它们的本义并不相同。"屋"的本义是屋的顶部覆盖,引申指房舍,还引申出"覆盖""车盖""帽子顶部高起的部分"等义位,其中"房舍"义又分化出"剭",指在户内诛杀大臣,"覆盖"义又分化出"幄",指用于覆盖的帐幕;而"房"本指正室两旁主要用于睡觉的房屋,其词源义为"两旁",与方(相并的两船)、旁、肪(脂在腰曰肪)、膀(bǎng,肩膀)、祊(在庙门旁举行的祭祀)、塝(田边土坡;沟渠或土埂的边)、帮(物体两旁,如"鞋帮""车帮""床帮")等词有同族关系。(张博,2004a)

第二种方式是比较每个比较点 A 和 B 的差别。适用于比较点较多的情况。例如:

"犹豫"和"踌躇"作为留学生汉语学习过程中易混淆的一组同义词,经常会被误用,因此本文从用法搭配、语义特征、语体三方面对两词进行了较为系统的辨析,以帮助汉语学习者正确地使用"犹豫""踌躇"两词。两词在用法和词义上都有一定程度的相似之处,但"犹豫"的并列搭配明显较"踌躇"更为多样化,选择性也更多,如"犹豫动摇""犹豫徘徊""犹豫彷徨"等。因"犹豫"可以同双音节形容词连用,故关于"犹豫"的并列搭配较为灵活,其数量要明显多于"踌躇"可引申出的并列搭配用法。从语义特点的角度来说,"踌躇"的义项多于"犹豫"的义项,除了两词相同的表"迟疑不决,拿不定主意"之义外,"踌躇"还有"得意的样子""反复思量"及"心情沉郁"三个义项。在语体方面,"踌躇"较"犹豫"更加书面化、正式化。

上述段落从搭配、语义和语体三个比较点说明"犹豫"和"踌躇"的不同。

 练 习

(一) 判断下面的过程是陈述性过程还是指令性过程：

1. _____ 怎么教某个语言点
2. _____ 怎么列参考文献
3. _____ 汉字的演变过程
4. _____ 怎么查找文献
5. _____ 西方人早期汉语学习史
6. _____ 怎么判断习得顺序
7. _____ 儿童是如何习得语言的
8. _____ 现代汉语方言词进入普通话的过程
9. _____ 怎么准备 HSK
10. _____ 汉语称谓系统的嬗变

(二) 下面的段落是陈述性过程还是指令性过程？画出有标记过程作用的词语。

1. 从现有的证据上看,汉语的介词大部分都是由动词经过语法化的过程虚化而来。以介词"把"为例：

  两岸芦花一江水,依前且<u>把</u>钓鱼丝。（唐诗）
  明年此会知谁健?醉<u>把</u>茱萸仔细看。（唐诗）
  予家药鼎分明在,好<u>把</u>仙方次第传。（唐诗）
  洞庭云水潇湘雨,好<u>把</u>寒更一一知。（唐诗）

"把"本来是一个动词,有实在的词汇意义,义为"用手抓住或把持",如"依前且<u>把</u>钓鱼丝"和"醉<u>把</u>茱萸仔细看"中的"把"字；后来,动词

的意义慢慢虚化,"好把仙方次第传"的"把"还可以看作是跟手的动作有关的动词,而"好把寒更一一知"就几乎看不出跟手的动作有什么关系了。现代汉语中"把"使用的频率越来越高,意义也更加虚化,慢慢地变成一个语法标记(受事宾语的标记),表达一个致使事件。例如:

  一场雨把我淋得浑身湿透 你把裙子都弄湿了
  我把他拉上来   想把我抓回去
  把眼睛移向别处   他把手指插在背心口袋里
  ……

"把"字成了一种特殊的语法手段,它的作用是提前受事宾语,表达"致使"或者"处置"的意义。(崔希亮,2009)

  2.从句法的角度来分析句子结构,先前,特别是在中学教学语法中,一直采用句子成分分析法。按句子成分分析法,认定一个句子有六大句子成分——主语、谓语、宾语、补语、状语、定语。在这六大句子成分中,认定主语、谓语、宾语是句子的主干,其中宾语被认为是谓语的连带成分;定语、状语、补语只是句子的枝叶,定语被认为是主语或宾语的附加成分,状语、补语被认为是谓语的附加成分。分析时,先抓主干,一举找出全句的主要成分主语和谓语以及谓语的连带成分宾语;再确定主语和宾语前的修饰成分定语以及谓语前后的附加成分状语和补语。像"那几个年轻铁路工人出色地提前铺完了最后一节钢轨"这个句子,分析时先找出全句的主要成分主语、谓语以及谓语的连带成分宾语,在确认了"工人"是主语、"铺"是谓语、"钢轨"是宾语之后,再分别找出并确认主语"工人"前的定语"那""几个""年轻""铁路",谓语"铺"前的状语"出色""提前",谓语"铺"后的附加成分补语"完",以及宾语"钢轨"前的定语"最后""一节"。(北京大学中文系现代汉语教研室,2003)

(三)阅读下边的段落,写出句法结构的形成过程。

　　建立于经验主义认知观基础上的认知语言学关于句法结构形成过程的认识大体上是这样的:每个事件都由动作或状态及其参与者构成,形成特定的事件结构(event structure)。当我们用语言来表述每个事件时,一般用谓词来表示动作或状态,而用名词性成分来表示事件的参与者。外在经验世界中的事件结构经过人们认知加工进而概念化之后形成概念结构(conceptual structure)。表达概念的各个成分之间的结构关系直接反映了现实事件之间的关系,概念结构经过近一步抽象概括形成语义结构(semantic structure),亦即谓词的论元结构(argument structure)。而论元结构映射到句法层面上,就体现为谓词的句法结构(syntactic structure)。[根据施春宏(2018)改写]

(四)下面描写过程的段落有什么问题?

　　现代汉语中,"马上"有两种用法,可以表达两种不同的意思:一种是作为方位短语,指"马背上";另一种是作为时间副词,强调间隔时间短,如"请你马上出去""他马上就到了"。"马上"经过长时间的演变,逐渐从方位短语虚化成时间副词。本文探讨了造成前人研究中"马上"作为时间副词初现时间点分歧的因素,并还原出"马上"从方位短语逐渐虚化,最后形成现代汉语时间副词的整个过程。"马上"在汉代首先作为方位短语出现,同时引申出"征战武功"的含义。"马上"虚化成表时间短的时间副词有两大动因:一、其初现时处于状语位置;二、古代快马传信赋予其短时义。明代是"马上"从实指处所义转变为虚指时间义的关键时期,这个时期的文献中,"马上"在句子中的词义易产生歧义,主要原因是"马上"在句中往往处于状语位置。到了清代,"马上"已完成虚化,在句子中的使用能够明确表达时间短的意思。

(五)根据下面所给的材料写一个段落,说明怎么查字典。以在《现代汉语词典(第7版)》中查找为例。

氅

步骤	位置	手段	目标
确定部首			六
部首页码	部首目录	笔画数(5)	53页
字的页码	部首检字表	剩余笔画数(12)	760
字的读音、意义	词典正文	页码(760)	氅

战

步骤	位置	手段	目标
确定首字母	音节表		z
音节页码	音节表		1647
字的读音、意义	词典正文		1647

弟

步骤	位置	手段	目标
查找字的位置	难检字笔画索引	笔画数(7)	286

(六)阅读下面的段落,画出主题句,说明每个比较段落的话题、比较目的和比较点。

1.年龄对语言学习有诸多限制。刚出生的时候因为生理不成熟,语言习得很难进行;青春期之后,大脑失去了可塑性,不能进行功能重组,语言习得也不能达到正常水平,至少不会像青春期之前那么容易。因此,两岁到青春期(13岁左右),Lenneberg称为"语言习得的关键期"(critical period for language acquisition)。[根据刘颂浩

(2007)改写]

2. 关键期假说是否存在例外？要回答这一问题，需要首先区分内隐学习(implicit learning)和外显学习(explicit learning)。内隐学习是一种凭经验自动进行的学习，是不知其所以然而然。儿童主要通过内隐的方式掌握母语，内隐学习机制保证了正常儿童都能够通过接触获得完美的语言能力。对于成人外语学习而言，内隐机制已经不再起作用，成人必须借助"解决问题系统"，这是一种"外显学习"，是有意识、主动控制的过程。解决问题能力具有比较明显的个体差异，只有那些具有较高言语分析能力（解决问题能力在语言学习中的体现）的学习者才能达到或接近母语者的水平。因此有学者认为，如果把有关理解限制在内隐学习机制方面，关键期假说就不会出现例外现象。[根据刘颂浩（2007）改写]

3. 上面的分析使我们看到，本义或词源义不同的词，尽管发展出相同的概念义，但往往或多或少地保留着某些基因型的语义特征，正是这些语义特征，有可能潜在地制约着词语的组合关系。例如，"口"与"孔""窍""窠""窾""窟"等词同族，其词源义是"孔洞"，而"嘴"与"仳（小）、柴（小木散材）、赀（小罚以财自赎）、媙（妇人小物）、疵（瑕颣小病）、越（浅渡）、呰（短）、髭（口上胡须）、雌（母鸟）"等词同族（参看杨树达，1936），词源义为"小"，本义是鸟嘴，鸟嘴的特点是尖细。现在"口""嘴"的概念意义相同，但"虎口、口腔、口臭、口疮、口感、口水、病从口入"等中的"口"不能换成"嘴"，因为在这些组合中，"口"的语意重点在于口腔内部，这与其词源义"孔洞"相吻合；而在"长嘴、插嘴、嘴尖、嘴硬、尖嘴猴腮、乌鸦嘴"等组合中的"嘴"，不涉及口腔内部而与鸟嘴的某些特征相关。在同义词教学中，如果能对"口""嘴"的搭配特点做这样的解释，相信会在很大程度上提高"口""嘴"与其他词语搭配的正确率。（张博，2004a）

(七)说说下面的比较采用了什么样的结构。

1.教育心理学和认知心理学将加工方式归纳为:场依存型与场独立型、冲动型与沉思型、容忍倾向与排他倾向等几类。例如场依存型与场独立型的认知风格差异在于前者常从整体上观察事物,以整体知觉背景作为信息接受的参照或依据;而后者则倾向于从细微处看待事物,擅长从整体中抽绎出部分来加以分析认识。……分析这两种较为典型的认知风格,我们可以看到,山本的认知风格倾向于场依存型,他的容忍性较大,注重学习的整体效应,能作比较全面的自我监控并随时进行调整。当然,任何事物都有其两面性。在宽容和注重整体时,有时自然会忽略了一些细节和个别内容,这就需要作适度的调整,针对薄弱部分给予加强。小林的认知风格表现出场独立型的理智风格。他学习勤奋,有条理,能自律,注重细节,所学习的东西大都十分扎实、牢固。但是他对模糊的东西难以接受,且过多依赖书本。由于怕出错而经常采用回避策略,这样相对而言犯错误少,但是学习效率比较低。如果有足够的时间长期学习,这种认知风格影响下的语言学习也会取得较好的学习效果。但如果是短期强化学习,那么效果会不甚理想。(徐子亮,2007)。

2."女人"在《汉语水平词汇与汉字等级大纲》中是乙级词,留学生一般在初级阶段就会听、会读、会说,但使用情况并不理想。……本文首先通过语料,比较分析"女人"和"woman"在意义、色彩等方面的差异,然后结合"教"的方面指出偏误产生的原因,并为对外汉语词汇教学提出一些建议。

"女人"是一个名词,《现代汉语词典》根据"人"的轻声非轻声立为两个词条,轻声的"女人"指"妻子",非轻声的"女人"释为"女性成年人"。无论是词性还是义项,"woman"都比"女人"多,历时性的《英汉传统辞典》有10个义项,包括女人、女性成人、(总称)被看作一个群体的女人、女性、爱人或情人、女仆、侍女等;《英汉简明词典》除列出"woman"的各种名词义项外,还列出形容词和及物动词的义项。(姜自霞,2005)

3. 虽然动结式在语法功能上相当于一个动词,但跟动词仍有不小的差异。仅跟"洗、打、走"等动作动词相比,它们都能带动词后缀"过"或"了",都能用"没"否定,都能作"把"字句、"被"字句等句式变换。但动结式作为一个结构式,还有跟一般动词不相同的地方,如动结式一般不能单独用"不"来否定(一般用"没"否定),不能重叠,即一般不能说"不洗干净、不打偏、不走红""洗干净洗干净、打偏打偏、走红走红"。另外,上面这些动结式很多都是临时组合的,因而语义常常比较具体;而动词的语义基本上是确定的,所以常常抽象化程度较高。再者,动结式的数量是开放的,而动词的数量在某个时间断面上是有定数的。可见,动结式既有动词的特点,又有结构式的特点。这样,在研究动结式的语义特点和句法功能时,我们既可以从动词的角度来考察,也可以从结构式的角度来考察,更需要将两者结合起来去考察。(施春宏,2008)

(八)下面的比较段落有什么问题？

1. 本论文通过考察语义背景法探讨了"审慎"与"慎重"的语法意义和适用范围,得出的结论是：(1)"审慎",书面语,谨慎慎重,周密而慎重,非常谨慎小心,更多的是用在比较正式的场合；(2)"慎重",书面语,意思是谨慎持重,谨慎认真,小心。

2. "象"和"像"这两个字,字形相近,一个有单人旁,一个没有单人旁,读音完全相同(xiàng),又都可以作名词和动词用,所以在行文中往往容易混淆。"象"作名词时是指物体的形状、样子,有形之物都可称"象",如：气象、景象、迹象等。"象"作动词时是指模仿、仿造。汉字中有象形字、象声字,这里的"象"就是模仿的意思,模仿形状,模仿声音。象棋中的"象"同样指模仿,模仿古代的战争。所谓模仿,就是以什么作为样子,这个动词义是从名词义引申过来的。"像"可以作名词、动词和副词。作名词时是指比照一个对象创造出来的形象。对象可以是人或物,创造可以用艺术或技术手段,如：画像、雕像、蜡像等。"像"往往以人为主角,所以加上一个单人旁,可以更鲜明地标示出

"像"的特征。"像"作动词用时有两个义项。一个是指两者之间具有共同点,如:小姑娘的脸像苹果一样红彤彤的。"脸"和"苹果"在"红彤彤"这一点上是共同的,凡是强调共同点,都要加上单人旁。另一个意思是比如、如同,主要用在举例的场合。如:中国的名牌大学很多,像清华大学、北京大学、复旦大学……凡是举到的例子(清华、北大、复旦)都是符合某一个共同点(名牌大学)的。"像"作副词时,表示猜测的意思。如:天暗下来了,像要下雨了。这里无论是用"像"还是"好像"都要加上单人旁。这个副词用法其实是动词虚化的结果。从以上的分析可以得出结论:要区别"象"和"像",应当从它们各自不同的词性和意义入手。

(九)阅读论文《汉语并合造词法的特质及形成机制》(张博,2017)2.1部分,完成下面的表格并把相关内容写成一个段落。

		缩略	并合
共同点			
不同点	截短驱动		
	形式		
	语义		
	使用		

(十)阅读论文《词汇、语法和认知的表达》(蒋绍愚,2011),用两个段落分别说明"吃、食""穿、衣、着"的不同。

第六章 题目、摘要、关键词

◇ 本章主要内容

> ➢ 题目
> ➢ 摘要
> ➢ 关键词

一、题目

阅读论文时,我们首先看到的就是论文的题目,好的论文题目不但能够明确反映文章的主旨,而且便于读者检索,能够很好地吸引读者的注意力,促使读者阅读。因此,我们在撰写论文时,要好好设计论文题目。

论文题目有的很短,只有 3 个字,如《说"怎么"》(彭可君),有的很长,达到 29 个字,如《基于语料库统计的高级阶段非汉字文化圈学生作文正误字对比分析》(戴媛媛)。常见的论文主标题的长度为 10~20 个字,以不超过 30 字为宜。题目应该是一个短语,而不是一个句子。论文题目中名词性短语占大部分,"……的……"较为常见。也有一些题目是动词性短语,"论……"较为常见。常见的表达方法还有"……的研究""……的分析""……的考察""……综述""……比较"。

设计题目有以下四种方法:

1. 以"研究内容"为题。也就是说论文研究的是什么问题。比如:《对外汉语教学中的文本多元化》(陆丙甫、谢天蔚)、《"这话说的"的负面评价立场表达功能及其形成动因》(方迪)、《汉语文化教材练习活动的编写》(祖晓梅)。

2.以"研究对象＋研究内容"为题。也就是研究谁的什么问题。当研究对象是一个特殊群体时,可以在题目中体现出来。如:《英语背景CSL学习者特异性词语混淆探因及对策》(张连跃)、《对外汉语职前教师课堂观察与分析能力研究》(刘弘)、《韩国学生中文阅读学习策略调查研究》(钱玉莲)。

3.以"研究方法＋研究内容"为题。也就是用什么方法研究什么问题。这样的题目设计突出了论文的研究方法。比如:《基于二语习得理论和实证研究的课堂纠错反馈原则》(祖晓梅、邓葵)、《初级汉语教材功能与语法相结合的量化研究》(王方)、《基于中外对比的汉语文化教材系统考察》(周小兵、罗宇、张丽)、《基于语料库和语料库驱动的词语搭配研究》(卫乃兴)、《现代汉语把字句习得的个案研究》(杨小璐、肖丹)。这些题目分别突出了实证方法、量化方法、对比分析的方法、语料库的方法、个案研究的方法。

4.以"研究方法＋研究对象＋研究内容"为题。也就是用什么方法研究谁的什么问题。这样的题目包括的内容非常全面。比如:《国际汉语教师个人实践性知识个案研究》(孙德坤)、《华裔学生汉字书写特征的个案研究——基于与非汉字圈学生的比较》(单韵鸣、安然)。

如果论文内容特别复杂,可以采取"主标题——副标题"的方法来设计题目。副标题是对主标题的补充说明。副标题的作用是为了更好地揭示文章的本质,而不是为了形式上好看。在拟定副标题的时候一定要认真思考是否需要副标题。副标题常见的表达方法有"以……为例""基于……的研究""从……说起/谈起""兼谈/兼论……(问题)"。例如:《翻转课堂"三步十环节"班级教学模式构建探索——以商务汉语翻转学习为例》(沈庶英)、《汉语叙述体篇内句的特点及其二语习得研究——基于汉英篇章结构的对比分析》(何清强、王文斌、吕煜芳)、《"合作"的词汇化——兼论现代汉语中"合V"类谓词的形成》(黄瓒辉)、《汉语学习词典元语言的修辞准则——兼论〈商务馆学汉语词典〉的释义元语言问题》(翁晓玲)、《"领属"与"存现":从概念的关联到构式的关联——也从"王冕死了父亲"的生成方式说起》(任鹰)。副标题不是必需的,为了使题目看起来简洁,尽量不要使用副标题。

论文题目注意不要过大,也不要过小。问题太大的话不好把握,分析不透彻,太小的题目不容易写出新意。但对于刚刚进入研究领域的新手来说,多从研究内容、研究对象方面加以限制,宁可写小一点的题目也不写大题目。

除了设计好文章题目外,文章正文中的大小标题也是要认真考虑的。正文里面的标题的内涵不能大于或者等于文章的题目。大小标题要能表现文章框架与逻辑。大小标题能够强化文章的层次感,使得读者用最短的时间获得最需要的信息。小标题不加副标题。大标题要表达的内容要能涵盖小标题,也就是说,大标题要概括一些,小标题要具体一些。下一级标题从属于上一级标题。同级标题之间是平行关系。一般来说,到三级或者四级标题就可以了。每一级标题至少包括两个,一般不超过五个。各级标题的语言结构要大体一致,读起来不拗口。

比如《汉语反问句在会话交际中的信息调节功能分析》(张文贤、乐耀,2018)的大小标题:

汉语反问句在会话交际中的信息调节功能分析
1 引言
 1.1 已有研究
 1.2 本文设想
2 A、B-events 理论与反问句的使用分析
 2.1 反问句的信息性与 A、B-events 理论
 2.2 基于 A-events 的反问句
 2.3 基于 B-events 的反问句
 2.4 基于 A、B-events 的反问句
 2.5 基于 O-events 的反问句
 2.6 小结
3 A、B-events 与反问句的功能和礼貌等级
 3.1 反问句的疑问性与交际互动功能

3.2 反问句的礼貌程度和等级
4 结语

二、摘要

不管是期刊论文,还是学位论文,都有一个摘要。摘要能帮助读者快速了解论文的主要内容。摘要一般有三个部分:研究背景、研究内容和研究结论。研究背景可以介绍选题缘由、研究现状和存在的问题、研究目的、研究意义等内容。研究内容通常包括研究方法和研究结果。研究结论则是说明研究结果的贡献和价值,提出启示和建议等。例如(张文贤等,2012):

通过分析语体差异大的同义词,可以了解语体之间的差异。	研究背景
本文采用定量分析的方法,计算出1343对具有显著口语、书面语语体差异的同义词。	研究方法
通过对这些词对的调查分析可知:词性上,语体差别最大的同义词中动词最多;重叠、词缀、古汉语遗留词汇在同义词中所占的比重都较小;若一对同义词有音节上的差异,则口语倾向于为单音节,书面语倾向于为双音节。	研究结果
本文的调查结果对语言教学以及教材编写都有一定的启示。	研究的价值

期刊论文的摘要通常是一个段落,学位论文可能有若干段落,但同样包括研究背景、研究内容、研究结论这三个部分。例如下面这篇硕士论文的摘要:

"有"这个概念是人类认知系统中的一个重要范畴,具有重要的语言类型学意义。"有"使用频率高,语义丰富且分类复杂,"有"的偏误是留学生亟待解决的难题之一。对二语学习者来说,显性的句法形式与结构容易习得,而隐性的语义系统往往很难掌握。因而本文要从语义入手,以"有"的语义作为研究对象,考察汉语母语者的使用情况和日本留学生的习得状况,并进行对照分析。	研究背景 研究问题

续表

首先,在梳理学术界对"有"的义项归纳的基础上,本文将"有"的语义归纳为六大义项。通过考察国家语委通用平衡语料库,本文发现"有"的六个义项在母语者语料库中的出现频次从高到低为:领有关系＞存在关系＞包括关系＞估量关系＞表发生或出现＞比较关系。其次,本文运用 HSK 动态作文语料库统计了高级水平日本留学生"有"的六大义项的语义分布情况,并与汉语母语者进行对比。日本留学生在高频义项(领有关系、存在关系)与低频义项(比较关系)的使用上与汉语母语者的频率顺序基本相同。在具体的义项使用上,日本留学生与汉语母语者存在过度使用和使用不足的差别。	研究方法:母语者语料库 研究方法:学习者语料库 研究结果一:日本留学生"有"各义项的习得情况
同时本文统计分析了高级水平日本留学生"有"的偏误情况。从"有"的偏误类型来看,日本留学生习得"有"的偏误主要包括缺失"有"、与其他词混用、多余"有"。在"有"的各个义项中,主要以领有关系、存在关系的偏误为主。我们也发现语义不同,偏误的表现也可能不同。如缺失偏误,虽然都是缺失"有",但是领有关系主要是"对……有 N"结构或"能愿动词＋有＋抽象名词"结构中缺失"有",而存在关系主要是缺失作为谓语动词的"有"。最后根据日本留学生"有"的习得研究和偏误,本文提出相应的教学建议。	研究结果二:日本留学生"有"的偏误情况
本文的创新之处包括:1.以往"有"的习得研究主要是描写句式的习得,对语义习得的关注不够。本文则全面分析描写了日本留学生"有"的语义习得情况;2.以往研究多数只描写二语学习者的语料,本文将留学生的语料与汉语母语者的语料进行对照分析;3.本文分析了日本留学生"有"形式与语义两方面的偏误,发现语义不同,偏误的表现也可能不同。	研究结论:从创新点的角度总结全文内容

三、关键词

在摘要的下边,论文还需列出若干关键词。关键词的作用一方面是让读者快速了解论文的主要内容,另一方面是用于编制索引系统。目前网络上的数据库普遍采用关键词检索,因此关键词的质量直接影响其他研究者是否可以通过关键词查找到你的论文。关键词的数量不宜过多,《科学技术期刊编排格式》①中提出关键词的数量在 3～8 个之间。

提取关键词有以下三种方法：

(1) 从论文题目中提取关键词。如果题目提供的信息非常详细,能够反映文章的主要内容,那么关键词就会和题目重合。下面几个例子的关键词都能在题目中找到。

  A. 题 目：韩国学习者对汉语舌冠塞擦音和擦音的产出与感知研究(邓丹,2018)

   关键词：塞擦音；擦音；感知；产出

  B. 题 目：初级汉语学习者同形语素意识与词义推测、阅读理解的关系研究(朱文文等,2018)

   关键词：同形语素意识；词义推测；阅读理解；初级汉语

  C. 题 目：初级口语教材语法教学模式考察及分析(杨德峰,2019)

   关键词：初级；口语教材；语法；教学模式

(2) 关键词是论文中出现频率最高的词语。一般论文中出现频率最高的词语也常常出现在论文的关键词中。下面例 A 中"信息点""'把'字句"是文章讨论的主要内容,应该提取为关键词。例 B 论文从"流利度""准确度""复杂度"三个方面来评定口语水平,这三个词高频出现,也很重要,所以也作为关键词。例 C 的关键词"口语""书面语""对话""叙述"都是与语体密切相关的概念,其中"口语""书面语"是通用概念,"对话""叙述"是该论文要强调的分类,所以与"语体""练习设计"一同列为关键词。

---

 ① 《科学技术期刊编排格式》是中华人民共和国国家标准(GB T3179-92),该标准"适用于以刊登学术论文为主的学术性期刊和以刊登科学技术报告及其他科技内容为主的技术性期刊"。

  A. 题　　目：交际策略与口语测试（刘颂浩等，2002）
    关键词：交际策略；口语测试；信息点；"把"字句
  B. 题　　目：提高语块意识的教学对汉语第二语言学习者口语
      产出的影响（房艳霞，2018）
    关键词：语块意识；口语产出；流利度；准确度；复杂度
  C. 题　　目：语体视角下的练习设计（张文贤，2019）
    关键词：语体；练习设计；口语；书面语；对话；叙述

  （3）根据论文内容提取关键词。有些词语虽然没有在题目中出现，也不是论文中的高频词，但是文章的重要术语或者理论依据，也可以选取为关键词。例如 A 中的"人际分布"与 B 中的"有界""无界"。

  A. 题　　目：话语否定与话语否定标记"你看你"（李先银，2016）
    关键词：话语否定；话语标记；"你看你"；人际分布
  B. 题　　目：副词"稍微""多少"与量范畴的表达（乐耀，2017）
    关键词："稍微"；"多少"；量范畴；不定量；有界；无界

  提取关键词时要注意，一方面要考虑关键词是否能反映论文的主要内容，另一方面要尽量从读者的角度去考虑，设想读者可能将什么样的词语作为关键词来搜索，不要选用内容过于狭窄或者过于概括的词作为关键词，像"博雅汉语听说教材""三组近义词辨析"这样的关键词就过于狭窄，"听说教材""词义辨析"作为关键词就够了，而"问题""展望"这样的关键词又过于概括，没有具体所指，也不宜作为关键词。但可以选择一个与论文主题最相关的上位词语作为关键词，比如论文题目是《"漂亮"与"美丽"》，尽管题目中没有"近义词"，但整篇文章就是在对比或者说辨析这一组近义词，那么可以将"近义词"作为关键词。

 练习

(一) 分析下面论文题目的命名方式。

1.《基于 HSK 动态作文语料库的连词"而"的偏误分析》
2.《英语母语者汉语第三人称代词回指研究》
3.《泰语母语者汉语学习出现"泰式口音"问题分析及教学策略》
4.《对外汉语实习教师备课行为发展的个案研究》
5.《对外汉语教学中练习的目的、方法和编写原则》

(二) 分析下列题目若作为硕士论文题目设计得是否合适,并说明理由。

1.《英语母语学习者汉语成语理解实证研究》
2.《泰国学习者汉语普通话阳平习得的实验研究》
3.《基于语料库的学术汉语语体特征研究》
4.《口语语块习得研究》
5.《美国中文教学项目发展现状调查》
6.《韩国留学生"被"字句偏误分析》
7.《教师课堂语码转换研究》
8.《两岸两套教材的话题对比研究》
9.《对外汉语教材中的俗语注释分析》
10.《对外汉语课堂教学中的文化冲突》

(三)分析下列硕士论文的大小标题的表述是否合适,并说明理由。

汉泰动物成语对比分析以及在教学中的应用[①]
第一章　引言
　1.1 选题缘由
　　1.1.1 成语本身很难
　　1.1.2 现有的研究有缺陷
　　1.1.3 面向泰国学生研究动物成语的必要性
　1.2 研究步骤与方法
　1.3 汉语动物成语来源
第二章　文献综述
　2.1 成语的定义
　2.2 汉泰成语形式与语法结构特征
　2.3 汉泰成语所能充当的句法成分
　2.4 泰国学生使用动物成语的偏误分析
第三章　汉泰动物成语的对比分析
　3.1 汉泰动物成语语义对应关系
　　3.1.1 字面完全相同且实际意义相同
　　3.1.2 字面大致相同且实际意义相同
　　3.1.3 字面相似且实际意义大致相同或有交叉
　　3.1.4 字面部分相同而实际意义不同
　　3.1.5 字面不同而实际意义相同
　　3.1.6 字面不同而实际意义有交叉
　3.2 语义相同,充当的句法成分相同或有差异
　　3.2.1 所能充当的句法成分一致
　　3.2.2 所能充当的句法成分不一致
　3.3 本章小结

[①] 根据何玉玲(2015)改编。

第四章　教学建议
　　4.1 在泰语里有对应的汉语动物成语
　　　　4.1.1 相关访谈及调查研究
　　　　4.1.2 教学建议
　　4.2 在泰语里无对应的汉语动物成语
　　　　4.2.1 相关访谈及调查研究
　　　　4.2.2 教学建议
第五章　结语
　　5.1 研究结论
　　5.2 本研究的不足及建议

(四) 根据下列论文摘要的内容为论文拟定题目。

1. 文章描写了"稍微"和"多少"结构中量范畴的表现形式,并分析了两个高频使用结构"稍微……(一)点儿/些"和"多少有点儿/有些……"的语义特点,认为"稍微/多少"与量范畴共现时两部分的语义并不重复。从"稍微"结构中谓词的语义特点、所在句的语体类型和篇章句际间的语义关联等角度,揭示了"稍微"可以不与量范畴共现的可能原因,而"多少"使用的一般条件是其后修饰的成分须是复杂结构。最后从"有界"和"无界"的对立分析了两个副词与量范畴的互动。(乐耀,2017)

2. 本文从范畴形成与准确性两个方面,考察了初级和高级水平的韩国学习者对汉语舌冠塞擦音 z/c,zh/ch,j/q 和擦音 s,sh,x 的产出和感知情况。研究表明,相似音段的习得受到语音相似度和语言普遍性两个因素的制约。二语语音产出和感知能力的发展不同步,初级阶段学习者的感知能力和产出能力差异不大,二者交错发展,高级阶段学习者表现出明显的感知能力优于产出能力的现象。(邓丹,2018)

3. 根字口诀法是针对初级阶段对外汉字教学而设计的一种新的教学法。它分根字口诀教学和根字扩展教学两个教学阶段。本文论述根字扩展教学阶段的几个重要问题。第一,口诀外根字的扩展方法:分散扩展、集中扩展。第二,字词扩展的基本途径:字与字之间的扩展分为成字扩展、不成字扩展两类,重点分析成字扩展的五种途径;字与词之间的扩展分为成词扩展和不成词扩展两类,重点论述双音节词扩展的十种类型。第三,扩展教学应该遵循的五条基本原则:有界扩展、有序扩展、字词联结、有限扩展和最简交际。根字扩展教学是根字口诀教学法的重要内容,汉字教师在熟悉扩展基本途径和原则的基础上,可以充分发挥自己的创造性,以提高汉字教学效果。(韩志刚、朱宁,2019)

4. 本文分析"谁知道"和"别说"这两个话语标记的形成过程和功能,指出它们作为话语标记是词汇化的结果,并概括了话语标记形成中的一些规律。通过词汇化形成话语标记的过程是话语中经常连用的成分的组块化与一体化,其意义是话语意义的规约化和语义化。汉语的话语标记很多都来自包含动词性成分的结构,其最初的句法位置可以在小句首,也可以在小句末。话语标记倾向于保持自由的地位,不发生黏着化,在语形上可以存在变体形式。从话语标记的形成可以看到词汇化与语法化是密切相关的,二者可以有一致的演变结果,也可以在同一语言形式上相继进行。(董秀芳,2007)

5. 本文通过研究拼音文字背景的32名外国学生在自然写作中出现的汉字书写错误类型,探讨汉字书写法知识的形成和发展规律。结果显示,(1)在书写错误中错字比别字多,但随着识字量增加,被试汉字书写中的错字错误减少,而别字错误增多。(2)在全体汉字书写错误中,由字形相似导致的错误多于由字音相似导致的错误,但随着识字量增加,被试汉字书写中的字形错误减少,而字音错误增多。在别字错误中字形和字音错误也存在类似的趋势。(江新、柳燕梅,2004)

6. 本文以"把"字句为例,对回避的标准和原因进行了探讨,并对"把"字句的难点提出了新的看法。文章把回避现象分为"回避"和"回避倾向"两种,严格意义上的"回避"是一种有意识的行为,"回避倾向"

则是研究人员对学习者言语行为偏移的一种推测性解释。文章指出,确立回避倾向,必须参照本族人的使用情况。文章讨论了回避的三种原因:难点回避,习惯转移,文化回避。并且指出,一般提到的"把"字句的错误,有一部分实际是"非把字句错误"。(刘颂浩,2003)

7. 文章首先由汉语母语者对 3245 个学习者输出的 $V+N_{宾}$ 搭配进行了可接受程度判断,然后统计分析了母语者对学习者输出搭配标注的可接受度数值,发现在学习者输出的搭配中,10.01%是母语者不能接受的搭配,不能接受的搭配集中分布在双音节动词组成的搭配上,比例达 83.38%。文章又以词语的等级难度和学习者语言水平作为变量,分析了影响词语搭配可接受度的相关因素,结果表明,词语的等级难度和学习者的语言水平与词语搭配的接受程度呈复杂的相关关系。最后根据上述分析结果得出结论:词语搭配教学应该贯穿教学始终,大规模语料库数据可以作为判断学习者输出搭配的标尺,词语搭配教学不应该过多采用隐性教学的方式。(辛平,2012)

8. 本文根据组成成分替换的自由程度区分三类不同的组合:自由组合、有限组合和凝固组合。通过"打+名词"的分析发现:1)有限组合内部成分的选择限制有程度的差别和方向性;2)组合成分之间结合的紧密程度取决于组合所表示的是否是核心事件、组合内成分语义虚化的程度以及组合概念整合的程度。据此,本文针对外向型搭配词典的体例设计提出了一些建议。(钱旭菁,2008a)

(五)分析下列关键词是否合适,并说明理由。

1. 题　目:对外汉语写作课教学的验证性研究
   关键词:对外汉语教学;写作教学;写作课;问卷调查;验证性研究
2. 题　目:"真"的使用情况考察
   关键词:副词;形容词;状语;定语;程度副词;的(地);考察
3. 题　目:中国政府奖学金来华留学生预科教育的定位和定性
   关键词:奖学金;留学生;预科;定位;定性;公费

4. 题　目:现代汉语口语告别会话序列研究及教学建议
　　关键词:口语;告别;会话序列;社会因素;行为;对外汉语教学;
　　　　　教学建议
5. 题　目:疑问句的祈使功能研究——以三组一般疑问句为例
　　关键词:疑问句;祈使句;汉语国际教育

(六)阅读下面的摘要,标出摘要各个构成部分的内容,并提取关键词。

1. 词汇量的多少是决定第二语言学习成功与否的一个重要因素。本文在介绍了国外有关研究成果的基础上,提出了设计词汇量测试的方法和原则。根据这些方法和原则,我们分别运用释义法和翻译法设计了两个3000常用词等级上的词汇量测试,并对学习汉语的日本学生进行了测试。用这两种方法测得的结果之间存在一定的差异。造成测试结果差异的主要原因是完成这两种测试所涉及的认知任务不尽相同。本文最后讨论了词汇量测试在汉语教学、词汇习得研究中的作用。(钱旭菁,2002)

　　关键词:＿＿＿＿＿＿＿＿＿＿

2. "不如"在上古汉语中从表示比较的动词发展为表示选择的动词,并进一步发展为表示建议的副词。近代汉语中的"还是"、上古汉语中的"其"以及山东方言中的"胜"等也是从比较、选择发展为表示建议的。可见,从比较、选择到建议,是汉语中的一条语义演变路径。这类语义演变背后的一个机制是:构式中部分成分因语境明确而隐含,从而造成另外的部分突显,因此带来了构式意义的变化。(董秀芳,2016)

　　关键词:＿＿＿＿＿＿＿＿＿＿

3. 留学生反义属性词的类推有两类:合理类推和过度类推。本文主要探讨两类反义类推的成因:合理类推的形成与普遍而抽象的语义关系范型、反义属性词语义与构词的显著对应性,以及义项的高度对应等因素有关,过度类推则是在反义属性词语义和构词的某些不对应、词的多义性与反义属性词义项的不对应,以及同/近义词的互补性或特异性等因素的影响下形成的。(孟凯,2009)

关键词:_____

4.本文在功能主义框架内探讨汉语早期儿童副词习得的优先序列。通过一个北京话早期儿童的个案研究得出以下倾向性规则:语义上,优先习得的副词所代表的语义范畴相对比较简单,即认知处理的难度不大,因而易于被理解和使用;句法上,与谓词所形成的句法结构相对简单的副词优先习得;频率上,成人语言中出现频率高的副词(包括儿童语言的频率和一般成人语料中的频率)优先习得。而在上述条件相同或相近的情况下,语音特征(包括声母的发音特征、声调类型和音节结构的复杂度)、松紧度特征也制约着同一语义系列内部一些副词习得的顺序。我们的观察也表明:每一层次内的各制约条件具有显著的正相关。(张云秋、赵学彬,2007)

关键词:_____

(七)根据你的研究兴趣搜索文献,选择一篇文章介绍它的摘要与关键词。

(八)评价下面的摘要。

1.本文从句法分布、语体、语义特征、搭配等角度对CCL语料库中随机选取的例句中出现的"审慎"与"慎重"的词义进行辨析,进一步地将两者的共同点、不同点和用法展现出来。这将有利于现代汉语近义词的研究,还可以为对外汉语教学词义辨析提供一些有价值的参考。

2.新加坡是个多语言、多方言的国家,以华裔为主要种族。华语是新加坡华裔的母语(民族语),在国家教育政策的实施下,英语作为国家第一语言,因此新加坡华裔最能流利沟通的语言是英语。随着英语作为第一语言的发展,英语已成为许多家庭的主要语言,这也造成许多新加坡华裔的母语表达方面受到影响,尤其是在少儿阶段,这反映在阅读、写作和口语表达上。在学校,口语交际占华文教学的重要部分,但在教学实践中却是薄弱的环节;学生华语口语水平普遍低,教材中重形式的口语训练造成学生语言能力发展失衡。本文从现有中学《高级华文》教材的角度探讨口语教学所面临的挑战,根据现有的口语教材提出科学性和系统性的教学策略,以改进口语教学,提高学生的华文口语表达能力。

3. 马来西亚国民中学初中于2019年正式全面使用教育局新版初中华文教材,此套教材是根据新的《初中华文课程与评价标准》和《初中华文课本编写指南》为依据编写的新课本。再加上马来西亚中三生必须参加的马来西亚中三评估考试(PT3),华文科目于2019年迎来新格式,新格式中将原来的考试项目之一名句改成韵文,从死记硬背的名句到理解欣赏整篇韵文的改变,使我们不得不重视韵文在马来西亚初中华文教材课后练习的现状与作用。纵观前人的研究,笔者发现关于马来西亚初中教材的研究甚少,前人没有对此套教育局新版初中华文教材韵文课后练习运用认知维度进行过研究,关于中国高中语文教材韵文课后练习的研究比较多。因此,笔者借鉴前人在此方面的研究,运用安德森认知目标分类学的认知过程维度,并结合马来西亚初中新课标来评述和分析马来西亚教育局新版初中华文教材韵文课后练习系统。

4. 随着全世界汉语学习者的增多,汉语师资的需求日益增加,但教师质量参差不齐。为了提升教师专业素养,亟需构建更为完善的国际汉语师资培训体系。我们通过研究发现美国 TESOL(Teaching English to Speakers of Other Language)教师培训模式较为成熟,已经得到全球英语教师和用人单位的高度认可。因此,本研究对 TESOL 项目的培训理念、教学对象、课程培训目标、课程设置和资格认证等方面进行深入分析,探究了美国 TESOL 教师培训项目对国际汉语师资培训的启示,比如,对教师能力的评估,除了卷面成绩,是否需要考察申请者真实情境中的语言能力和教学技能?是采用单一的培训认证模式,还是采用分级、分类的培训认证模式？何种培训模式能够提供与课堂环境相匹配的实际技能训练？通过培训后,获得了国际汉语教师资格认证之后的实习和就业问题如何解决？建立全球汉语教师培训的国际合作机制是否具有可行性？研究以期构建一套专业化、规范化、国际化、统一的国际汉语师资培训体系。

5."有"这个概念是人类认知系统中的一个重要范畴,具有重要的语言类型学意义。"有"使用频率高,语义丰富且分类复杂,"有"的偏误是留学生亟待解决的难题之一。语言学习显性的句法形式与结构容易习得,但是隐性的语义系统往往很影响学习者的认知。因而本文要从语义入手,把"有"的语义作为研究对象,去了解汉语母语者的使用情况和留学生的习得状况,从而反观内省改进现有的教学法。

首先,在梳理学术界对"有"的义项归纳的基础上,本文将"有"归纳为六大义项:领有关系(物权领有、属性领有、社会关系领有、整体与部分领有);存在关系(时间存在、具体空间存在、抽象空间存在);包括关系;估量关系;表发生或出现;比较关系。通过国家语委通用平衡语料库,考察汉语母语者"有"各个义项的分布情况,发现汉语母语者高频率地使用"有"去表达领有关系、存在关系,尤其是抽象的属性性状的领有以及具体空间存在。

不同的民族用什么样的眼光去看待这个世界也就是意义形成的过程。语义网络的研究有利于系统地揭示"有"多个义项之间的关系,探讨其认知过程。本文探讨了"有"各义项的语义关联,构建了"有"的语义网络。

其次,运用HSK动态作文语料库对日本留学生"有"的习得情况进行考察,统计了日本留学生"有"的六大义项的语义分布情况,并与汉语母语者进行对比,观察二者的关系。同时为了更全面地了解日本留学生"有"的习得情况,本文对日本留学生"有"的偏误情况进行考察,并且分析偏误原因。

最后,本文从整体上分析了日本留学生"有"的语义习得情况,说明日本留学生"有"的语义习得特点,同时提出教学建议。

(九)阅读论文《现代汉语"起"类词的功能扩展机制及其感性教学》(古川裕,2012)。

(1)填写下面的内容:
一　问题的提出
论题:＿＿＿＿＿＿＿＿＿＿＿＿＿＿＿＿＿＿＿＿＿＿＿＿＿
二　现有词典对"起"字的语义分析
三　动词性"起"字的核心意义及其扩展机制
3.1　＿＿＿＿＿＿＿＿＿＿＿＿＿＿＿＿＿＿＿＿＿＿＿＿＿
3.2　＿＿＿＿＿＿＿＿＿＿＿＿＿＿＿＿＿＿＿＿＿＿＿＿＿
3.3　＿＿＿＿＿＿＿＿＿＿＿＿＿＿＿＿＿＿＿＿＿＿＿＿＿
3.4　＿＿＿＿＿＿＿＿＿＿＿＿＿＿＿＿＿＿＿＿＿＿＿＿＿
3.5　＿＿＿＿＿＿＿＿＿＿＿＿＿＿＿＿＿＿＿＿＿＿＿＿＿
3.6　＿＿＿＿＿＿＿＿＿＿＿＿＿＿＿＿＿＿＿＿＿＿＿＿＿
3.7　＿＿＿＿＿＿＿＿＿＿＿＿＿＿＿＿＿＿＿＿＿＿＿＿＿
3.8　＿＿＿＿＿＿＿＿＿＿＿＿＿＿＿＿＿＿＿＿＿＿＿＿＿
(2)给这篇文章写一个摘要,并标出摘要的各个构成部分。

(十)阅读一篇文章(可以是自己以前写的文章),给这篇文章写一个摘要并标出摘要的各个构成部分。

第七章 论文结构

◇ **本章主要内容**

> ➢ 论文结构
> ➢ 论文大纲
> ➢ 开题报告
> ➢ 学位论文

一、论文结构

第四章至第六章我们详细介绍了段落的构成和不同类型的段落。一篇完整的论文是由若干段落构成的。段落和论文的目的、结构都有一定的对应性。段落和论文的目的都是为了说明某个观点：

段落	论文
为了说明某个主要观点的若干有联系的句子	为了说明某个主要观点的若干有联系的段落

论文通常包括开篇、正文和结尾三部分。

（一）开篇部分

论文开篇部分通常包含以下内容：
- 论文题目
- 中英文摘要

- 中英文关键词
- 目录
- 表格索引
- 插图索引

期刊论文一般只有前三项。

(二)正文部分

论文正文部分通常包括三个部分：引言、主体和结论(Kanar, 2011)。引言部分主要介绍研究背景和研究内容。主体部分是通过研究论证主要观点。我们可以把文章内容分成几个方面，每个方面用一个段落来表述，并用关联手段联结各个段落。结论部分则是总结主要观点，并对研究问题进行扩展和延伸。论文的这三个部分大致对应段落的主题句、论证句和结尾句。

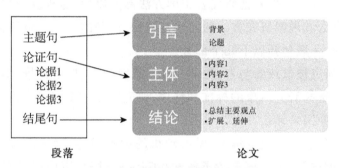

图 7-1　段落和论文结构的对应性

不同类型的论文，总体结构基本相同，基本都包括开篇、正文和结尾三部分。但不同类型的论文正文部分可能有一些细微差异。下面我们以实证性论文为例加以说明。

(1)引言

- 研究的总体描述，只要说出本文要研究的大问题，不涉及具体细节。
- 研究的必要性，包括研究的理论价值，如证明、推翻、修改某个理论，澄清某个有争议的问题等；研究的实用价值，如改进教学、编纂词典、为国家汉语教育政策的制定提供依据等。
- 论文的总体框架。虽然引言是论文的第一部分，但是可以在完成其他章节以后再写,因为在研究的过程中研究问题、研究的价值、论文的框架可能会多次修改。

引言的最后部分应该列出论题,即用一句话说明自己的研究目的、研究方法和研究问题。

(2)文献回顾

你要研究的问题前人有了什么样的研究,解决了哪些问题,还有哪些问题没有解决。注意:相关问题的研究文献会很多,无须对相关文献进行全面综述。我们只需选取那些和自己要研究的问题有关的文献进行综述,这些相关文献应该是自己研究的直接源头。文献回顾应能展示自己研究与已有研究之间的延续性。①

(3)研究方法

方法部分是为了说明研究是如何进行的。这部分需要满足可重复性的标准。如果其他研究者阅读方法部分以后,能重复开展相同的研究,那么就说明研究方法的描述是清楚、准确的。以定量研究为例,方法部分一般包括以下几个部分:

• 研究被试或参与者:性别、年龄、教育程度、母语背景、学习汉语的时间;选择研究对象的标准和程序;研究对象中途有没有流失,如果有流失,原因是什么。

• 研究工具:测量焦虑、学习动机的调查问卷,测量语言水平、词汇量的测试等,用出声思考了解学生朗读的过程,用访谈了解学生猜词的过程、不同认知风格的学习者采用的学习策略。

• 研究程序:这一部分需要描述研究者和参与者在研究中做了什么。包括:谁(研究者本人还是他人,如果是他人,是否接受了收集数据的培训),什么时候(持续的时间),在哪儿(课内、课外),什么指令(呈现给参与者什么样的指导语或刺激条件,要求他们做出什么反应),怎么收集的数据(当场还是带回去的,集体回答还是个别访谈,访谈有没有录音)。阅读完研究程序后,读者应该能理解研究者所使用

---

① "文献回顾"部分如果内容不太长,可作为"引言"的一个部分。如果"文献回顾"部分内容较多,也可独立作为一个部分。

的设计,以及这些设计是如何解答研究问题的。

- 数据分析程序:对收集到的数据用什么方法进行分析。

(4)研究结果与讨论

结果部分主要回答前文所列出的所有研究问题。首先,要有充分的描述统计量,如平均数。在报告平均数时,一定要加入相应的变异量指标,如标准差或均方差。其次,呈现推断检验时,要包含检验统计量的值、自由度、概率值、效应量及效应的方向。再次,呈现具有统计显著性的效应时,也要用合适的方式。例如如果变量在不同的组之间的主效应是显著的,那么最好是将每组的平均数列在正文中。如果某种复杂的交互作用显著,那么最好用图或表格的形式呈现数据(拉里·克里斯滕森等,2018)。

讨论部分则要对研究结果进行解释,说明研究假设是否得到证实,以及本次研究的结果与以前研究的联系。讨论应回答以下问题:①这项研究有什么贡献和意义?②这项研究是如何解决研究问题的?③从这项研究中人们可以得出什么结论、什么理论和/或教学启示?④研究存在什么不足? 讨论研究的缺点时,只需讨论可能影响了研究结果的缺点。尽量避免将研究不足归因于方法方面的缺陷,因为方法上的缺陷在设计研究时就应该避免。讨论可以和报告结果同步进行,也可以先报告结果,再进行讨论。

(5)结论

虽然论文的结果和讨论部分内容已经非常翔实,但是人的记忆力有限,读者很难记住你的所有要点。而且无论是为了做研究而读论文的研究者,还是改研究生学期论文的老师,或是参加学位论文答辩的老师,读的论文数量非常多。论文看多了,读者就很难把握每篇论文的所有内容。根据心理学上的"首尾效应",即最后说完的内容因为后面再没有别的内容干扰,因此记忆效果是最好的,如果最后有一个精炼的总结,能给读者留下深刻的印象。结论部分可以包括以下内容:

- 主要研究结果
- 本项研究的意义(理论意义、方法论意义、实践意义即研究结果

对教学的启示）

· 对今后研究的建议

（三）结尾部分

（1）参考文献：列出文章中引用的文献，不需要列出在研究过程中所有参考的文献。

（2）附录

· 调查问卷

· 测试的材料

· 数据分析的详细结果

下面我们以《汉语母语者和第二语言学习者名名组合的理解》（江新等，2016）一文为例，说明论文的结构。

一 引言	
理解和掌握复合词是第二语言学习者在词汇习得过程中的重要任务之一。两个名词组合起来形成一个新的复合词或者复合结构的过程，实际上是将已有的、熟悉的概念组合起来以表达一个新概念的过程，例如"网友""网民""股民"。看起来简单的名名组合，实际可能包含多种不同的内部语义关系（黄洁，2008）。例如"指杯"，可以是"清洁手指的杯子"，也可以是"只有手指一样宽度的小杯子"，或者是"手指形状的杯子"等。儿童和第二语言学习者理解一个新的名名复合词常常遇到困难，例如，儿童将"奶牛"理解为有斑点的牛，进而将有斑点的狗称为"奶狗"，第二语言初学者理解"火车""海碗"也会遇到困难。人们是如何理解一个陌生的名名组合的？目前关于名名组合的理解机制理论大多是基于英语母语者的研究，能否解释汉语现象还不清楚，研究汉语母语者对于名名复合词的理解可以检验这些理论的跨语言解释力。而且，汉语第二语言学习者在词汇学习过程中需要学习大量名名复合词，研究学习者名名组合的理解机制有助于制定更具有针对性的教学策略。因此，本文主要考察汉语母语者和第二语言学习者对名名组合的理解，目的是探讨汉语名名复合词的理解机制，提高汉语词汇教学的效果。	研究的理论价值 研究的应用价值 研究内容和研究目的

续表

二 汉语名名组合理解的研究现状 2.1 名名概念合成的理论模型 理论一：双重加工理论 理论二：关系竞争理论 2.2 名名复合词理解策略的发展 2.3 汉语名名复合词理解的研究 2.4 以往研究的局限性和本文研究的具体问题	研究现状 2.1 是有关母语者对名名组合理解的理论； 2.2 是儿童的习得研究； 2.3 是汉语的相关研究； 2.4 从已有研究的不足引入自己的研究。
三 实验一：基于选择解释任务的汉语名名组合的理解实验 四 实验二：基于产出解释任务的汉语名名组合的理解实验	该研究进行了两个实验，因此在这两个部分作者分别介绍了两个实验的实验方法和实验结果。实验方法包括被试、实验材料和实验程序

三 实验一：基于选择解释任务的汉语名名组合的理解实验
3.2 结果
3.2.1 母语者和二语者的比较
  分别计算每名被试选择关系解释和属性解释的比率的平均数，然后计算母语者和二语者两组被试的平均数（如表1所示）。（表略）
  从表1的结果可以看到，母语者和二语者选择关系解释和属性解释的比率都比较高，都在50%上下，表明无论母语者还是二语者，在理解陌生名名复合词时会采取关系解释和属性解释两种策略。
  从表1的平均数可以看到，两组被试选择关系解释的比率都高于选择属性解释的比率。为了检验被试关系解释的偏向在统计学上是否显著，我们下面对关系解释的比率与概率水平0.5之间的差异进行统计检验。
  单样本t检验的结果显示，母语者理解陌生的名名组合时选择关系解释的比率显著高于概率水平(0.5)，$t(42)=2.641, p=0.012<0.05$；二语者理解陌生的名名组合时选择关系解释的比率也显著高于概率水平，$t(41)=2.778, p=0.008<0.01$。这个结果表明，无论
	在研究结果部分，作者首先进行了描述统计，即列出了不同组别选择两种解释的平均数和标准差或均方差。在检验差异是否显著时，母语者和二语者的差异用了t检验

是母语者,还是二语者,对陌生名名组合理解时基于关系的解释显著比基于属性的解释多,具有明显的关系偏向。从表1的数据还可以看到,与母语者相比,二语者选择关系解释的比率稍低,选择属性解释的比率稍高。但是独立样本 t 检验的结果显示,母语者和二语者选择关系解释的比率差异不显著,$t(83)=0.244, p=0.808>0.05$,属性解释的结果与此相同。表明二语者选择关系解释和属性解释的比率都与母语者一致。
3.2.2 不同水平二语者的比较
  计算不同水平二语者选择关系解释和属性解释的比率的平均数(如表2所示)。(表略)
  以被试的汉语水平作为自变量,对被试选择关系解释的比率进行单因素方差分析,结果显示,汉语水平的主效应不显著,$F(2,41)=0.372, p=0.692>0.05$,也就是说,初级、中级和高级学习者的差异并没有达到统计学上的显著水平。没有发现被试的关系解释或属性解释的比率随着语言水平的提高而发生变化。
  总之,实验一的结果显示,无论母语者还是二语者,在理解陌生名名组合时会采取关系解释和属性解释两种策略;而且,对陌生名名组合理解时基于关系的解释显著比基于属性的解释多,具有明显的关系偏向;但是,没有发现被试的关系解释或属性解释的比率随着语言水平的提高而发生变化。
  值得注意的是,实验一采用提供解释、让被试对解释进行选择的任务,而且解释只有两种,该任务可能会在一定程度上限制或影响了被试对陌生复合词的解释。因此,实验二采用产出解释任务,即让被试用自己的话来解释陌生的复合词,同时将实验材料由15个词增加到45个词,进一步考察第二语言学习者对汉语名名复合词的理解机制。
四 实验二:基于产出解释任务的汉语名名组合的理解实验
4.2 结果
  初级、中级和高级水平二语者对陌生词语的解释类型及其比率见表3。(表略)
	不同水平的差异用了单因素方差分析

续表

从表3的数据可以看到,二语者对于陌生的名名组合采用关系解释的比率(53.7%)和属性解释的比率(24.6%)都比较高,两者占78%以上。联合解释、单语素解释和不作答的比率不足22%。可见,对陌生的名名组合作关系解释和属性解释是被试主要的理解策略。 　　为了考察不同水平被试的关系解释和属性解释比率是否存在显著差异,我们对不同水平被试的关系解释和属性解释的比率进行3×2的方差分析,结果显示,解释类型的主效应显著,$F(1,52)=77.208, p<0.001$,关系解释的比率(53.7%)显著高于属性解释的比率(24.6%);但语言水平的主效应不显著,$F(2,52)=0.25, p>0.05$,即被试的关系解释和属性解释的比率没有随着语言水平的提高而发生变化;语言水平与解释类型的交互作用也不显著,$F(2,52)=0.985, p>0.05$,即无论被试语言水平的高低,关系解释的比率都显著高于属性解释,同时无论是关系解释还是属性解释,其比率都没有随语言水平的提高而发生变化。可见,实验二与实验一对于汉语学习者的研究结果是一致的。	不同水平被试两种解释的比率差异的显著性用方差分析检验
五　讨论 5.1 汉语母语者和第二语言学习者名名组合的理解策略 　　实验一采用二选一的选择解释任务来测试汉语母语者和第二语言学习者对汉语名名组合的理解策略,发现无论是母语者,还是二语者,选择关系解释和属性解释的比率都很高;实验二采用产出解释任务考察汉语第二语言学习者,也发现关系解释和属性解释在所有解释中所占比率都较高。因此两个实验的结果一致表明,关系解释和属性解释都是汉语母语者和第二语言学习者的主要理解策略。	通过实验一和实验二的结果回答研究问题
这个结果与黄绣然(2008)、刘烨等(2004)对汉语母语者的研究结果是一致的,他们也发现关系解释和属性解释在被试所提供的解释中所占的比率都很高,因此认为关系连接和属性映射都是理解汉语名名复合词的主要策略。本研究不但发现汉语母语者理解名名复合词会采	与已有研究的联系;研究结果一致

用关系连接和属性映射这两种策略，还发现汉语第二语言学习者也会采用这两种策略来理解生词。但是，虽然实验发现关系解释和属性解释在被试所提供的解释中所占的比率都很高，关系连接和属性映射都是理解汉语名名组合的主要策略，然而，这个单一的证据既不能支持关系竞争理论，也不能支持双重加工理论。我们还需了解是否存在关系解释的偏好。	
5.2 汉语母语者和第二语言学习者名名组合的理解存在关系偏好	
实验一还发现，汉语母语者和第二语言学习者理解名名组合时关系解释的比率显著大于属性解释，也就是说关系解释更多、更常见，这表明名名组合的理解存在关系解释的偏好。实验二对第二语言学习者的研究也得到了一致的结果。也就是说，虽然关系连接和属性映射都是理解汉语名名组合的主要策略，但是被试对名名组合的理解偏向于采用关系解释，这表明关系竞争理论比双重加工理论能够更好地解释汉语母语者和汉语第二语言学习者名名复合词的理解机制。关系竞争理论认为，人们对于陌生的名名组合偏向于关系解释，只有当关系解释不适用时，才转向属性解释，属性解释是备用的解释(Gagné & Shoben,1997;Gagné,2000)。本研究的结果不仅为关系竞争理论提供了汉语母语者的支持证据，还进一步提供了汉语第二语言学习者的支持证据。	通过实验一和实验二的结果回答研究问题 说明该研究的理论价值
我们的实验既采用产出解释任务，也采用选择解释任务，这两个任务有各自的优势和局限性。在选择解释任务中，关系和属性解释都以相同的方式和概率提供给被试选择，可以使被试同时考虑两种不同解释的合理性；而且选择解释任务比产出解释任务容易，产出解释任务对汉语学习者难度过大，Jhean-Larose et al.(2011)也曾认为产出解释任务对于儿童难度大于成人；在产出解释任务中对解释进行分类编码可能不一致。由于本研究采用产出解释和选择解释两个任务来考察汉语双音节名名组合的理解，因此研究的结果较全面地反映了被试的理解倾向。	
汉语母语者理解名名复合词存在关系偏好，这个结	

续表

果与赵鸣(2011)的观点也是一致的,他认为在现代汉语中,名名定中结构的理解主要是利用关系连接处理机制进行概念合成的。但这个结果不同于刘烨等(2004)、黄绣然(2008)的实验结果,他们发现汉语母语者对名名概念组合作出关系解释的比率显著低于属性解释的比率。	与已有研究的联系:与某些研究的结果一致,与另一些研究的结果不一致
我们认为这可能与我们的实验材料与这两项研究的实验材料不同有关。我们测试的双音节名名组合涉及的概念集中于伞、柜、桌、砖、碗等人造物组合概念,刘烨等(2004)、黄绣然(2008)选择名名组合时考虑了组合概念的性质,既有人造物也有相当数量的生物、自然物。已有研究发现,人造物组合概念比生物、自然物组合概念得到的关系解释比属性解释多,即人造物组合概念的关系解释比属性解释更多、更常见(Bock & Clifton,2000)。刘烨等(2004)也发现,对于生物组合概念,属性解释的比率高于关系解释的比率,而对于人造物组合概念,属性解释与关系解释的比率并没有显著差异。本文的研究结果只能局限于所测试的以人造物组合概念为主的名名组合,是否能够推论到其他自然物组合概念,还需进一步考察。	对与其他研究结果的不一致作出解释
5.3 第二语言学习者名名组合的理解策略与语言水平的关系	
实验一和实验二都没有发现随着汉语水平的提高学习者选择关系解释的比率呈逐渐降低、选择属性解释的比率呈逐渐升高的趋势,尽管从比率看有变化的趋势,但是这一变化并没有达到统计学上的显著水平。这个结果与我们的预期是不一致的。	
本研究没有发现语言水平的显著效应,可能有两个原因:一是可能与本研究对被试语言水平的界定标准有关。本研究采用学习时间来界定学习者的汉语水平,但学习时间的长短不一定能反映汉语水平的高低。二是不同汉语水平的被试来自不同的国家,具有不同的母语背景,不同水平的学习者的母语背景没有得到匹配和控制,因此语言水平与母语背景发生了变量混淆,这可能也是造成语言水平效应不显著的因素之一。因此,关于第二语言学习者名名组合的理解策略是否会随语言水平升高	对研究结果与研究假设不一致作出解释

	续表
而变化的问题,还需要进一步研究。 六　结论和研究展望 　　本文在关系竞争理论和双重加工理论的框架下,通过两个实验探究汉语母语者和第二语言学习者对汉语陌生名名复合词的理解机制,主要的研究结论如下:(1)无论是汉语母语者还是第二语言学习者,对于陌生名名组合的理解都会采用关系解释和属性解释这两种主要的策略;(2)对于陌生名名复合词的理解存在关系偏好,关系解释的比率大于属性解释的比率,表明关系竞争理论更适合解释汉语名名复合词的理解机制;(3)实验没有发现关系解释、属性解释的比率随着学习者语言水平的提高而发生变化。	论文的主要研究结论
本研究还存在以下的局限和可进一步探讨的问题:首先,以学习时间的长短来界定学习者汉语水平的方法有很大局限性,而且选取被试时对学习者的母语背景没有进行很好的控制,母语背景可能影响学习者对陌生名名复合词的解读。其次,选择所测试的双音节名名组合时并没有考虑子概念所属的领域(生物、人造物)、子概念属性的突显度、相似度和熟悉度等因素的影响。第三,在选择解释任务中本研究只提供两种解释可能有所欠缺,将来的研究可以考虑提供一种以上的关系解释和属性解释,并且设置其他可能的解释(例如并列解释)。总的来说,在将来的研究中,要在被试的语言水平和母语背景的控制、实验材料的选择、实验任务的设计上做进一步改进,更深入地考察第二语言学习者理解名名组合、学习新词的认知加工机制。	研究不足以及未来进一步研究的建议

　　上文我们详细分析了实证类论文的结构,其他类型的论文结构有一些细微差异。各类论文结构列表如下[①]:

[①] 《汉语国际教育硕士学位论文写作分析与指导》(亓海峰、曹儒,2015)一书将汉语国际教育专业硕士学位论文分成调查报告、专题研究、案例分析、教学设计和教学实验五种类型。

表 7-1　不同类型论文的结构

	实证性论文	个案研究	习得偏误研究	问卷调查
引言	文献综述	文献综述	文献综述	文献综述
研究设计	研究内容 研究对象 研究工具 分析工具	研究内容 研究对象 收集数据的方法 分析数据的方法	研究内容 研究对象 语料来源 分析数据的方法	问卷 调查对象 分析数据的方法
结果	数据结果	数据结果	使用情况 偏误情况	问卷结果
讨论和分析	讨论和分析	讨论和分析	偏误原因分析	讨论和分析
结论	结论	结论	结论	结论

二、论文大纲

在开始动手写论文之前,应该先列一个写作大纲。大纲可以让我们对论文的结构有一个总体把握。列大纲可以从阅读笔记入手。给相关的阅读笔记排序,写出这些笔记是为了说明什么问题,然后把这些问题列成一个大纲。在排序的过程中,可能会遇到某些内容不知道放哪儿合适的情况。这时,我们可以把这条笔记放在两个不同的地方,写完后看看放哪儿更合适。也可以把这条笔记先放一边,写完全文后找一个合适的地方。如果是一个重要或关键的内容没有合适的地方,则可能是列的大纲不合适,需要重列大纲。例如在研究网络语言时,我们做了表 7-2 中第一列的笔记,并对每一条笔记说明的问题放在第二列中:

表 7-2　论文大纲示例①

阅读笔记	说明的问题	排序、归类
网络语言对语言游戏功能的激发和推动作用是前所未有的,有不少语言现象主要来自语言游戏的需要和结果。(施春宏,2010)	动因——游戏功能	2—动因

---

① 该大纲为论文《网络语言词汇变异动因、特点和规范》(钱旭菁,2020)的大纲。

续表

阅读笔记	说明的问题	排序、归类
2018年Bilibili视频网站联合中国社科院发布了2018年十大弹幕词:"真实、前方高能、颜表立、弹幕护体、合影、开口跪、真香、战歌起、空降成功、多谢款待"。其中"颜表立、开口跪、战歌起、前方高能、弹幕护体"这5个词都是源于Bilibili视频网站特定的事物或事件,该网站以外的人很难理解这些词是什么意思。另外5个词"真实、合影、真香、空降成功、多谢款待"不是新产生的词或词组,但这些词语在弹幕语言中也有特定的含义,例如"真香"表示"前后态度/看法等截然不同,自己打自己脸的行为,也可以形容人沉迷于某个事物","合影"指"观看电视、电影、影视作品时出现高能名场面,网友发送自己的弹幕刷存在感"。(李烁文,2019)	动因——身份认同	2—动因
《年度媒体新词语表》2010—2017收录的3601个新词中,进入《现代汉语词典(第7版)》的共30个,其中二字词18个,三字词4个,四字词6个,六字词1个。(张永伟,2019)	音节特点	1—网络语言的特点
网络上"怼"的意义主要来自方言,在方言中记录这些意义的汉字可能是"㨄""碓"和"搥"(钱添艳、尹群,2019)。由于这些汉字不常用,很多人可能并不知道这些汉字,当要表达"duì"的时候就选择了"怼"这个汉字。	"怼"的形成原因	?
广告语言作为一种特殊语体,往往以变异为手段,通过语言变异增大解码的难度,增添解码的趣味,从而引起消费者的注意以达到一定的商业目的。因而语言变异是广告语言求新求异的客观要求。(郑岚心、杨文全,2018)	动因——求异	2—动因
在2006—2011年1092个三音节媒体新词语中,新出现的类前缀有4个,类后缀有21个,如"被~、微~、软~、~哥、~帝、~控、~秀"等,这些类词缀构成的词语占所有三音节媒体新词语的56.37%。(夏中华、姜敬槐,2013)	构词方式	1—网络语言的特点

续表

阅读笔记	说明的问题	排序、归类
以"群体划分"为内容取向的网络流行语,反映了网民们群体归属、群体认同的需要,更深层次的则是网民的集体性孤独。(赵曰超、秦启文、梁芷铭,2013)	功能——身份认同	2—网络语言的动因
……	……	……

在动手写论文之前,我们对笔记进行排序,并列出以下提纲:

1. 网络语言的特点

   1.1 音节特点

   1.2 构词特点

   ……

2. 网络语言产生的动因

   2.1 身份认同

   2.2 求异心理

   2.3 语言的游戏功能

   ……

3. ……

笔记中"怼"的形成原因暂时无法纳入上述提纲,可以在后续的研究中或者找到合适的位置,或者舍弃不用。另外,在写作的过程中,大纲根据需要也可以作相应的调整。例如"身份认同"和"求异心理"可以合并为心理动因。

大纲各级标题用不同的数字表示,一般遵循以下格式:

一,二,三,四,五

(一),(二),(三)

1,2,3

(1),(2),(3)

A,B,C

a, b, c

如果论文有例句,那么把数字"(1)(2)(3)"作为例句编号,在大纲及论文正文不再使用"(1)(2)(3)"作为分级编号。

一级标题有四五点足矣,否则要么就是文章太长,要么就是太泛泛而谈。每一个分类至少有两个成员,每一类的表达要平行(词,短语,句子)。例如(施春宏,2018):

  第三章 词汇
   第六节 汉语词汇系统的构成
    一、基本词汇
    二、一般词汇
    三、语块
    四、文化特征词
   第七节 汉语词汇的发展变化
    一、新词的产生
    二、旧词的隐现
    三、词义的演变
   第八节 现代汉语词汇系统的特点
    一、双音节词占优势,单音节词使用频率高
    二、构成成分中单音节语素占绝对优势
    三、构词方式灵活多样,但以复合式为主

第六节下的小标题都是名词,第七节下的小标题都是偏正短语,第八节下的小标题都是短句。

三、开题报告

开题报告需要确定待研究的问题,在探讨相关文献的基础上,清楚地陈述研究问题,界定重要概念,详细阐述研究方法和数据分析方法,说明使用的研究工具和研究设计所选取的研究对象。开题报告的评价标准主要有以下三项:

(1)研究选题有无价值

(2) 研究方法是否有效

(3) 文献掌握是否充分

只有掌握了充分的文献，才能对相关领域的研究现状有较为全面的了解，才能提出尚未解决的研究问题，并提出相应的研究设计。研究方法涉及研究的可行性问题。"可行性"是指在研究能力、经费保障、数据收集条件、实验实施条件以及时间保障等方面研究能否顺利进行的可能性。开题报告最重要的是说明自己研究选题的价值，陈述研究的意义以及研究结果在理论和实践两方面对相关领域可能做出的贡献。研究选题是否有价值的重要评价标准之一是选题是否有创新。

创新可以从不同的方面入手。首先，从内容方面入手。同一个问题不同学科领域的研究视角可能不同，从其他学科的视角研究某个问题就是内容方面的创新。如语块研究，在语言学领域我们可以对语块本身进行描写、统计和分析，我们也可以从语言习得、病理学、神经语言学等视角开展研究。其次，从研究对象方面入手。如对语块的语言学研究实际上研究的是母语者的语块，我们还可以对二语者、儿童的语块进行研究。再次，从研究方法入手。早期语块的研究主要是分析母语者和二语者的语言材料，随着科学技术的发展，研究者还采用眼动技术、脑成像等手段研究语块。

开题报告一般由以下几个部分构成：

目录

一、绪论

    1. 选题缘由

    2. 研究意义

二、文献综述

三、研究设计

    1. 研究问题

    2. 研究对象

    3. 研究方法

四、论文框架

五、先期研究成果

六、附录

七、参考文献

选题缘由主要说明研究的背景、动机和目的，研究意义主要说明研究的重要性。文献综述部分说明已有研究已经解决了哪些问题，还有哪些问题需要研究以及已有研究方法的不足，引出自己的研究。研究设计部分首先需要明确提出自己的研究问题和/或假设，其次需要介绍研究方法，包括所使用的研究工具、所选取的研究对象、研究流程、数据分析方法，最后还需要预计研究可能遇到的问题和困难。论文框架需要列出论文各章节的标题目录。

四、学位论文

学位论文一般由以下几个部分构成：

目录（包括图表目录）

摘要

一、绪论

  1. 选题缘由

  2. 研究综述（如果内容比较多，可以单独成为第二章）

  3. 研究方法

  4. 研究意义

二、主体章

三、主体章

四、主体章

五、结论

六、附录

七、参考文献

致谢

准备充分的开题报告与最后的学位论文定稿有很强的对应关系。比较下面的开题报告和硕士学位论文：

开题报告	硕士论文
留学生因果关联标记习得情况考察——以母语为日、韩、英语留学生为对象	留学生因果关联标记习得情况考察——以母语为日、韩、英语留学生为对象
第1章　选题目的与意义 第2章　研究现状与文献综述 2.1因果关系句式本体研究情况 2.2与因果关系句式习得研究相关的情况 2.2.1留学生关联标记的综合性习得研究 2.2.2专门针对因果关联标记的习得研究 2.2.3与因果关联标记相关的其他关联记习得研究 第3章　本文研究对象及方法 第4章　论文框架	第1章　绪论 1.1选题目的与意义 1.2研究现状与文献综述 1.2.1因果关系句式本体研究情况 1.2.2因果关系句式习得研究情况 1.2.3与因果关联标记相关的其他关联标记习得研究 1.3本文研究对象及方法
第5章① 　研究样章 第二章②　基于语料库的因果关联标记使用情况分析 2.1因果关联标记的使用频率分析和比较 2.1.1留学生整体情况考察 2.1.2不同母语背景情况考察 2.1.3小结 2.2从组合关系上考察几组因果关联标记的搭配情况 2.2.1"因为……所以……"单用与合用频率 2.2.2"由于"的搭配情况及单用与合用 2.2.3"既然"的搭配情况及单用与合用 2.2.4小结	第2章　基于语料库的因果关联标记使用情况分析 2.1因果关联标记的使用频率分析和比较 2.1.1留学生整体情况考察 2.1.2不同母语背景情况考察 2.2从组合关系上考察几组因果关联标记的搭配情况 2.2.1"因为……所以……"单用与合用频率 2.2.2"由于"的搭配情况及单用与合用 2.2.3"既然"的搭配情况及单用与合用

---

① 这是开题报告的第5章。
② 这是计划的学位论文的第二章。

续表

开题报告	硕士论文
2.3 从逻辑语义关系上考察两类因果句式的使用情况 2.3.1 说明性因果句偏误率考察 2.3.2 推论性因果句偏误率考察 2.4 从因果顺序上考察因果关联标记的使用情况 2.4.1 只能由因到果的关联标记 2.4.2 只能由果溯因的关联标记 2.4.3 两者皆可的关联标记	2.2.4 小结 2.3 从因果顺序上考察因果关联标记的使用情况 2.3.1 只能由因到果的关联标记 2.3.2 只能由果溯因的关联标记 2.3.3 两者皆可的关联标记 2.4 本章小结
第6章 参考文献	第3章 基于语料库的因果句式偏误分析 3.1 因果句式的偏误率 3.3.1 说明性因果句偏误率考察 3.3.2 推论性因果句偏误率考察 3.2 各因果句式偏误分布情况统计 3.3 偏误类型分析 3.4 偏误原因分析 3.5 本章小结
	第4章 十组因果关联标记在《博雅汉语》中的考察
	第5章 结论

上述开题报告和硕士论文的题目相同,说明经过开题,该生的研究问题未发生变化。硕士论文的文献综述删除了与该研究关系不太密切的"留学生关联标记的综合性习得研究"部分,其余的文献综述开题报告和硕士论文完全相同。比较开题报告中的研究样章和硕士论文的第二章,我们可以发现,硕士论文删掉了开题报告中的2.3小节,其余部分二者完全相同。由此,我们可以认为上述开题报告是一份准备得相当充分的开题报告,最后的研究基本就是按照开题报告设计的思路开展的。

再比较下面的开题报告和硕士学位论文：

开题报告	硕士论文
基于口语语料的汉语非母语者关联词语使用研究	基于口语语料的高级阶段留学生语篇连接成分使用研究
第1章　绪论 1.1 选题缘由 1.2 论文的构成（绪论、文献综述、研究框架、关联词偏误情况、偏误原因分析、结论和教学建议）	第1章　绪论 1.1 选题缘由 1.2 研究价值
第2章　文献综述 2.1 语篇研究 2.1.1 语篇的概念 2.1.2 口语语篇研究 2.2 关联词语研究 2.2.1 关联词语的概念 2.2.2 书面语语篇中的关联词语 2.2.3 口语语篇中的关联词语	第2章　文献综述 2.1 语篇研究 2.1.1 语篇的概念 2.1.2 汉语语篇研究 2.1.3 中介语语篇研究 2.2 语篇连接成分的研究 2.2.1 语篇连接成分的概念 2.2.2 汉语中的语篇连接成分 2.2.3 中介语中的语篇连接成分
第3章　研究框架	第3章　研究方法
	第4章　语篇连接成分的使用情况
	第5章　语篇连接成分的偏误情况
	第6章　综合讨论

首先，开题报告和硕士论文的题目不同，研究内容从关联词语变成了语篇连接成分，研究对象从汉语非母语者变成了高级阶段留学生。总的来看，从开题报告到硕士论文研究范围缩小了。开题之后学生缩小研究范围是比较常见的情况。开题报告的文献综述主要集中在语篇和关联词语，而且语篇研究部分和关联词语研究部分不对应：2.2有书面语语篇中的关联词语，而2.1没有书面语语篇研究的文献综述。这是一项关于学习者的研究，而开题报告中没有相关的中介语研究

的文献综述。因此开题报告的文献掌握不充分。此外,这个开题报告也没有先期研究成果。总之,这是一篇准备得不太成熟的开题报告。

(一)阅读论文《第二语言研究的效度》(钱旭菁,2003b),完成练习。

1. 画出主体部分每个段落的主题句。
2. 填写下面的表格。

效度	影响因素		提高效度的方法
内部效度	研究对象		
			—
	研究者		
	研究环境和过程		
外部效度	研究对象		
	对自变量的定义		
	任务差异		
	研究对象的反应		

(二)阅读论文《汉语作为第二语言的近义词教学实验研究》(洪炜,2013),完成练习。

1. 本文的论题是什么?
2. 文献回顾部分综述了哪几方面的问题?
   - _____
     ➢ _____
     ➢ _____

   - _____
     ➢ _____
     ➢ _____

   - _____
     ➢ _____
     ➢ _____

3. 引言部分定义了哪些概念?
4. 研究是如何设计的?
   研究内容:_____
   研究对象:_____
   实验处理:_____
   分析工具:_____
5. 文章的主要结论是什么? 论证这些结论的论据是什么?
   结论一:_____ 论据:_____
   结论二:_____ 论据:_____
   结论三:_____ 论据:_____

(三)阅读论文《对外汉语教师实践性知识的个案研究》(江新、郝丽霞,2010),完成练习。

    1. 该文首先定义了什么概念？用了哪些定义的方法？
    2. 该文的文献回顾部分综述了哪些方面的内容？
- _____
- _____
- _____

    3. 研究是如何设计的？
研究对象：_____
收集数据的方法：_____
分析方法：_____
    4. 文章的主要结论是什么？
- _____
  ➢ _____
  ➢ _____
  ➢ _____

- _____
  ➢ _____
  ➢ _____

(四)阅读论文《汉语语音偏误的特点与模式——基于 25 种母语背景学习者的偏误条目数据的分析》(冉启斌、于爽,2019),完成练习。

    1. 论文综述了哪几方面的文献？
- _____
- _____

- _____
2. 研究是如何设计的?
   研究对象:_____
   收集数据的方法:_____
   分析方法:_____
3. 文章的主要结论是什么?
   声、韵、调的偏误率:_____
   最容易发生偏误的语音/特征:_____
   最不容易发生偏误的语音/特征:_____
   声调偏误频率从高到低:_____
   元音偏误趋势:_____
- 声调偏误趋势
  ➢ _____
  ➢ _____
- 判定学习者母语背景的两类偏误
  ➢ _____
  ➢ _____

(五)阅读论文《留学生汉语听觉与视觉输入学习策略调查研究》(钱玉莲、刘祎宁,2016),完成练习。

1. 论文综述了哪几方面的文献?
   (1)_____
   (2)_____
   (3)_____
2. 问卷
   (1)问卷内容:_____、_____、_____
   (2)问卷形式:_____
   (3)调查对象:_____

(4)分析数据方法：_____。各部分的公因子：

学习观念：_____、_____、_____

管理策略：_____、_____

学习策略：_____、_____、_____、

_____、_____

3. 问卷调查结果

(1)听觉和视觉输入学习策略是否有差异？_____。

(2)听觉和视觉输入学习策略的差异有哪些？

  A. _____。

  B. 管理策略方面，_____。

  C. 处理障碍策略方面，_____。

(3)语言水平对学习策略的影响是什么？_____。

填写不同语言水平学习者使用的学习策略(按从高到低的顺序排列)表格：

	初级	中级	高级
听觉输入	1. 2. 3.	1. 2. 3.	1. 2. 3.
视觉输入	1. 2. 3.	1. 2. 3.	1. 2. 3.

(六)阅读论文《世界 500 强在华企业名称对中国企业名称命名规则的偏离及其原因分析》(殷志平，2009)，填写大纲。

一 引言

  论题：_____

二　理论回顾　（重新概括该部分内容：_____）
　　1._____
　　2._____
　　3._____
　　4._____
　　5._____
　　6._____
三　研究方法
四　实证调查
　　1._____
　　2._____
　　3._____
　　4._____
五　原因分析　（重新概括该部分内容：_____）
　　1._____
　　2._____
　　　　a._____
　　　　b._____
　　　　c._____
　　3._____
六　结论

(七) 下面的大纲有无不妥之处？

一、引言
二、词义分析
　2.1 "踌躇"的词义多于"犹豫"的词义

  2.2 描写心理与行为的倾向性

三、语体差异

  3.1 "踌躇"多用于书面语，"犹豫"多用于口语

四、句法分布差异

  4.1 "踌躇"与"犹豫"充当的句子成分

    4.1.1 作谓语

    4.1.2 作状语

    4.1.3 作宾语

    4.1.4 作定语

  4.2 重叠形式

  4.3 词语的搭配

五、结论

  (八)选择某个题目，可以是你自己以前研究过的，也可以选择一个新的题目，完成下列内容。

1. 摘要
2. 引言(包括论题)
3. 主体段落
4. 结论段落
5. 大纲

第八章 引 言

◇ **本章主要内容**

> ➢ 引言的构成
> ➢ 引言的类型

一、引言的构成

大部分的论文都从引言开始,吸引读者的兴趣,引出论题,带领读者转向论文的主体部分。尽管引言是论文的第一部分,但是在开始写论文之前可以粗略地写一下自己打算干什么,完成论文其他部分后再写引言,因为在论文的写作过程中,研究问题可能不断地调整。

引言内容包括确定研究范围、构建研究空间及提出自己的研究。引言通常包括以下几个部分:

- 提供研究总的背景
- 文献回顾和综述,说明研究的现状和尚存在的问题
- 突出要研究的主题或问题(论题)
- 研究的目的、价值和意义
- 论文结构

确定研究范围包括指出研究的重要性、文献综述、定义相关术语或概念。构建研究空间是指阐明自己研究的必要性,可以是正面阐述自己研究的必要性,也可以是通过提出已有研究的不足来说明自己研究的必要性。引言的最后需要说明自己的研究,提出研究问题或假

设,说明研究的意义和价值。

引言的最后通常会引出论文作者自己的研究,即论文的论题。论题是研究者关于自己研究的核心观点,通常论题会介绍用什么研究方法,从哪几个方面开展自己的研究。读者根据论题可以了解论文的主体包括哪几个部分。例如:

> 本文考察"这下"的话语标记用法与语体特征,分析其话语标记功能,最后将研究结果运用到对外汉语教学中,对"这下"的教学提出建议。(张文贤等,2018)

该文主体内容分成三个部分:一、"这下"的话语标记功能;二、"这下"的语体特征;三、"这下"的教学建议。再如:

> 本研究以中级水平学习者为被试,探讨语义透明度、句子语境和语言环境三个因素在留学生新造词语理解中的作用、特点及其规律。(张金桥、曾毅平,2010)

该文的结果、讨论和教学启示部分都是围绕着语义透明度和语境展开的。

有些论文的引言最后也可能直接说明自己的论文包括哪几个部分,例如《说"中国式"及其他》(王灿龙,2015)一文包括六个部分:一、引言;二、"中国式"使用不当的状况;三、"中国式"的内涵及其使用条件;四、"中国式"与"中国特色"和"中式"的比较;五、关于其他"××式"的用法;六、结论。该文引言的最后一段介绍了论文除引言以外其他几个部分的内容:

> 鉴于此,本文将探讨"中国式"的用法及相关问题。文章从以下几个方面展开:第一,调查"中国式"使用不当的历史与现实状况;第二,分析"中国式"的内涵及其使用条件;第三,通过"中国式"跟"中国特色"和"中式"的比较分析,探求"中国式"的表义特点等;第四,在相关分析的基础上,扼要考察其他"××式"的用法;第五,就全文的考察和分析作个小结。

引言与摘要的某些内容重合,如研究背景、研究目的、研究的主要内容,但是引言一般不包含研究结果和研究结论。引言有多种类型,而摘要没有类似的类型。

二、引言的类型

根据内容,引言可以分成五类:漏斗型引言、吸引人注意的数据或事实、追溯历史、有趣的故事、靶子型引言。

(一)漏斗型引言

漏斗型引言大多紧扣时空变迁,从较大的背景开始,层层缩小范围,最后落实到自己的研究内容上。例如侯玉霞等(2012):

随着中国经济的快速发展,与国外贸易往来的日益频繁,世界各国对中文、中国文化的关注度也逐渐提高,对外汉语教材的需求量也不断增加,国内迎来了对外汉语教材的出版热潮。目前国内编写出版的对外汉语教材已有500多种,基本能够满足国内教学的需要(魏红,2009),但高水平、高质量的教材并不多见。很多人误解,只要会说中文就可以教对外汉语,只要是出版社就可以编写对外汉语教材。殊不知,这项工作有着较强的专业性。根据调研,有半数以上对外汉语教师觉得现行教材有很大不足。因此,如何筛选出合适的教材,如何科学地对现行教材进行评价,是一个值得研究的问题。	对外汉语教材
教材评估是指依据一定的标准和要求对教材的内容进行评议和估量。教材评估与教材的选择和使用是紧密联系的,有了对教材的基本评估,才能更好地选择教材,才能针对教材的特点、内容使用好教材。但如何科学地建立对外汉语教材评价体系,目前这方面的研究并不多见。	教材评估
汉语语音能力是汉语语言能力的基础,是发展汉语语言技能和语言交际技能的前提。因此,汉语语音教学在对外汉语教学中占有重要地位,很多学者在应重视语音教学这一点上都有共识。然而,语音教学的实际效果并不理想,这一点也有很多学者注意到。在第二语言教学中,教材至关重要,"教材决定教学的基本内容,体现教学的基本原则和方法"(盛炎,1990)。语音教学实际效果的好坏,与教材的编排不无关系。考察和反思已有教材中的语音教学编排,对今后	汉语语音教材

的语音教学研究和实践都有重要意义。对外汉语教学发展到现在,尚没有对对外汉语语音教材进行深入的研究。 　　本文针对对外汉语语音教材的选择问题,提出一个对教学内容(课文及练习)进行客观评价的方法,为教师和学生在教材选择时提供一个决策的参考信息。	汉语语音教材评估

　　上面这篇论文的引言就是从教材评估到对外汉语教材再到语音教材,范围层层缩小,像一个漏斗一样。漏斗型引言可能出现的问题是漏斗上边的口子开得过大,整个漏斗牵扯过长,使得研究背景过于广泛。

　　比较这篇论文的引言与摘要:

【摘要】汉语语音教学在对外汉语教学中占有重要地位,语音教学实际效果的好坏,与教材的内容安排不无关系。本文提出一种考察语音教学内容覆盖率的客观评价方法,为教师和学生在教材选择时提供一个决策的参考信息。	研究背景
具体地,我们通过音位连接的分布情况对教材进行客观评价。本文使用单音子、双音子和三音子三个模型,考察比较两本教材《汉语初级教程》和《汉语会话301句》的音位连接分布情况。	研究方法
结果显示,两本教材在单音子、双音子和三音子三个角度上的音位连接分布情况存在很大的差异。这表明借助于音素覆盖率等指标,可以为汉语语音教材的评估提供一些客观评价指标。	研究结果

　　引言的研究背景部分可能篇幅比较长,而摘要的研究背景部分通常比较短,一般用一两句话就交代清楚了。引言和摘要最大的不同是:引言一般不介绍研究结果,而研究结果是摘要的重要组成部分。

　　(二)吸引人注意的数据或事实

　　很多论文从吸引人的数据或事实开始。例如:

　　　　词的引申义有的是从本义直接引申而来的,有的是从引申义再次引申出来的,因此被分为直接引申义和间接引申义。它们分

布在不同的语义范畴中,数量有多有少。以人体名词"头、顶、颈"为例:

表1 "头、顶、颈"引申义数量表

例词	直接引申	间接引申	直接/间接比	引申义总数	语义范畴数	意义/范畴比
头	4	16	1∶4	20	10	2∶1
顶	6	11	1∶1.8	17	4	4.25∶1
颈	2	2	1∶1	4	4	1∶1

从上表可以看出,"颈"的直接和间接引申义数量相当,引申义数量分布基本是1∶1的关系,每一个引申义分布在一种语义范畴中;"头"和"顶"较为复杂,"头"间接引申义占多数,跨域范围广;"顶"则引申义数量多,却跨域范围窄。三个词的引申义分布极不平衡,乍看无规律可寻。但这样的语言现象反映了一个事实,即词义具有某种发展趋势,具体词的词义发展方向和语义范畴归属各有特点,因而引申义分布不平衡。其中分布相对平衡的"颈"词义特征和发展趋势反而不如"头"和"顶"鲜明。

究竟词义发展的总体趋势如何?为什么会形成这样的趋势?以往研究较少深入探寻这些问题。这是由于传统的词义演变研究和新兴的认知研究的交叉还属于新的学科领域,对于制约词义可变性与方向性的深层动因未及关注。

……

因此,本文拟采用跨学科的融会贯通的研究方式进行汉语词义演变研究:在词汇语义学本体研究的基础上,对词义现象进行深层的认知解释,寻找语言规律。从认知的角度切入汉语的词义研究,找出语言之外的决定性因素,既是一个新的研究方向,也与现代学科多元化的趋势相吻合。

(赵倩,2011)

上述引言通过数据说明人体名词"头""顶""颈"的引申义分布不平衡,

进而说明自己研究的必要性。再如唐贤清、曾丽娟(2012)：

留学生自我介绍时，会说出这样的句子："我来中国已经两年了，现在我在北京生活。我觉得在中国的生活很好，我已经习惯了。"单独看，每一个小句都是正确的，但整段话很不连贯、自然。原因就在于代词"我"使用过度，这涉及语篇回指的问题。	引出问题
当某一个或某一类人、事、物、状态、行为，或者某一时间和地点在篇章中的某个地方再现时，作者/说者可以用相同或不同的语言表达式来表示它们的所指是相同的。这些语言表达式称为回指。(廖秋忠，1986)为了满足语言表达明确、经济、变化的需要，语篇中通常交替使用各种回指形式。留学生由于尚未掌握其使用条件，回指表达常常出错，使整个语篇缺乏连贯性。陈晨(2005)和黄玉花(2005)分别对英语国家学生和高级汉语水平的韩国学生的篇章偏误进行了考察，结果发现，语篇回指偏误的比重最大，分别为91%和54.1%。由此可见，在留学生所使用的汉语语篇衔接手段中，语篇回指是最突出的问题。	定义研究对象 文献回顾 引人注意的数据
据教育部网站统计，2010年在华留学生中，韩国留学生比重最大，为26.97%。做好这一庞大群体的教学对整个汉语国际推广事业具有重大意义。中级阶段的留学生积累了一定数量的词汇和语法项目，尤其渴望提高成段表达能力。(杨翼，2000)而专门针对中级水平韩国留学生汉语语篇回指偏误的研究并不多见，已有的研究也缺乏对回指偏误成因的深入分析。因此，本文拟运用偏误分析理论，通过对中级水平韩国留学生汉语语篇回指偏误的统计，总结其特点；通过汉韩对比、考察教材、调查教师，追寻偏误成因，从而有针对性地为教材编写和教师教学提出建议，使留学生更好地掌握汉语语篇回指技能。	论题

上面这篇引文列举了两方面的数据来说明自己研究韩国留学生语篇回指偏误的必要性：一方面是韩国留学生占所有留学生的比例，另一方面是韩国留学生语篇回指偏误的比例。

比较这篇论文的引言和摘要：

【摘要】本文运用偏误分析理论,对中级汉语水平韩国留学生中介语语篇回指偏误进行了统计。结果发现,在约5万字的留学生作文语料中,零形式、指代词是留学生使用最多的语篇回指形式,主语省略不足、主语省略过度、宾语省略不足是语篇回指最突出的问题。主语省略不足的主要原因是留学生的回避策略和过度泛化,主语省略过度、宾语省略不足的主要原因是母语负迁移。另外,通过对教师和教材的调查发现,教师或教材对汉语语篇回指的不恰当或不充分的讲解和训练也是造成留学生偏误的重要原因。	研究结果 研究方法

汉语学习者偏误类的论文可以从学生的典型偏误出发,作为引言的开始。下文是关于有限组合限制的研究,论文的引言就是从汉语学习中与动词"打"相关的搭配偏误开始,提醒读者注意有些搭配即使符合语法规则、语义限制也是错误的,从而提出需要进一步研究有限组合语法、语义以外的限制。

我们在北京语言大学汉语中介语语料库中发现了下面和"打+名词"有关的错误语例:

(1)＊他们聊天,打国际象棋,或一起看电视。

(2)＊于是有骑自行车,旅行,打围棋,日记等等。

(3)＊还有几个游戏打毽子,玩儿陀螺和放风筝。

(4)＊我发现我不喜欢打体育运动。

(5)＊早晨师大运动场上锻炼身体的人,一部分打武术、太极拳,一部分打篮球、踢足球。

(6)＊你举行婚礼的时候,我从北京饭店给你打了一个贺电,收到了吗?

在这些语例中,"打+X"都符合"动词+名词"的语法规则,也符合"打+名词"的语义限制,例(1)—(5)中的"打"表示"做某种游戏",例如可以说"打牌""打球""打太极拳";例(6)"打贺电"中的"打"表示"发射、发出",可以说"打电话""打电报"。为什么表示同样的意思,有的名词可以和"打"搭配,有的却不能?这是因为除了受语法、语义的限制以外,语言中词和词的搭配还受其他因素的制约,因此有的组合可以类推,构成成分可以自由替换,有的即使满足了语法语义限制条件也不能类推、替换。

　　本文根据构成成分能否替换成其他成分把各种语言组合分成三类:组成成分可以自由替换的是自由组合,可以有限替换的是有限组合,不能任意替换的是凝固组合。自由组合中的词语结合得比较松散。如动词"吃"可以和很多表示"食物"的名词组合,有些东西即使不是食物,在特殊语境下也可以和"吃"组合,如长征时期"吃皮带"。有限组合的构成成分可以替换,但是受限制。如"下^{2}❷"表示"(雨、雪等)降落"时只能和"雨/雪/霜/雾"这几个词组合,不能替换成其他词语,因此不能随意类推。凝固组合的组成成分不能任意替换,例如"鸡毛蒜皮"中的"鸡"不能替换成"鸭","蒜"不能替换成"葱"。再如"横七竖八"中的"七""八"也不能替换成其他数字。有限组合和凝固组合是非自由组合,和自由组合相对。凝固组合、有限组合和自由组合一起构成了一个从凝固到自由的连续体。

　　汉语中的"词"和"短语"的划界一直是有争议的。典型的词和典型的短语比较容易判断,有争议的是词和短语之间"存在着大量的中间过渡状态的形式"(吴为善、陈颖,2007)。有限组合正处于这种中间过渡状态,它既不像词那样凝固,有一定的替换自由度,又不像自由词组那样可以任意地自由替换。这个处于中间灰色地带的有限组合也是学习汉语的留学生的难点。由于不了解哪些组合是可以类推的自由组合,哪些是不可以类推的非自由组合,因此才会出现文章开头所举的错误语例。因此,有限组合是本文的主要研究对象。鉴别有限组合的标准是什么?有限组合中的选择限制是否有程度上的差异?哪些因素制约有限组合中成分结合的紧密程度?有限组合的性质、有限组合的限制程度和制约因素的研究能为针对第二语言学习者的教材和外向型搭配词典提供怎样的理论依据和实践上的指导?这些都是本文尝试要回答的问题。

(钱旭菁,2008a)

(三)追溯历史

有些论文的引言是对研究内容的历史作一个简要的回顾。例如下文研究 HSK 对意大利汉语教学的作用,引言就是简单介绍了一下 HSK 在意大利的发展历史:

> HSK 是 hànyǔ shuǐpíng kǎoshì 的简称。它包括基础,初、中等和高等水平考试。1990 年 2 月,初、中等 HSK 通过了国家鉴定,并正式开始在海内外定期举行。这对作为第二语言的汉语教学产生了重大影响。HSK 的建立,不仅为科学地鉴定汉语水平做出了贡献,而且对促进、发展对外汉语教学的进程起到了重要的作用。意大利是比较早地开展定期 HSK 的国家之一。1990 年,意大利米兰国立大学和意大利东方学院-米兰分部的教授们联合组成了 HSK 筹备、领导小组。他们的各项工作得到了国内汉学家学会的支持,也得到了中国 HSK 办公室的肯定。1993 年中国 HSK 办公室批准了米兰筹备小组《关于在米兰设立 HSK 考点的申请》,并同意于 1994 年 6 月 17 日在米兰国立大学举办意大利首次初、中等 HSK 考试。12 年来,参加 HSK 的人数不断增加,HSK 考点也从一个逐步发展到了四个。本文将通过对米兰 HSK 考点 12 年来的考试情况的回顾与评述,说明 HSK 在意大利汉语教学发展进程中的作用。(徐玉敏、Clara Bulfoni,2007)

下文对对外汉语阅读研究的综述则是回顾了不同时期汉语阅读课设置的情况:

> 本文反思对外汉语阅读教学(以下简称"阅读教学")研究四十年来的发展历程,对其中比较重要的现象进行梳理,并试图指出阅读教学研究对对外汉语教学理论建设做出的贡献。
>
> 根据我们看到的材料(金德厚,1981;鲁健骥,2017),二十世

纪五十年代中期,北京大学外国留学生中国语文专修班就为二年级的同学开设了"文言阅读课",以及以词语教学为主要内容但是带有阅读课性质的"短文课";1965年,北京语言学院(今北京语言大学)为越南留学生开设了阅读课。不过,早期阅读课的开设,是所谓"小四门"(在对外汉语教学综合模式中,"小四门"泛指除综合课以外的与听说读写等其他语言技能有关的汉语课程。这些课程属于对综合课的补充,课时较少,故称"小四门")中的一门,从训练方法到训练内容,都是为了配合综合课(鲁健骥,2017)。二十世纪七十年代末,这种综合模式逐渐让位给分技能模式,听力和阅读分别单独设课,阅读课才真正有了自己的独立地位。与此同时,阅读教学研究相关论文也开始出现(比如金德厚,1981;张树昌、杨俊萱,1984等)。鉴于此,我们可以认为,阅读教学与阅读教学研究的发展,与中国改革开放的历史是同步的。

(刘颂浩,2018)

(四)有趣的故事

论文的引言也可能是一个有趣的故事。例如下面研究称呼语的论文就用了和称呼语有关的故事作为引言,一下子就能吸引读者的注意。

从静态看,面称比较简单,它只是一种称呼语,形式简短,又不参与造句。只要了解了各个面称语的含义,懂得了面称语的组合规则,就能基本解决使用面称语的"正确性"问题,即不大会再出现张冠李戴的错用现象,也不至于说出不合习惯的组合称呼。但是,这还是远远不够的。因为称呼是一种交际行为,而且称呼往往发生在一个交际过程的最初阶段。在交际时,称呼不但要正确,而且更要得体。所谓得体,就是面对某确定的听话人,当有几个可供选择的称呼语时,不选不应该选的,只选应该选的。能够得体地称呼交际对象,才能为成功的交际创造有利条件,使下面的交际顺利进行。如果称呼仅仅正确,但是不得体,就必然引起交际对象的不良心理反应,从而给接下来的交际带来消极影响。所以,使用面称做到"得体"至关重要。当代著名演说家曲啸先生的一次经历可以充分说明这一点。20世纪80年代中期,曲啸应邀到劳改场为服刑犯人作演讲,为如何称呼听众他颇伤脑筋。若称"犯人们""罪犯们",虽然没错,但不得体;若称"朋友们",虽然亲切,但有失自己的身份;若称"同志们",一方面会显得官方意味太浓,另一方面听众似乎也不够被称为"同志"的资格;若称"罪犯朋友们""犯人同志们",又显得不伦不类。最后,他创造性地使用了一个面称:"触犯了国家刑律的青年朋友们",一语既出,赢得了在场听众的热烈掌声,取得了良好的交际效果。因为这个称呼既贴切又得体。

"得体"是一个社会文化标准,它和特定的社会伦理观念有密切联系,符合公认的社会伦理规则就是得体,相反就是"有失体统",就是"失态"。例如:

背景:鲁,中年女性,某大学中文系副教授。张,中年男性,某大学行政机关职员,鲁的丈夫的朋友,平时称鲁为"大嫂"。有一次,张到中文系办公室办事,偶遇鲁,办公室有其他老师在场。

张:大嫂,下课了?

鲁:哦,下课了。

张的这次称呼行为固然不能说不正确,但确实是不得体的。

要想做到"得体"地使用面称,就须考察制约面称使用的诸多因素,探求面称的语用制约机制。

(韩志刚,2004)

(五)靶子型引言

靶子型引言可能是从不同研究之间的矛盾和争议、已有研究的不足以及前人尚未解决的问题等入手,引入自己的研究。例如施春宏(2010):

根据学界通行的认识,网络语言有广狭不同的理解。广义的理解指在网络交际领域中使用的各种语言形式,主要包括两大类:一是与互联网有关的专业术语和特别用语(如"宽带、域名、鼠标、病毒、浏览器"和"网民、网吧、黑客、虚拟空间、信息高速公路"),二是网民在	研究背景:网络语言的定义

续表

聊天室和网络论坛上的交际用语。狭义的理解主要指后者。与互联网有关的专业术语和特别用语,虽然所占比例很大,但这部分表达不会引起一般网络交际中的争议,即便有争议也主要限于技术领域或学术领域;而对于一般网民之间交际情景的表达形式和内容则有很大的争议,民间广泛参与其中。基于此,本文的网络语言取狭义的理解。	
网络语言的出现和使用一直伴随着各种争议。赞成者有之,反对者有之。……	过渡段落
赞成的理由主要有:特定交际群体的表达需要,有着现实的背景,是时代精神的体现;新媒体的需要,网络媒体发展的必然,体现为互联网文化;是草根文化的一种存在方式,适应了草根阶层的表达需求;某些表达形式有新意和特色,体现出鲜活新奇、方便时尚、生动幽默、个性化色彩强等特点,体现了语言创新能力;属于一种新的社会方言,在某种意义上发展了汉语,为汉语的交际和发展提供了养分;语言是活的,是动态的,是发展的;倡导了多样化的语言实践,丰富了人们的语言生活;针对有人认为网络语言是一种语言污染、语言垃圾因而主张纯洁汉语这种情况,认为世界上根本就没有一个抽象的叫"纯洁汉语"的东西,"语言污染、语言垃圾"的提法要慎之又慎。因此主张对新生的事物要宽容;要面对现实,并做好整理、研究工作;要有效参与,积极引导。有人认为网络语言根本不需要规范。有人甚至认为网络语言是"语言史上的一场革命"(王德亮、仲梅,2008),"代表着汉语发展的方向","将带动汉字体系逐步实现符号化、拼音化的改革"(牟玉华、谢旭慧,2008)。	争议看法一:赞成网络语言
反对的理由主要有:网络语言的流行将对汉语和中文造成负面影响,造成了母语的危机;颠覆传统,冲击了传统交际;汉字、外文、数字、字母、符号等杂糅在一起,显得不伦不类;采用英文等外文拼写,崇洋媚外,殖民心态,有损民族尊严;追求时髦,品位低下,庸俗、低级;网络语言不文明现象严重,影响了中小学生的语言文化水平和文明道德教育;网络语言是黑话,是语言污染、语言垃圾;生造乱用、怪词别字、破坏汉语结构规律、语义混乱等违背语言规范的现象非常严	争议看法二:反对网络语言

续表

重,影响了汉语的纯洁性;涉网不深的人,往往看不懂,带来交际的困难;网络语言纯粹是一种文字游戏,不值得也不应该当一回事。因此需要展开一场汉语保卫战;加强网络语言监管,至少要让网络语言留在网络;要通过立法的手段来规范、限制网络语言的使用。	
当然这种二分法的归纳有时也不完全到位,这里面有交叉的地方。如赞成网络语言的人也看到了网络语言交际中不文明现象所带来的消极影响,反对网络语言的人也看到了网络表达中某些有价值的表达方式。我们这里并不试图对各种看法作出评论。但网络语言在各种争议中经过十多年的发展,带来了一些值得反思的地方。总的来看,往昔强烈批评的声音似乎没有发挥多少作用,而对网络语言的考察和整理(如编词典、出版专书等)倒使更多的人了解了某些网络语言的内涵和用法,加快了网络语言从网上走到网下的进程。现在很多网络语言表达形式已经逐渐被人们所认同,甚至成为推动语言交际的一个动力。而且,网络语言的出现和发展使我们能够清楚地看到一种社会方言的形成过程,仅此而言,就特别具有学术研究的价值。本文主要讨论网络语言给我们提供的积极方面,而对网络语言中存在的消极方面暂不涉及。其实,有的消极方面实际上也不是简单的语言问题,而是人的问题、社会的问题,由于反映在语言上,有时我们便将它们看成了语言问题,并认为通过语言使用管理就能够解决这样的问题。	作者对争议看法的评价,并以此引出自己的研究问题
我们觉得,如果从积极的方面来考虑,对网络语言的价值应该从它的交际性质和学术意义两个方面来认识,即网络语言的语言价值和语言学价值。	论题

　　上文主要研究网络语言的语言价值和语言学价值,该文的引言主要介绍赞成和反对网络语言这两种相反的观点。

　　也有些论文的引言从与自己观点相反的研究入手。例如王汉卫(2007)认为汉字课应该跟精读课放在一起,他的论文引言先介绍了汉字课应该单独设课这一相反意见:

近年来有关期刊发表了不少汉字教学方面的文章。其中许多文章明确表达了汉字教学应该独立设课的见解,例如肖奚强(1994)、王碧霞等(1994)、张静贤(1998)、赵明德(1999)、柳燕梅(2002)、马燕华(2002)、尤浩杰(2003)等。相反的观点也有,例如石定果、万业馨(1998),但总的说来并没有引起学术界的关注。越来越多的汉字教材出版,越来越多的学校开设独立的汉字课,这似乎已经成为一个趋势。

本文不能苟同时下的主流认识。我们认为,要想使留学生汉字水平得到极大的提高,必须把汉字教学看作是精读课的一个有机组成部分,走把汉字课和精读课"合二为一"的教学路子。从短期教学效率上看,独立的汉字课的确能够按照汉字的规律给学生较高效率地讲解和练习汉字,但并不能从根本上解决汉字问题。汉字教学的成败,不是汉字课所能承担的,不管教材编写得怎样,其结果都不会有根本不同,因为它总是阶段性、辅助性的。可能是受独立设课思维定式的局限,关于如何把汉字课的主要方法和内容跟精读课有机地结合起来,学术界迄今没有较为深入的讨论。本文试图探索汉字教学必须走与精读课合二为一的教学路子,并尝试回答如何"合"的问题。

为了说明自己研究的必要性,论文的引言也可以质疑已有的研究,提出现有研究的不足。例如下面关于建议言语行为的研究:

建议是日常生活中常见的一种言语行为,在英语、西班牙语、日语等外语学界受到广泛关注(任育新,2014;MacGeorge & Van Swol,2018)。随着上世纪80年代跨文化言语行为以及中介语语用学研究的兴起,汉语学界也对建议言语行为(为称述方便,以下使用"建议行为"这一略称)进行了一系列研究。

已有研究对汉语说话人所经常采取的建议策略,如表示对受话人的关心、表示歉意、提供理由等,进行了较为充分的描写,并探讨了不同策略之间的组合方式以及不同策略的礼貌程度(孙琇琤,2012;倪舒婧,2013;耿丽君,2016等)。已有研究也对汉语建议行为中经常使用的词汇—句法手段,包括句类、施为动词、情态助动词、副词和语气词等,进行了概括(胡晓琼,1999;丁安琪,2001;阮翠娥,2014等)。除此之外,学界还探讨了影响建议行为的社会变量(李军,2001;吴勇,2008),并对汉语母语者对建议行为的积极态度及其与英语母语者的差异等进行了探讨(Hu,1991;Feng,2015;Feng & Magen,2016)。此外,还有一些文献则专门研究机构性话语中的建议行为,如医疗救助(于国栋,2009)、教学讨论(李淑静,2010;任育新,2013)、心理咨询(申智奇、刘文洁,2012)、电视求职(何晓娜,2015)以及家庭生活(董博宇,2016)、网络论坛(毛延生、黄倩倩,2016)等。

根据 Blum-Kulka et al.(1989:17),言语行为序列(sequence)可以分为三个部分,即核心行为(head acts)、辅助语步(supportive moves)与引发语(alerters)。如:

引发语	辅助语步	核心行为
亚茹,	我觉得其中是不是还会有些误解,	你应该好好跟罗冈谈谈!

辅助语步作为调节言语行为语力(illocutionary force)的一种策略,可以看作是对言语行为的外部调节(external modification)。同时,说话人还要从词汇、句法上对核心行为进行适当的措辞,以进一步对语力进行内部调节(internal modification),即使用"加强语"(upgraders)或"弱化语"(downgraders)来增强(aggravate)或缓和(mitigate)言语行为的语力(Blum-Kulka & Olshtain,1984)。

根据这一分析框架,我们可以看到,已有研究对汉语建议行为的外部调节和内部调节均有涉及,研究不可谓不丰富。不过,相比于英语等语言中的建议行为研究而言,汉语的建议行为研究虽然数量上并不少,但大多数是硕士论文,研究深度上还比较欠缺。在研究方法上，已有研究或者仅为举例归类，或者虽有数据统计却未使用相关分析工具进行扎实论证。而且，已有研究或者仅仅对核心行为中的词汇—句法手段进行分类描写与统计，或者仅对社会变量与辅助语步（已有研究中多使用"策略"一词）进行经验性的研究，而未曾关注社会变量与"核心行为的词汇—句法"之间的关联性倾向。但是，对于二语学习者来说，如何根据交际情境中的社会变量选择合适的词汇—句法手段表达言语行为，才是他们学习的难点和重点（徐晶凝，2016）。另外，汉语说话人在使用"核心行为＋辅助语步"这种建议序列时，在内部调节手段与外部调节手段之间的配合上，即在核心建议行为中所采取的词汇—句法手段与辅助语步的功能类别（如"提供解释、言及结果"等）之间的组合上，究竟是什么样的状况，又是否显著受到交际者双方的权势、社会距离及任务难度的语用调控？这个问题也有进一步挖掘的必要。

　　因此，本文将在前人研究的基础上，基于影视剧对白语料，使用二分类逻辑（Binary Logistic）回归模型，进一步观察建议行为的内部调节手段与社会变量等语用调控因素之间的关联。

（徐晶凝、郝雪，2019）

上述引言认为已有研究的研究深度（多为硕士论文）、研究方法（或举例归类，或有数据统计却未使用相关分析工具）和研究内容（未关注社会变量与词汇—句法手段之间的关联性）均存在不足。

　　从存在问题入手的引言如：

　　　　《现代汉语词典》（商务印书馆，2005；以下简称《现汉》）对所收录的词语的义项设立和分合有着一定的原则，对于单音节成词语素的释义应该是既包括词义也包括语素义的。《现汉》中动词"打"是义项最多的条目，共有24个义项，其中既包括词义也包括语素义。尽管如此，我们仍然发现在该词典所收录的262个由语素"打"所构成的词或固定结构中，某些语素"打"的意义无法与这24个义项匹配,如"打扮、打比、打点、打发、打滑、打诨、打搅"等。那么《现汉》是否漏收了单字条目"打"的某些义位?这样的多义词会给第二语言学习者带来怎样的困惑?

　　基于以上思考,本文拟以动词"打"为研究对象,通过考察由语素"打"所构成的词语中"打"的语素义和《现汉》单字词目"打"的义项匹配情况,来检查词典中"打"的义项缺失情况,这对词典恰当地增减义项有一定的帮助。在此基础上进一步考察第二语言学习者在习得和使用动词"打"和由动词性语素"打"所构词语的情况,分析偏误类型和产生偏误的深层原因,并提出教学对策,从而为第二语言教学中的多义词教学提出参考性建议。

(奚俊、程娟,2006)

上述引言提出《现代汉语词典》有关"打"的义项设置存在问题,以此引出自己的研究。

练 习

(一)判断下面的内容是引言还是摘要。

1. 我们将以"完""尽"等为代表的一类词称作"完成动词",对这类词,人们的认识略有不同。在谈到这类词的意义、用法和演变时,一般是放在一起说,浑然不分。而《汉语大词典》在释义时却进行了区别,如在"尽"条下列有"竭尽"的义项,在"了"条下列有"完毕"的义项,在"完"条下列有"完毕"和"净尽"两个义项。这说明该书的作者认为这三个词在意义上是有区别的。我们认为《汉语大词典》的处理比较准确,而且根据表义和用法的差别将完成动词进行重新分类,对说明该类词的演变有着重要的意义。本文将讨论完成动词的再分类,以及不

同类别对其演变的影响,也将涉及相关的其他问题。(李宗江,2004)

2.近几十年来,多有学者主张"意译词属外来词",认为表达外来概念的词就是外来词,将意译词视为外来词有利于研究文化接触。本文在分析驳正这类错误观念的基础上提出,外来词界定应当坚持"译""借"两分的基本原则,并确立了区分"译""借"的分析标准;根据外来词界定的基本原则与分析标准,以英源外来词及汉英对译词为研究范围,全面分析10种译借方式的借用等级,构建出借用程度由高到低的等级序列:外语词>外来词>混合词>汉语词。认为广义的"外来词"只应包括外语词和狭义的外来词;混合词中既然有本源语言成分,就不是纯粹的外来词;"意译词"和"直译词"是外语对应词的译词,并非从外语借入的"词",因而都属于汉语词。(张博,2019)

(二)判断下面引言的类型。

1.第二语言教学研究在经历了由"教"向"学"的转变之后,对学习者——"学"的主体——的研究也越来越受到学者们的重视。生理因素、认知因素和情感因素都会对学习者学习第二语言产生影响。生理因素包括学习者的年龄、性别等;认知因素包括学习者的智力、学能、学习策略等;情感因素包括学习者的性格、自尊心、抑制、移情(empathy)和焦虑等。

焦虑是一种较为普遍的心理情感,是指"个体在担忧自己不能达到目标或不能克服障碍而感到自尊心受到持续威胁下形成的一种紧张不安、带有惧怕色彩的情绪状态"(《心理学百科全书》)。外语学习焦虑是一种特殊的焦虑情绪,是指"语言学习过程中所特有的,对和课堂语言学习有关的自我意识、信仰、感情及行为明显的忧虑和恐惧"(Yukie Aida,1994)。在课堂上常常可以看到一些学生不爱说话,有的一发言便脸红,有的说话结结巴巴,有的甚至连声音也有所改变。还有的学生考试时过于紧张,以至于连最简单的问题也不会回答。这些现象都与学习者的焦虑感有直接关系。

作为第二语言学习的其他语种,如英语、法语、德语、西班牙语和日语等,在有关学习者的焦虑问题研究上已有了较多的研究成果。汉语在这方面的研究还很不够。学习汉语时,留学生的焦虑感是否存在性别、国别的差异?学习汉语时间的长短对焦虑感是否产生影响?华裔和非华裔学生的焦虑感是否有所不同?期望值高的学生,其焦虑感与期望值低的学生是否相同?自我评价和焦虑有什么关系?焦虑感是否影响到学习成绩?针对这些问题,我们进行了调查研究,用定量统计的方法对外国留学生在目的语国家学习汉语过程中的情感焦虑问题进行了考察和分析。(钱旭菁,1999)

2. 一日晚饭后,我和妻子在校园里散步,路遇两名来自美国的志愿者。下面是我们的对话:

"二位吃过了吗?"我问。

"两个我们吃过了。"其中一位回答。

"不能说'两个我们',应该说'我们两个'。"我说。

"为什么?'两个人'能说,'两个我们'怎么就不能说?"对方问道。

"因为'人'是名词,前面可以加数量词语;'我们'是代词,前面一般不能加数量词语,所以,'两个'应该放在'我们'的后面。"不想我这样的回答却带来了问题。

"哦,明白了。"两人异口同声地说。然后其中一人又问道:"你们两个夫妻在散步?"

"不能说'两个夫妻',应该说'夫妻两个'。"我又纠正道。

"又为什么?你刚才不是说名词前面可以加数量词语吗?'夫妻'不是名词吗?"对方反问。

我立刻意识到刚才的草率解释造成了麻烦,为了慎重起见,我对他们说:"这个问题比较复杂,让我好好考虑考虑,明天有空的话你们到我的办公室找我,我再给你们详细解释好吗?"

"真麻烦,太难了。"对方有点沮丧,"好吧,明天上午可以吗?我们同学两个去找你。"

瞧,又错了。

(杜道流,2012)

3.汉语的转折连词较为丰富,有"但是/但、可是/可、然而/然/而、不过、只是"等,它们之间的差别也非常细微。限于篇幅,本文仅分析"但是""可是"的用法。金允经、金昌吉(2001)从句法、语义、语体、语气上研究了现代汉语转折连词组的异同。他们认为"但是"与"可是"的差别除了"但是"可以连接词组而"可是"不能外,主要是语体与语气的差别,"但是"用于书面语,"可是"用于口语,"但是"的语气强于"可是"。Wang & Tsai(2007)继续从篇章的角度研究了不同篇章类型下汉语转折连词"可是、但是、只是、不过"的语篇与语境对比连接,认为"但是"指出重点或强调,"可是"指出隐含对比。

我们认为,现有结论不能完全涵盖二者的差异。

第一,从语体上看,"可是""但是"的差异并不突出。虽然在典型书面语《人民日报》中,"但是"199次,"可是"55次,在北京大学口语语料库中,"但是"34次,"可是"76次,而在电话谈话语料库Call Friends中,"但是"出现次数为363次,"可是"出现的次数只有49次。Call Friends是典型的自然口语,"但是"的使用次数却远远多于"可是"。

第二,从语气上看,"可是""但是"的语气强弱区分不明显。"但是""可是"都与"反而、无疑、并、一定"等语气强的词语连用,也都与表达强烈感情的反问句、感叹句等连用,不能简单地说"但是"语气强,"可是"语气弱。如(1)的"但是"句与(2)的"可是"句都有"无疑",(3)的"但是"句与(4)的"可是"句都有"一定"。

(1)威胁的结果会依当事人的心意而改变,但是法庭所说的话[无疑]是绝对算数。(北大CCL)

(2)他们绝不会佩服小陈——票友是不会佩服人的——可是[无疑]地都怕黑汉。(北大CCL)

(3)现在,改革和建设任务很重,大家都很忙,但是[一定]要挤时间学习理论。(北大CCL)

(4)你不能拿他当作吃喝不分的朋友,可是[一定]能拿他当个很好的公民或办事人。(北大CCL)

第三,"但是""可是"都可以用来指出隐含对比与明确对比,区别不大。(5)与(6)是明确对比,对比的对象出现于前后句。(7)与(8)是隐含对比与预设对比,"可是""但是"都可以用。(9)是口语中的一个隐含对比,用的是"但是",而不是"可是"。

(5)两个人本来关系很好,后来曹参立了不少战功,可是他的地位比不上萧何。(北大CCL)

(6)秦穆公得到消息,虽然很不痛快,但是他不愿跟晋文公扯破脸,只好暂时忍着。(北大CCL)

(7)少康灭了寒浞,可是夷族和夏朝之间的斗争还没完。(北大CCL)

(8)恶贯满盈的董卓被消灭了,但是百姓的灾难并没有完。(北大CCL)

(9)A:那多好啊,有孩子多好啊。

　　B:特别受罪。

　　A:我,我知道啊,但是我有的时候就想,我觉得可能因为父母为咱们受的罪,就咱们,应该,再,再,就是说,只有带,带孩子的这个过程当中才能够报答父母。(Call Friends)

本文尝试从其他角度揭示"但是"与"可是"的差异。本文的研究采用了篇章分析的方法,得出的结论有一定的倾向性,这是由篇章分析的性质决定的。

(张文贤,2012)

(三)判断下面引言(高宁慧,1996)的类型,并分析引言的内容构成。

> 代词在对外汉语教学中并没有被当作教学重点或难点,特别是基本的人称代词和指示代词,如"我、你、他、这、那"等,一般认为,它们在学生的母语中基本上都存在,表达的词汇意义也大体相同,因此不成什么问题。诚然,上述这些代词在其他语言中都有基本的对应词,从词汇角度来看,的确比较容易理解;从单句的层面看,学生也很

续表

少出错,但是当我们突破句子的范畴,仔细分析学生成段、成篇的语言材料,就会发现有许多"别扭"的地方正是出在代词上。请看下面一个语段: 　　(1)a. 我现在在中国,b. 所以我非常遗憾不能看见你们孩子的脸,c. 我可以想象孩子一定非常可爱。d. 我回国的时候,e. 我一定到你的家里去看孩子。 　　单独看该语段的每个小句,无论在语法上还是语义上都无可挑剔,但是整个语段显得很零散,上下文不够连贯,更像是一个个句子硬串在一起的。究其原因显然是过多地使用了代词"我"。
我们对 30 篇学生作文进行了分析,发现没有一篇不存在代词方面的问题,有的甚至 50% 以上的代词都使用不当。这些问题主要不是在句子层面,而是在篇章层面。廖秋忠先生指出:"代词属于篇章现象",这句话道出了代词的实质,篇章语言学的研究表明,代词的基本功能乃是篇章连接功能,"在句际连接手段中,代词用得最多、最广泛"。
代词既然属于篇章现象,在篇章中起着不可忽视的作用,而学生的代词问题又多表现在篇章层面,因此我们有理由也应该将代词放到篇章中去考察,在篇章中分析学生运用代词的问题。 　　本文首先从篇章的角度对学生作文和代词填空测试中反映出来的代词偏误进行统计和分类,然后应用代词研究,特别是篇章研究的成果,并结合我们自己考察的一些结论,对这些偏误加以说明和解释,从而总结出代词在篇章中的一些使用原则。

(四)将下面的引言按正确顺序排列,然后判断引言类型,画出论题,判断文章有几个主体部分。

　　_____A. 本文以汉语动量表达的一种主要方式——动量副词(adverbs of quantification)为考察对象,讨论这类副词的类别、特征和选择性。

　　_____B. 比如形容词可受程度副词修饰以及可以用于比较级和

最高级这些特征显然与数量表达有关,正是因为这一点才使得它与动词区分开来。

_____ C. 动词所指都是发生在一维时间上的,所以任何行为动作都具有时间性,动词典型的数量特征也就是时间量特征。

_____ D. 名词有可数与不可数之分,很多语言还有单复数的区别,这种数量表现也是名词的一种区别性特征。

_____ E. 数量是一个非常重要的语法范畴,名词、动词和形容词都有自己独有的数量特征,使得它们之间相互区别。

_____ F. 与数量有关的语法特征常常作为该词类的典型特征而把这一类词与其他词类区分开来。

(史金生,2004)

(五)说说下面这些引言有什么问题。

1. 随着中国经济的崛起,"汉语热"已成为一种学习趋势。目前世界各地都纷纷掀起一股学习汉语的热潮,孔子学院、孔子课堂更是铺天盖地而来。对外汉语教学的发展也逐渐蓬勃起来,汉语国际教育硕士的培养更在中国各高校开展。词汇教学在对外汉语教学中占有举足轻重的地位,笔者认为,评价一个汉语学习者的汉语水平,除了依据学习者的口语表达能力外,学习者的词汇习得方面也是不容忽视的。这点取决于学习者对词汇的掌握程度,包括对词义的理解及语用功能的掌握程度。然而,现代汉语的词汇系统里存在着大量的同义词、近义词等。这些同义词、近义词无论在语法意义方面还是语用功能方面都没有太大的区别,而这些细节往往是汉语学习者的学习难点,同时也是汉语教师的教学难点。就目前的情况而言,已有不少学者着手研究这些同义词、近义词,希望借此能够对对外汉语教学提供一些帮助,不仅是解决汉语老师的教学难处,同时也让留学生学习使用时能够得心应手。"犹豫"与"踌躇"是一组近义词。顾名思义,它们是一组意义相近的词,但它们在意义和用法上都存在着一些细微的差异,下面,笔者对"犹豫"与"踌躇"进行剖析。

2.国内对"相反"类词语的研究不多。刘伟(1999)通过对实际语料的分析,考察了"相反"作为篇章连接成分使用的语义背景以及"相反"所连接的前后部分在语义上或逻辑上的种种关系。彭小川、林奕高(2006)对于"相反"如何作为篇章连接成分从语义、篇章的方面进行了研究考察。相比之下,更多的学者关注"反而",特别是不少学者都倾向于从语义的角度来研究"反而",成果比较突出的主要有马真、王还、吴春仙等学者。马真(1983)在《说"反而"》中总结出"反而"在句中的语义背景。王还(1994)在《对外汉语教学:汉语内部规律的试金石——以"反而"为例》一文中对"反而"进行了准确精辟的解释:当某一现象或情况没有导致按理应导致的结果,而导致相反的结果,就用"反而"引出这相反的结果。

本文基于北京大学语料库,研究"反而"与"相反"这两个词的词性、句法成分、语义背景与搭配分析,了解"反而"与"相反"的用法。

3.在《现代汉语词典》里"反而"解释为"跟上文意思相反","相反"解释为"表示转折或递进",两者有共同的词语使用的语义背景,因此留学生容易写出这样的句子:

(1)＊我觉得挫折不一定是坏的事情,反而挫折经常给我们带来好处。

(2)＊因为歌星而流行起来的歌曲,过了一段时间人们就会忘掉,反而因为歌曲好流行起来的就会长时间受到人们的欢迎。

学习汉语的学生容易混淆这两个词。马真(2001)谈到"语义背景就是一种语用环境","相反"和"反而"在表示出乎意料或跟上文相反的情况下可以互换,可是"相反"在前后两个方面是互相对立的情况下也可以使用,所以在这样的语义背景下,只能用"相反",(1)(2)属于后者的情况,不能用"反而"。

马真(1983)和邹哲承(2010)对"反而"使用的语义背景和词性进行了研究。"反而"有4种语义背景,我们发现其中3种情况和"相反"

可以互换,如(3)(4):

(3)如果地质条件不适应综采设备的技术特性,机械设备的优势不仅不能充分发挥,反而会严重影响煤矿生产。

(4)如果地质条件不适应综采设备的技术特性,机械设备的优势不仅不能充分发挥,相反会严重影响煤矿生产。

陈华玲(2010)对"相反"和"反而"进行比较研究,指出两者在使用的语义背景、词性、语气方面不同,可是在研究方法方面,比如参考语料库和依据的例子显然不足。因此本文通过分析统计北京大学语料库中的500个带"相反"和"反而"的句子,从词性、语法成分、使用的语义背景到搭配的方式,分析两者的不同,帮助留学生理解"相反"和"反而"各自的特点和两者的不同点。

4. 中韩新词对比

一、引言

随着社会的发展、网络的发达,我们的世界"变小了许多",世界各地发生的大事件、热点只要打开电脑和手机就可以轻松查收。在今天这样的时代,我们使用的词语也不断地发展、快速地变化,这也使得社会上不断出现不曾使用过的新词,起初看起来是简单的合成,实际上有复杂的构建过程,合成后的新词还能产生多种新的语义,也很好地反映着我们时代的进程,特别是这些新词非常直观地反映出现在年轻人的想法和生活方式,加上大部分新词的生成、传播以及生命力大部分都是由年轻人决定的,可以说两者的关系密不可分。那么,如果把这些新词拿到大学的汉语课堂,积极运用新词的特点,是否能期待有效的学习效果呢?

关于新词的研究,在韩国学界从2000年之后研究成果逐渐增多。随着汉语热,也有很多学者研究在对外汉语教育中的运用方案。Park Huenju(2012)以中国语言文字网2006年到2011年的新词为基础,运用报纸新闻的资料提出符合汉语文化领域成就的教育方案。Yu Youngsik(2013)分别分类了2001年、2005年、2009年、2010年为起点的韩语和汉语新词,并进行了数量统计。Lee Jeongeun(2014)在实际教学课堂中进行了对运用新词的汉语文化指导方案的研究,采访了现职教师,分析了教科书。

二、新词来源

三、结构特征

四、运用新词教学的学习效果

五、结论及余论

第九章　文献综述

◇ 本章主要内容

> ➢ 文献综述的内容
> ➢ 归纳研究主题的方法
> ➢ 文献综述的顺序
> ➢ 评价文献
> ➢ 文献综述注意事项
> ➢ 文献综述常见问题

阅读文献之后，作为研究的出发点和基础，我们需要对所读文献进行综述。为什么要进行文献综述？因为文献综述可以：

(1)帮助我们了解已有研究是否解决了我们想要研究的问题。如果这个问题前人已经完全解决了，那么只好换选题；如果部分解决了，那么你可能需要对你的研究问题作出调整，专注于研究尚未解决的部分。

(2)提供研究设计方面的灵感，帮助我们找到解决问题的研究方法。

(3)能为我们的研究提供经验教训，避开已有研究的缺陷和不足。

(4)为我们的研究结果提供参照，可以比较自己的研究结果与前人研究的异同。

文献综述首先需要对文献进行取舍。阅读的文献可能很多，但是我们综述的只是其中的一部分。怎么选取文献？我们可以从相关性、权威性、时效性和广泛性这四个方面来判断文献的价值：

(1)相关性

・文献与你的论文相关性如何？

・对你的论文是否适用？

(2)权威性

・作者是有名望的学者吗？大多数知名学者的研究是可以信赖的。

・如果是论文，该文献是否为权威期刊论文？如果是专著，该文献是否由资质较高的出版社出版？

・该文献的引用率如何？是否被较多地引用？

・你认为这份文献是否可信？

(3)时效性

・文献的出版时间是什么时候？文献中的观点是否为某个特殊历史时期的产物？文献中的观点、结论到现在为止还合理吗？

・这个文献是相关领域的最新研究吗？

・作者在首次出版了文献之后，是否更改过自己的观点？如果有，是什么时候？为什么改？怎么改的？

(4)广泛性

・文献展示的观点是否全面？文献是否关注了相反的观点？

・文献中的观点、结论是否具有普遍性？是否具有地区或领域局限性或应用局限性？

・文献中的观点和结论是能覆盖不同的文化，还是只适用于某种特殊文化？

一、文献综述的内容

文献综述通常包括以下内容：

・确定研究背景

・研究的理论基础或所采用的理论视角

・与自己研究相关的已有研究有哪些？

・对已有研究的评述：已有研究解决了哪些问题？还有什么问题

没有解决？不同研究者是否有相反的观点？

·已有研究的空白或不足，得出可进一步研究的结论。不可能也不需要列出所有的研究空白或不足，因此论文有必要说明提出的研究空白和不足为什么重要，从而需要进一步的研究，论证填补这些空白或弥补不足的重要性和学术价值。

文献综述最后根据上述内容提出自己的研究，包括要研究的问题、预期的研究假设、具体的研究设计等。下面以《基于汉语中介语语料库的二价名词习得研究》（蔡淑美、施春宏，2014）一文的文献综述为例，说明文献综述的内容。

偏误分析自上个世纪60年代末70年代初兴起，随着偏误分析理论被引入我国的对外汉语教学研究（如鲁健骥，1992、1993、1994等），"偏误分析始终是汉语习得研究最密集的领域"（王建勤，2006:12）。这与研究观念、范式调整和研究范围的拓展都有直接关联。	相关的理论基础
而各种大型中介语语料库的建设为偏误考察提供了更加坚实的基础，基于语料库的习得研究成为学科发展的重要推动力。在这样的大背景下，如何突破既有研究主题乃至研究观念，成了人们不时思考和实践的新问题。就语法偏误分析而言，论题长期集中在特定词类和特殊句式上，研究内容需要拓展。	相关研究方法——偏误分析的文献综述和评价
本文试图通过全面考察以前尚未被系统观察的二价名词，结合新的语言学观念和语言习得理论，对语法偏误分析的实践及其理论蕴含做出新的探讨。	提出本文的研究内容和方法
二价名词是指语义结构上关涉两个论元，并要求所支配论元与之共现的一类名词（袁毓林，1992）。比如"好感"有"我对他有/产生了好感"，其中"我"是主体，对象"他"用介词"对"引导。如果其中一个论元不出现（语境中省略的除外），那么语义和形式就不完整，如"我有/产生了好感"都是语义不充分的句子。为了下文论述的方便，我们用N来表示"好感"这样的二价名词，它所关联的主体和对象论元分别用NP_1和NP_2来表示，其语义结构便可形式化为：N〈NP_1 对 NP_2〉（参见袁毓林，1992）。	对研究对象二价名词作出定义

续表

已有研究主要考察了这类名词的配价能力和要求、句法和语义特点以及与之相关的歧义现象(如"对厂长的意见")等(袁毓林,1992、1998;张宝胜,2002;耿国锋,2008等)。相对于一般名词而言,二价名词的语义结构蕴含两个不同性质的论元,这两个论元有特定句法配置的要求,因此二价名词在形义关系尤其是句法配位方式上显得相当特殊。进一步考察发现,二价名词的句法表现也是汉语颇具独特类型特征的语言现象。显然,无论是理论上还是实践上,这种名词在习得过程中必然有相当特殊的表现。但针对这种现象的习得研究(包括母语习得研究和二语习得研究,本文只研究汉语作为第二语言的习得情况),目前只是举例性质的零星分析。基于此,本文试图对汉语中介语料库中二价名词的习得情况做出系统分析。文章首先描写二价名词习得的正误分布,尤其关注其偏误类型,然后考察二价名词习得中语块意识的构建过程,在对名词习得难度做出重新分析的基础上提出相应的教学建议。	有关二价名词的研究综述 对已有研究作出评价:对二价名词的习得研究还很不充分,从而得出需要进一步研究的结论,引出自己的研究

  文献综述通常将某领域的研究成果概括成几个方面,即若干研究主题。例如研究题型设计对写作练习影响的论文从5个方面回顾了对外汉语练习设计研究(刘颂浩、曹巧丽,2015):

  1. 对外汉语练习设计研究回顾
  1.1 练习编写原则
  1.2 练习设计的理论基础
  1.3 练习使用方法
  1.4 师生对练习的主观认识
  1.5 对练习效果的客观评价

按不同主题来组织文献综述,若干主题可以对应论文或专著的主体章节。例如《汉语动结式的句法语义研究》(施春宏,2008)中文献综述的各个主题和主体章节是一一对应的:

文献综述	主体章节
0.2 研究现状及存在的问题	
0.2.1 对动结式论元结构的整合过程及其配价的研究	第二章 动结式的论元结构整合类型及其配价层级
0.2.2 对动结式的语义结构及其语义成分提升条件的研究	第三章 动结式致事的语义性质及其句法表现
0.2.3 对动结式的配位方式及相关句式之间的关系的研究	第四章 由动结式构成的相关句式及其句法配置
0.2.4 对动结式句法功能的类型及其特点的研究	第五章 不同类型动结式的句法性质
0.2.5 对动结式的演变机制及其相关句法后果的研究	第六章 动结式形成过程中配位方式的演变

二、归纳研究主题的方法

研究主题来自比较和对照不同研究对某一问题的观点。比较的结果有两种：相同或相似、不同。概括相同观点，将相关的、类似的内容，合并同类项，分别归类，归出来的类就是研究主题。

> 副词"就""才"在时间、数量、范围、条件等表达中所体现的主观态度，王还、马真、白梅丽(Paris, Marie-claud)等学者早已有过讨论。其后邵敬敏、陈小荷、陆俭明等用语义指向理论，张谊生、李宇明等从语义焦点与表量作用的角度，都对这两个副词进行了深入的考察。
>
> 已有的研究从不同的角度揭示了"就""才"的语义以及相关句式的表达规律，同时，也留下一些可以进一步思考的问题。例如关于这两个副词的指向功能，有的研究者认为它们只表示对于前面的时间、数量或条件的看法，也有人认为它们既可以指前，又可以指后，还可以兼指前后，或者认为"就"可以指前或指后，"才"则只能指后。
>
> （周守晋，2004）

上述文献综述将副词"就""才"的研究分类归纳为主观态度、语义指向、语义焦点和表量作用这几个研究主题,同时也指出了不同研究关于这两个副词的指向功能存在不同的观点。

通过比较不同文献可以归纳、提炼研究主题。例如,有学生阅读了七篇关于对外汉语教学中纠正性反馈的文章:

编号	文献名称	来源	作者	年代
1	《对外汉语课堂教师纠正性反馈研究》	北京语言大学硕士论文	张欢	2006
2	《汉语课堂更正性反馈的调查与分析》	《汉语学习》	祖晓梅	2008
3	《关于对外汉语课堂纠错策略的层次性选择》	《语言教学与研究》	田艳	2010
4	《关于留学生对教师教学反馈态度的调查研究》	《云南师范大学学报》	孙宁宁	2010
5	《对外汉语课堂中新教师纠错行为的调查研究》	华东师范大学硕士论文	邵娜	2011
6	《重铸和诱导反馈条件下语言修正与形式学习的关系研究》	《世界汉语教学》	曹贤文 牟蕾	2013
7	《对外汉语课堂互动中纠正性反馈对习得的影响》	《世界汉语教学》	陆熙雯 高立群	2015

该学生通过分析比较不同的文献,发现了这些文献相同的观点和不同的观点:

相同点:

• 重铸对汉语习得有帮助(文献 6 和 7)

• 调查问卷的结果显示绝大部分学生认为汉语教师有必要进行纠正性反馈(文献 4 和 5)

• 新手教师的纠错率普遍很高(文献 1 和 5)

• 明确纠正的学生回应率最低(文献 1 和 5)

……

不同点:

• 学生喜欢的纠错方法

重述(70.8%)＞明确纠正(22.9%)(文献4)

明确纠正＞重述(没有说明数据)(文献5)

·教师常用的纠错方法

重述＞请求澄清＞元语言提示＞明确纠正＞重复＞诱导(文献1)

重述＞诱导＞元语言提示＞明确纠正＞请求澄清＞重复(文献2)

不同文献中关于某一问题的不同观点常常是我们研究选题的来源,因此我们需要分析产生不同观点的原因,对比不同的观点、矛盾的观点,并按一定的原则,作出评价。例如关于上述文献的不同观点,作者进行了比较、分析:

> 学生喜欢的纠错方法差别很大。文献4,它的调查对象有104个人,70%的人喜欢重述的方法。而文献5,它的调查对象有45个人,学生最喜欢的纠错方法是明确纠正。这两个结果是完全相反的。为什么会出现这种情况?是因为人数的影响,还是因为课型的不同?教师常用的纠错方法也有不同。文献1和文献2的"请求澄清"与"诱导"的位置完全相反。文献1和文献2的课型都是综合课和口语课两种,而且都有初级班和中级班。文献2的学生主要以韩国学生为主,文献1对学生的国籍没有做特别的说明。难道韩国学生更适合用诱导的方法?也有可能是因为形式协商的次数本身就很少,所以影响了结果。

上述分析中,下画直线的部分是作者观察到不同文献中矛盾的观点,下画波浪线的部分是作者对此作出的推测和分析。

除了比较不同文献的相同点、不同点以外,我们还可以通过建立思维导图的方式归纳、提炼文献主题。在读一篇文献时,把该文献涉及的问题概括为若干短语,写在较大的纸上或电脑的思维导图软件中,并在每个主题下记录下文献的作者和年份。在读第二篇、第三篇……第n篇文献时,或者把相应的文献加入已有的主题,或者是增添新的主题。例如,图9-1是有关多义词研究主题的思维导图示例。

图 9-1　多义词研究主题思维导图示

上述思维导图是对文献主题的初步分类。当积累了一定的主题以后，可以对文献加以整理，合并、提炼出上一层的主题。例如多义词的文献可能进一步整理成如下的思维导图：

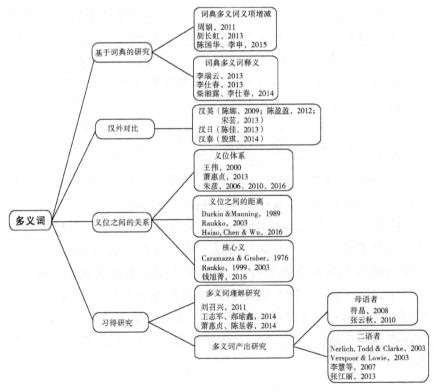

图 9-2　多义词研究主题归纳思维导图

文献阅读、整理和综述是一个动态的过程,贯穿整个研究过程。

三、文献综述的顺序

文献综述的基本顺序是从一般到特殊、从抽象到具体、从理论到实证、从远到近、从他人的研究到自己的研究。例如孟帆(2019)研究"(另)一方面",其文献综述内容如下:

  一、语篇分析研究概况
  二、篇章连接成分的研究概况
   (一)文章学角度
   (二)语法学角度
   (三)篇章语言学角度
  三、前人对"(另)一方面"的研究
   (一)"(另)一方面"的本体研究现状
   (二)"(另)一方面"的对外汉语教学研究现状

可以看到,从语篇分析研究到篇章连接成分研究再到"(另)一方面"的研究,遵循的是从一般到特殊、从抽象到具体、从理论到实证、从他人的研究到自己的研究的顺序。

文献综述具体组织顺序有以下几种:

1.年代序列式结构。《汉语词汇核心义研究》(王云路、王诚,2014)一书在综述前人相关研究时,因明确提出汉语词汇核心义的主要有三位学者的研究,因此该书按时间先后顺序介绍了这三位学者的研究:

  宋永培(1994)较早使用"核心义"的提法,……
  宋永培(2001)用"通""达"两个词的词义分析说明,先秦文献词义通过形象特征凝聚的核心义影响后代汉语词义的发展;……
  张联荣(1995)运用义素分析法对多义词的各个义位进行分析,并考察了义素在义位之间的遗传情况后,也使用了"核心义"的说法。……

后来,张联荣(2000)又进一步阐释了"核心义"的概念:……

笔者(2006)通过对多义词本义的推演,并对各个义项之间起主要联系作用的词义特征进行归纳总结,提出了"核心义"及"核心义磁场"的观点:……

以上学者运用不同的研究方法,从不同角度发现了词的核心义,并作出了各自的阐释,但都强调核心义贯穿于词义的引申运动中,在词义结构中处于核心的统摄地位。

2. 按照理论假设的顺序。杨素英、黄月圆(2010)的研究是验证定语从句习得的三个假设:名词词组的难易等级、直线距离假设、理解难度假设。其文献综述就是围绕这三个假设展开的。

3. 按照变量的顺序。如学习动机的变量包括性别、年龄、学习时间、母语背景等,文献综述可以按照这些变量来展开。

4. 按照研究对象的顺序。如不同的学习群体学习汉语的动机不同,研究对象可能涉及不同的群体,如二语学习者还是外语学习者,正式环境中的学习者还是非正式环境中的学习者,成人、青少年还是儿童。文献综述可以按照这些研究对象的顺序展开。

5. 按照研究设计的顺序。研究者想通过判定法、命名法和阅读测试来研究语境对汉语学习者理解成语的作用,文献综述就可以按照这几种研究方法来展开。

6. 按照研究结果的顺序。如果我们通过研究发现,两种语言现象在句法、语义、语用方面存在差异,那么就可以根据这个研究结果,从句法、语义、语用三个方面来组织文献综述。

采用哪一种组织结构没有对错之分,要根据自己所读的文献和论文的主体内容选择合适的组织结构。

四、评价文献

文献综述需要对前人的观点作出评价。例如,刘颂浩(2017)在研究致使"把"字句教学时提到了不同的学者对"把"字句的分类,他评价了这些分类有什么不同以及某些分类存在什么问题。

对外汉语教学界"把"字句语义分类方面最有代表性的成果当推吕文华(1994)。吕文华指出,"把"字句教学的根本途径是要揭示"把"字句的语义特征,使学生掌握表达什么意义时须用"把"字句,以及在什么情况下使用"把"。她将"把"字句的语义分为六类：……	吕文华的分类
纯粹从分类的角度来观察,吕文华的这一分类有若干值得商榷之处。首先,"位移或转移"和"结果"的界限有时难以区分……其次,"不如意"和"致使"很难区分……此外,吕文华的致使类还包括"请你把手下的人排成队"之类,认为"把"的宾语"手下的人"是施事。我们认为,这应该看成是普通的表示结果的处置句式,即"你排(列)手下的人,手下的人成队"。	对吕文华分类的评价
尽管如此,吕文华的这一分类体系还是影响很大,此后的分类大都可以看成这一分类的增删。吕必松(2010)将"把"字句分为三类：处置式,如"把桌子搬走";对待式,比如"大家把她选为村长、你怎么把老朋友忘了";致使式,比如"把钱包丢了、不小心把杯子打碎了"。田靓(2012)采用"构式—语块"分析方法,将"把"字句也分为六类：位移类、变化类、认同类、处置类、动力致使类和因果致使类。田靓的"处置"意义较为狭窄,大致相当于吕文华的第三类(表示"联系")。田靓的动力致使类和因果致使类相当于把吕文华的第五、六类都归为"致使",然后又重新分类。胡韧奋(2015)则把"把"字句分为处置式、转移式、判断式、致使式四类。与吕文华相比,田靓、吕必松和胡韧奋等人研究的最大特点是把"处置"单独拿出来,列为"把"字句的一个语义小类。以上所述,可以归纳为表1。(表略)	各位学者分类的异同
简单地说,如果把位移、变化、结果视为处置的内部小类,如果不再对致使进行细分,那么,可以认为,吕必松(2010)的三分法概括力最强。这一分类继承了对外汉语教学中以处置义为中心进行"把"字句教学的思路。不过,这一分类的问题也不少。 首先,从形式上看,三类"把"字句没有本质区别。…… 其次,也是更重要的一点,"处置、对待、致使"三分的逻辑基础并不牢固。…… 另一方面,"致使"和"处置"也不容易区分。	对吕必松分类的评价

上文一共提到了四位学者的分类,比较了田靓与吕文华分类的异

同，以及吕必松、田靓和胡韧奋等人与吕文华分类的异同，评价了吕文华、吕必松分类的不足。

　　研究者常常通过对他人研究的评价，发现已有研究的不足，从而引入自己的研究，论证自己研究的必要性和价值。因此评价已有研究的不足也是联系自己研究与已有研究的一个重要组成部分。目前研究的不足之处可以从研究内容、研究对象、研究方法、研究内容的深度、研究的前瞻性、研究的现实性等多方面进行分析。于洋（2015）主要研究汉语学习者同义单双音名词的混淆特征和成因。该文文献综述主要通过已有研究内容两方面的不足来论证自己研究的必要性，一是以往同义单双音词研究多集中在动词或形容词，二是已有的同义单双音名词研究未涉及词语混淆的分布特征。指出研究对象方面存在不足的如：

> 目前有关搭配加工机制的考察多在母语者中进行，有关二语加工的研究却很少（Liu 2008:65），而在这些为数不多的研究中，字面义与比喻义孰先孰后仍争论不休。有研究开始关注除语义本身之外的其他影响因素，如搭配的熟悉度（Cronk et al. 1993；李利等 2011；张辉 2016）、语义透明度（Hamblin & Gibbs 1999；Gyllstad & Wolter 2015；王娟等 2014）等对搭配加工的影响。但除了这些因素之外，我们认为还有一个因素值得关注，那就是学习者的二语水平。现有研究多在熟练（高级）二语学习者中开展，对初级水平学习者的认知处理情况较少关注。学习者的二语能力发展是一个动态的过程，在不同的阶段会呈现出不同的特点。因此有关特殊类搭配认知处理机制的研究也应对初学者的表现予以关注。此外，二语学习的目标是二语能力无限接近于母语者，因此二语习得研究也应注重对母语和二语者的表现进行对比，发现二者之间的差异，分析其产生原因，促进二语教学的开展。本研究将尝试对不同二语水平受试的认知处理过程进行考察，并将其与母语者的表现进行对比，探索不同水平二语学习者汉语特殊类动名搭配的认知理解机制。（吴琼，2019）

还有一些研究通过文献综述指出研究方法方面的不足,论证自己研究的必要性。例如:

> 首先,现有研究中基于 DST 考察汉语二语学习者的实证研究匮乏,仅见陈默、李侑璟(2016)和吴继峰(2017)等。
>
> 其次,从研究方法来看,现有研究大多采用横断静态研究的方法,纵深式的历时研究明显不足。……
>
> 再次,国内现有研究大多在国外学者已建立的研究范式内,对词汇产出的多样性、复杂性和准确性以及句法复杂性等进行研究,未触及词义层面,这可能导致一些问题被忽略。……
>
> 鉴于此,本研究基于动态系统理论,聚焦词汇语义层面,对汉语二语学习者写作中产出性词汇语义系统的发展进行纵向历时研究。
>
> (周琳,2020)

上述论述中第一点和第二点指出研究方法的不足,第三点指出研究内容的不足。

五、文献综述注意事项

文献综述过程中需要注意的事项包括:引用的文献一定要自己读过,避免引用不相干的文献,尽量不要过多引用某一篇文献,尽量避免引用二手文献。一手资料是研究者的原创性研究成果,一般体现为专著或发表于期刊的论文。二手数据是对一手数据分析、比较、汇总后的数据,常见于论文或专著的文献综述部分。文献综述应尽量引用一手数据,不使用或少使用二手数据。

文献综述应以研究问题为导向,同一领域的问题,研究问题不同,文献综述也完全不同。例如关于同音词和多义词的区分,张博曾发表了多篇文章。虽然这一系列文章都是关于同一个研究主题,但由于每篇论文的侧重点不同,因此每篇论文的研究综述也各不相同。如《现代汉语同形同音词与多义词的区分原则和方法》(张博,2004b)一文的文献综述:

> 早在上个世纪五十年代,"同音词"就被作为一种重要的词语类聚列入词汇学专著和语言学教材中。综观50年来的有关研究,首先引起我们注意的是"同音词"概念的界定发生了由宽而严的变化。宽式界定……。严式界定……。
>
> ……
>
> 对以上两个问题予以重视和妥善处理的是符淮青先生的《现代汉语词汇》,该书将同音词定义为"两个以上声母、韵母和声调都相同的词是同音词"(符淮青1985:72),摒弃了对同音词意义关系的限定。在分析了同音词的类型和来源之后,该书重点讨论同形同音词与多义词的界限。……

该文文献综述主要介绍了"同音词"定义的变化以及符淮青(1985)结合词源和现时感觉提出的区分同音词和多义词的原则。

《影响同形同音词与多义词区分的深层原因》(张博,2005)一文是为了探究《现代汉语词典》同形同音词条目分立存在问题的深层原因,因此该文综述了《现代汉语词典》条目分合的相关研究:

> 在《现汉》面世以来的30年间,多有学者结合其同形同音词分立条目的得失,或对同形同音词与多义词不同的意义关系细加辨析,或对某些条目的分合提出疑义,或对区分同形同音词与多义词的方法进行总结提炼,这些探讨无疑都是很有意义的。但是,综观目前的有关研究,尚有两点不足:一是侧重检讨已分立的同形同音词是否妥当,不太注意多义词的处理有无问题;二是侧重对个别词目分合的微观考订,而缺乏从总体上对分合失误的规律及原因的分析。

《现代汉语复音词义项关系及多义词与同音形词的分野》(张博,2008a)是关于复音同音形词跟多义词的区分问题,因此该文在文献综述部分介绍了有关复音多义词义项关系的两项研究:

> 区分单音节多义词与同音形词的方法是否完全适用于复音词?这在很大程度上取决于复音多义词义项间的联系与单音节

多义词义项间的联系有没有区别。朱景松最早对复音词中多义复合词义项间的关系进行了探讨,发现以往对单语素多义词本义、转义及其关系的认识"用来说明现代汉语中由几个语素构成的某些多义词,有时会遇到一些困难"。以"班次"为例,它有"(学校)班级的次序"和"定时往来的交通运输工具开行的次数"两个义项,这"两个义项的产生是各自独立的,它们之间的联系是建立在语素意义之上的。两个义项没有本义、转义之分,而是互相平行的"。该文"把这一类不同于一般多义词义项之间关系的词称为义项平行的多义词",将其概括为四种情况:(1)因对构成合成词的语素意义的不同选择而形成的义项平行的多义词;(2)对构成合成词的语素意义的相同选择形成的义项平行的多义词;(3)在词组意义的基础上,通过引申或比喻形成互相平行的词汇意义;(4)几个不同意义的全称形成用相同语素表示的简称,这样的简称作为特殊的复合词,也就有了几个平行的义项。

朱文揭示了汉语多义复合词词义衍生的不同途径,也启发了有关汉语复合型多义词与同音形词划界的研究。沈孟璎、王树锋在朱文研究的基础上进一步提出"平行式"多义复合词的五个原则,从多义性和"平行式"两方面对这类词严加界定,并对朱文归纳的第(2)—(4)三类平行式多义词提出质疑,认为第(3)类属于"一般意义上的多义词,而不是'平行式'的",第(2)、(4)两类则"最好作同音同形词处理"。那么,依沈、王之见把"有着相同语形而语素间结构关系不同的词"和源自不同全称的简称一刀切为同音形词是否可行?"平行式"复合词诸义项的意义关系有无远近之分?若有,是由哪些因素决定的?究竟应当依据什么原则划定复音多义词与同音形词的界限?能否采用具有可操作性的分析方法来区分复音多义词与同音形词?这些都是需要探索的问题。

上述三篇论文的文献综述并没有全面综述同音词和多义词区分所有方面的研究,而是紧扣该篇论文的研究焦点,只介绍直接相关的研究。

文献综述另外需要注意的是，所读文献的内容并不一定都在文献综述部分呈现，特别是比较详细的内容可以在论文的研究方法、结果和讨论部分引用。例如关于日本留学生"有"的习得研究，开题报告中可以对相关研究介绍得详细一些，如：

> 也有学者探讨表比较关系的"有"的偏误情况。刘红娟（2018）认为表比较的"有"形成"X 有 Y＋C"的格式。该句法结构 X、Y、C 都有特殊的要求。首先，其中比较项 X、Y 在语义上必须对应。当 X、Y 为名词性短语或者主谓短语时，留学生常常因为省略不当而出错。其次，表示比较结果的 C 也有特殊要求。表比较的"有"字句主要是表示 X 和 Y 在某些方面具有相似性，而不表示两者之间的差别。当 C 是形容词时，后边不能带表差别大小的补语。"这么、那么"要放在 C 之前。当 C 为动词性短语时，C 必须是程度变化区间的动词。

在论文写作的过程中，作者发现，在分析日本留学生的相关偏误时引用上述研究结果更合适，即：

(99) 但是，对我来说，好处有多一些。

例 (99) 多用了"有"，直接改为"但是，对我来说，好处多一些"。这个句子说明日本留学生对"X 有 Y＋Adj"格式的掌握不牢固，泛化使用该结构造出了"好处有多一些"。刘红娟（2018）认为表比较的"有"形成"X 有 Y＋C"的格式。该句法结构 X、Y、C 都有特殊的要求。首先，其中比较项 X、Y 在语义上必须对应。当 X、Y 为名词性短语或者主谓短语时，留学生常常因为省略不当而出错。例如"*他的头发有你妹妹那么长"，正确的句子应该是"他的头发有你妹妹的那么长"。比较的对象是"他的头发"和"妹妹的（头发）"。其次，表示比较结果的 C 也有特殊的要求。表比较的"有"字句主要是表示 X 和 Y 在某些方面具有相似性，而不表示两者之间的差别。当 C 为动词性短语时，C 必须是程度变化区间的动词。当 C 是形容词时，后边不能带表差别大小的补语。"这么、那么"要放在 C 之前。例(99)中"多一些"中"一些"就是表示差别大小的补语。例句若改成"好处有很多"或者"好处有这么/那么多"都是正确的表述。

相应地,论文的文献综述也作了简化,调整为:

> 也有学者探讨表比较关系的"有"的偏误情况。刘红娟(2018)从句法结构视角出发,分析留学生使用表比较关系的"有"字句常出现的偏误,并且分析偏误成因。

六、文献综述常见问题

文献综述常见的问题包括:重要的或最新的相关文献缺失;文献与论文的关联性不强,未紧扣研究问题;文献引用格式不当;等等。我们看到的学位论文文献综述中最普遍的问题是没有归纳出文献主题,因此只是按作者罗列文献,且未对文献作出评价。例如:

> 基于"被"字句习得研究成果,研究者们对"被"字句的课堂教学提出了不同的建议。吴门吉、周小兵(2005)认为被动句是一个包容量较大的语法点,应分阶段教学,建议在初级阶段教"被"字句,在中级第一学期教意义被动句,并着重说明意义被动句跟"被"字句的区别,突显二者的不同。周文华、肖奚强(2009)认为应该按照"被"字句习得难度的区间等级把"被"字句的不同句式分散到两个年级进行教学。黄月圆等(2007)认为在"被"字句教学初级阶段,应该尽量采用最典型的"被"字句,即包含结果情状同时带有不幸语义的"被"字句,来加快和加强学生对终结性的感性认识。彭淑莉(2011)认为教师不能鼓励留学生使用单音节光杆动词"被"字句,因为留学生很有可能会因规则泛化或规则掌握不全输出大量缺失动词后其他成分的偏误"被"字句。

上述有关"被"字句课堂教学建议的文献综述罗列了不同研究者的看法,该综述应该以教学建议为纲展开,而不应该按照研究者来组织。上述综述可以改为：

> 基于"被"字句习得研究成果，研究者们对"被"字句的课堂教学提出了不同的建议。首先，被动句是一个包容量较大的语法点，应分阶段教学（吴门吉、周小兵，2005；周文华、肖奚强，2009），建议在初级阶段教"被"字句，在中级第一学期教意义被动句，并着重说明意义被动句跟"被"字句的区别，突显二者的不同（吴门吉、周小兵，2005）。在"被"字句教学初级阶段，应该尽量采用最典型的"被"字句，即包含结果情状同时带有不幸语义的"被"字句，来加快和加强学生对终结性的感性认识（黄月圆等，2007）。此外，在"被"字句的教学过程中，教师应提醒留学生不要使用单音节光杆动词"被"字句，因为留学生很有可能会因规则泛化或规则掌握不全输出大量缺失动词后其他成分的偏误"被"字句（彭淑莉，2011）。

再如关于通感研究的综述：

> 关于通感的研究并不多见，我们分以下几个方面来进行探讨。彭玉康（2005）首先基于对通感语料的分析，发现通感在句法形式上是受限的，使用这种修辞手法体现了一定的语言策略。此外通感对语体也有一定的选择性。其次，借助语义特征分析法，分析了通感及其构件的语义，发现通感在语义上具有冲突、和协、双重影像、临时性、程度性等特征，构成通感的主体在语义上具有感觉特征，构成通感的移体在语义上具有感觉、状态等特征。另外，在语料统计的基础上，分析了五种感觉互转的规律，论证了通感的运作机制。最后对比分析通感在不同领域具有不同的功能，认为通感在修辞学上是一种修辞技巧，而在词汇学中可以是一种修辞学造词方法，也可以是词义演变的一种方式。杨波、张辉（2007）讨论了通感形容词在多个感官域中"字面义"和"隐喻义"的区分问题，认为通感感知的脑神经基础使人们相应地理解和使用通感形容词，通感形容词的各个感官义项与其所谓的字面义之间不是隐喻的关系，它们都是该词的字面义。赵青青、黄居仁

(2018)系统地考察了《现代汉语词典(第 6 版)》中表达一种感觉以上的形容词,采用语料标注、定量与定性分析,归纳出了现代汉语形容词通感隐喻的映射模型,发现现代汉语形容词整体呈现出的通感映射规律与西方学者提出的英语形容词的通感映射规律不完全相同,因而对通感隐喻在人类语言中具有普遍映射模型这一假说提出了挑战。

该段关于通感的文献综述介绍了三项研究。彭玉康和杨波、张辉这两项研究都谈到了通感的语义,彭玉康和赵青青、黄居仁的研究都涉及了不同感觉之间的互转问题。但由于该文献综述以作者为纲组织展开,未以相关研究主题为纲展开,因此同一个问题散落在各处。建议修改如下:

> 感觉词研究还有一个重要方面是各种感觉之间的通感现象。通感在修辞学上是一种修辞技巧,而在词汇学中可以是一种修辞学造词方法,也可以是词义演变的一种方式。关于通感的研究有一些,但不是很多。语义方面,通感具有冲突、和协、双重影像、临时性、程度性等特征(彭玉康,2005)。通感义是字面义还是比喻义?有学者认为通感感知的脑神经基础使人们相应地理解和使用通感形容词,通感形容词的各个感官义项与其所谓的字面义之间不是隐喻的关系,它们都是该词的字面义(杨波、张辉,2007)。句法方面,通感在句法形式上是受限的,使用这种修辞手法体现了一定的语言策略。此外通感对语体也有一定的选择性。五种感觉互转的规律也是通感研究关注的问题。赵青青、黄居仁(2018)系统地考察了《现代汉语词典(第 6 版)》中表达一种感觉以上的形容词,采用语料标注、定量与定性分析,归纳出了现代汉语形容词通感隐喻的映射模型,发现现代汉语形容词整体呈现出的通感映射规律与西方学者提出的英语形容词的通感映射规律不完全相同,因而对通感隐喻在人类语言中具有普遍映射模型这一假说提出了挑战。

修改后的文献综述以研究主题为纲,分通感的语义、句法和五种感觉互转的规律三个方面来综述已有的研究。

(一)阅读论文《留学生单音节多义语素习得考察》(王娟,2007)的目录,说出哪一部分是按照自变量的顺序综述文献的。

 2 研究综述
  2.1 语言学界关于"语素义"的研究
  2.2 对外汉语教学界关于"语素义"的研究
  2.3 认知心理学对"多义加工"的研究概况
   2.3.1 拼音文字系统中的多义加工研究
   2.3.2 汉语系统中的多义加工研究
  2.4 与语素多义性有关的影响语素义项提取的因素
   2.4.1 频率
   2.4.2 义项类型
   2.4.3 构词能力
   2.4.4 构词位置

(二)阅读论文《留学生汉语语素意识的发展及其与阅读能力的关系》(张琦,2007)的目录,说出哪一部分是按照研究对象的顺序综述文献的。

 1 文献回顾
  1.1 语素意识的定义
  1.2 英语的语素意识研究

1.2.1 英语语素意识和语音意识

1.2.2 语素意识和英语阅读

1.3 汉语语素研究

1.3.1 汉语语素的本体研究

1.3.2 对外汉语教学和语素教学

1.4 汉语语素意识研究

1.4.1 汉语儿童的语素意识研究

1.4.2 汉语作为第二语言的语素意识研究

1.4.3 汉语语素意识的实验方法

1.4.4 小结

1.5 语素的心理表征模型与加工理论模型

1.5.1 拼音文字系统中的语素表征研究

1.5.2 汉语语素的加工模型

(三)阅读论文《四种句子语境及语义透明度对高级水平外国留学生成语理解作用的实验研究》(吴杏红,2012)的目录,指出哪一部分是按照研究设计的顺序综述文献的,2.2 是按照什么顺序综述文献的。

第2章 文献综述

2.1 本文相关概念的定义

2.1.1 成语的概念

2.1.2 语境的概念

2.1.3 语义透明度的概念

2.1.4 句子语境效应的概念

2.2 句子语境效应的研究

2.2.1 研究概况

2.2.2 句子语境效应的影响因素

A. 语境因素

B. 词汇因素

　　　　C. 位置和距离因素
　　　　D. 其他因素
　　2.3 句子语境效应的常用研究方法
　　　2.3.1 实时的方法
　　　　A. 判定法
　　　　B. 命名法
　　　　C. 阅读时间法
　　　2.3.2 延时的方法
　　　　A. 阅读测试
　　　　B. 访谈法
　　2.4 现有研究的局限

(四)阅读论文《再议"V来V去"及与之相关的格式——基于语料库的研究》(杨德峰,2012),回答下列问题。

1. 论文的主体包括哪些部分？填写在下面的横线上。
2. 引言中的文献综述概括了哪些方面的研究？填写在下面的横线上。
3. 该文是按照什么内容组织文献综述的？

○　引言（从哪些方面综述了文献？）
_____
_____
_____
一　_____
二　_____
三　_____
四　_____
五　结语

(五) 下面论文(吴琼,2018)的文献综述提到了哪些方面的不足？填写在表格中。

目前，是否应在二语教学中使用媒介语尚无定论，但有一些问题值得我们关注。首先，通过对相关文献的回顾，我们发现对学习者的态度调查得较多，而对实际教学效果进行检验的研究较少。并且媒介语对教学的影响很难通过一次课或一次测验而得出，因此需要长期的跟踪调查。但目前的研究中，尚未发现相关成果。	
其次，前人研究多关注学习者母语背景一致条件下媒介语的使用，而对于不同母语背景学习者的媒介语教学问题则较少关注。但事实上，对我国国内的对外汉语教学来说，学习者的母语背景千差万别，想让同一个班的学生都具有相同的母语背景是件很困难的事。长期以来，国内的汉语教学一般提倡目的语教学的模式，即用汉语进行教学，这样不仅可为学习者创造良好的语言氛围，同时也增加了二语的输入量，有助于汉语习得。但是否母语背景不统一就无法开展媒介语教学，是否使用媒介语就一定会阻碍学习者对目的语的接触，从而对习得产生消极作用，这些问题似乎也并未得到肯定的答案。……因此是否可以将英语作为媒介语对母语背景不同的汉语学习者进行教学这一问题值得我们思考与尝试。	
此外，课堂教学中媒介语的使用会对二语学习产生促进还是阻碍作用，这需要在教学实践中加以检验，用实证研究数据来说明。但现有成果中思辨类研究较多，实证调查类较少。一些实证调查报告仅针对学习者某一方面的学习情况进行调查（如写作、口语、语音），就得出媒介语对二语习得及教学的影响，论证不够全面、充分，结论欠缺说服力。	
针对以上问题，本研究将采用实证调查手段，对来自不同母语背景的零基础汉语二语学习者进行跟踪调查，通过对被试不同学习阶段汉语测试成绩的统计分析，全面讨论媒介语在初级汉语二语课堂教学中的作用。	论题

(六)阅读下面三篇论文的引言,分析其文献综述的内容,填写表格。

1.《中级综合汉语教材语体不对应研究》(汲传波,2009)

许多专家学者都呼吁对外汉语教学要重视语体,李泉(2001)对前人的研究做了系统的评述,并在此基础上,提出了基于语体的对外汉语教学语法体系的构建设想(李泉 2003),探讨了面向对外汉语教学的语体研究的范围和内容(李泉 2004)。从对外汉语教学的角度来看,语体大致可分为典型口语语体、中性语体和典型书面语体三种。这种划分主要是考虑各语体的倾向性,三种类别之间不存在清晰的界限。近些年来,对外汉语教学界开始关注一些典型的口语语体和典型的书面语体句式,并有成果问世,如刘德联、刘晓雨(2005),张建新(2008)等都出版了口语常用格式的专著,冯胜利(2006)出版了书面语常用格式的专著,这对促进语体与对外汉语教学的结合,提升对外汉语教学质量会起很大的作用。近些年来,教材编写者也汲取了理论研究成果,在教材编写中体现语体意识,尤其是在中、高级阶段的综合课教材中,把许多典型书面语体的句式作为重要语言点来处理,这种由初级阶段的中性语体到中级阶段书面语体的转向是有必要的,对培养学生得体的交际能力非常有益。佟秉正(1996)早就指出中级教材编者与教师要把口语同书面语的差异作为一个教学重点,特别是母语为汉语的编者和教师,更要提高警觉,因为习焉不察,很容易忽略二者之间某些细微的差别。

虽然对外汉语教学界开始重视书面语体,然而在教学实践中,我们同意李泉(2004)的观点:"教材编写的语体问题,从理论到实践都需要作进一步深入的研究和探索。"

本文将重点研究中级汉语综合课教材中书面语句式的练习设置问题——语体不对应现象,并在大型语料库的基础上,对如何选取中级综合汉语教材的书面语句式,如何设置有关书面语句式的练习提出自己的看法。

2.《留学生汉语书面语中的口语化倾向研究》(汲传波、刘芳芳,2015)

许多学者论述过语体在对外汉语教学中的重要作用,如盛炎(1994)、丁金国(1997、1999)、李泉(2003、2004)等,但对外汉语教学界对语体关注较少(韩莹 2008)。近些年来,在汉语国际传播的大背景下,如何加强语体教学,提高学生得体交际的能力,正成为学界的讨论热点。截至目前,与留学生语体习得有关的研究成果集中在三个方面:第一,尝试利用留学生作文、汉语教材、调查问卷等了解留学生的汉语书面语体、口语语体能力,发现留学生语体能力的不足(韩莹 2008;胡晓慧 2008;刘圣心 2008;张春玲 2008;张憬霞 2009);第二,针对留学生语体能力差的情况,从教材编写、词汇分级、练习设置等方面提出建议(王晓娜 2003;汲传波 2009;曾毅平 2009);第三,从国别的视角关注语体习得问题,如周芸等(2010)、周芸等(2011)。

比较起来,国内英语教学界对语体习得的研究时间更早,方法也更科学。如程雨民(1989)就提出区别英语书面语和口语的语体成分表,彭宣维(2000)进行了补充。文秋芳等(2003)、文秋芳(2009)、潘璠(2012)利用中介语语料库与英语本族语者语料库进行对比研究,发现中国英语学习者作文中存在明显的"口语化"倾向。对外汉语教学界的研究则刚刚起步,研究方法还局限于程雨民(1989)所提到的语篇语域量化法,如张憬霞(2009)。而语料库的对比研究尚未进行。

英语教学界的研究成果值得汉语教学界参考,但因目前汉语教学界没有研制出能够区别汉语口语和书面语的语体成分表,所以本文拟另辟蹊径,通过筛选一定数量的汉语常用口语格式,在 HSK 动态作文语料库中进行穷尽检索,并将检索结果与国家语委平衡语料库的结果对比,验证留学生汉语书面语中是否具有口语化倾向,以及不同国别的留学生汉语书面语中口语格式使用是否存在差异。本研究对进一步研制区别汉语书面语与口语的语体成分表有参考价值。

3.《韩国学生汉语学术论文中文言结构使用初探》(汲传波,2016)

语体长期以来是汉语作为第二语言教学的薄弱环节,也是外国留学生汉语学习中的难点或瓶颈问题,很多学者都曾论及(丁金国1997,赵金铭2004,李泉2003、2004,陆俭明2007),本文不再赘述。近些年汉语作为第二语言教学界就留学生语体习得展开了实证研究,取得诸多成果。有些利用中介语语料,研究留学生书面语中的口语化倾向,如韩莹(2008)、汲传波等(2015);有些则运用语体量化分析法对教材的语体分布情况进行考察,如张莹(2005)、黄婧(2014)等;还有些运用测试和调查,了解留学生的语体能力,如周芸等(2011)、王桢(2012)、刘婕(2012)。值得一提的是,学界已开始关注高水平留学生的学术论文语体现象(主贵芝2014),该文虽分析不太深入,却是目前所能检索到的唯一就留学生与中国学者学术论文语料进行对比分析的研究。

综上所述,目前学界关注的重点是留学生在日常的记叙文或议论文写作中的语体能力,极少涉及高级水平留学生学术论文中的语体使用问题。培养外国来华留学研究生的教师都有同感,在指导留学生撰写论文时,语言问题常常是首要问题,并且很多语言问题都表现为语体问题。如何解决高级水平留学生学术论文中的语体问题,学界缺少相关研究。

	论文研究问题	文献综述内容
汲传波(2009)	汉语教材中的语体不对应倾向	1. 2. 3.
汲传波、刘芳芳(2015)	留学生汉语书面语中的口语化倾向	1. (1) (2) (3) 2.

续表

	论文研究问题	文献综述内容
汲传波(2016)	韩国学生论文中的文言结构使用情况	1. 2. (1) (2) (3)

(七)下面的文献综述有什么问题?

1. 根据孙德金(2009)的统计,从1950年至2006年,语法习得研究数量在整个汉语作为第二语言习得研究领域中占第二位。(转引自梁德惠,2012)

参考文献:

梁德惠(2012)近30年来汉语作为第二语言语法习得考察与分析,《云南师范大学学报(对外汉语教学与研究版)》第1期。

2. 有的学者以某一类词语为研究对象,从整体上探讨了这一类词在篇章中的特点及功能。李胜梅、赵刚(2013)指出目前学界多集中于合成词篇章连接成分的研究,而针对短语式篇章连接成分的研究成果较少,并以"一般来说"为例,阐释了如何更有效、科学地进行短语式篇章连接成分研究,这对短语式篇章连接成分研究有着重要的理论意义。李宗江(2015)分析了"就这样"类指代词语的篇章连接功能,并探寻了它们的来源。类似的研究还有韩杰(2007)、刘怡(2010)。

参考文献:

韩杰(2007)《程度副词的篇章功能分析》,南昌大学硕士学位论文。

李胜梅、赵刚(2013)短语式连接成分的篇章结构分析,《南昌大学学报》第5期。

李宗江(2015)"就这样"类指代词语的篇章连接功能,《汉语学习》第6期。

刘怡(2010)《现代汉语"相反"类词语分析》,延边大学硕士学位论文。

(八)下面的文献综述有什么问题?请根据下列内容重新写两个文献综述。

1.《对外汉语课堂纠正的研究方法》

樊泽媛(2011)通过课堂观察、录音记录、师生访谈,对录音资料进行转写,考察了泰国初级汉语课堂偏误、纠正反馈的情况。

陆熙雯(2008)采用了一个课堂教学实验和一个实验室实验,探讨了对外汉语课堂中教师提供的纠正性反馈对学习者习得的影响。

邵娜(2011)选取了9位教龄不超过一年的对外汉语新手教师为研究对象,进行了课堂观摩、问卷调查和访谈。

张欢(2006)通过课堂录音,收集对外汉语教师的课堂教学语音资料并转写下来,然后分析对外汉语教师的课堂纠正性反馈的方式。

2.《教材编写原则》

李更新等(1983)指出教材编写的首要依据是具有针对性。黄皇宗(1988)也认为对外汉语教材的针对性是评价教材质量好坏的重要因素。赵贤州(1987)最先指出对外汉语教材应该具备针对性、科学性、实践性和趣味性四大原则。吕必松(1992)提出了他的观点,他认为实用性、交际性、知识性、趣味性、科学性、针对性是对外汉语教材编写应具备的原则。杨庆华(1995)表示培养学习者交际能力的最佳途径是坚持"结构-功能-文化"结合的原则。刘珣(2000)认为对外汉语教材编写应具备五性,即针对性、实用性、科学性、趣味性和系统性。叶南、田耕宇(2004)认为实用性和知识性是对外汉语教材编写的主要原则,认为教材编写需以"结构为纲,功能为目,文化为点"。李泉(2004)提出了第二语言教材编写通用的十大原则,即定向原则、目标原则、特色原则、认知原则、时代原则、语体原则、文化原则、趣味原则、实用原则、立体原则。

(九)从下面的题目中任选一个,或者自拟题目,查找相关文献,确定可以从哪几个方面进行文献综述。

1. 易混淆词研究
2. 日语/韩语汉字词研究
3. 形名搭配研究
4. "把"字句的习得研究
5. 反问句习得研究
6. 教材中离合词的考察与研究
7. 教材口语技能练习形式研究
8. 教材文化内容研究
9. 教材插图研究
10. 汉语学习词典例证研究
11. 汉语技能焦虑研究

第十章 论 证

◇ **本章主要内容**

> ➢ 论证的定义和论断的类型
> ➢ 论据的类型(举例、数据、图表、引用)
> ➢ 推理的类型(一对一推理、并行推理、链式推理、联合推理)
> ➢ 简单论证和复杂论证
> ➢ 论证的常见问题

我们为什么要写论文？论文使得我们能以某种方式与他人的观点进行深入的互动,通过论证表达、证明自己的观点。在现实世界中,如果没有受到任何原因驱动,我们是不会想到要作出论证的。相反,我们提出某个观点,是因为有人已经说了什么或做了什么,或者没有说过什么或做过什么,我们需要对此作出回应。例如关于概念,很多人认为概念是人类共同的,蒋绍愚(2014)认为这种观点不对,因此他提出"每一个语言的概念化是不完全相同的",并从三个方面论证自己的观点:"(1)有一些概念是只有某个民族或某个时代才有的。(2)不同民族、不同时代,概念的形成方式和形成的概念可能是不同的,一些概念在概念场中的分布也可能不同。(3)一些概念的层级结构,也不是全人类完全一样的。"因此可以说论证是论文写作的核心。

一、论证的定义和论断的类型

论证是指运用逻辑推理,提出一系列的论据得出或证明某个论断(劳伦斯·马奇、布伦达·麦克伊沃,2011)。陆俭明(2018)曾经指出:"有力的论证靠什么?靠三样东西,第一样是充足的事实依据,第二样是科学而又深刻的理论支撑,第三样是严密的逻辑推理。"

根据论证的定义,论证包括三个要素:论断、论据和推理。

论断(claims)是有关论点的声明或主张。论断有以下五种类型:

(1)概念论断:对主张、观点或者现象的定义或描述。

(2)事实论断:关于某个事实的陈述。如:"音高和音长都会对轻声感知产生影响,其中调型的影响是最主要的,其次是音长,起点音高对轻声感知的影响最弱。"(邓丹,2019)。

(3)价值论断:对观点优劣、行动过程、行为或立场等作出评价和判定。例如:"参与 POA[①] 教学实验的学生在参与度、获得感和产品质量方面都有较好的表现,证明 POA 汉语教学在产出目标达成性方面效果不错,也初步表明 POA 适用于对外汉语教学。"(朱勇、白雪,2019)

(4)解释性论断:为某个论断作出解释,例如同义词之间存在竞争关系,"意译词一般优于音译词就是因为词义更透明,比如,'激光'比'镭射'常用"(宋作艳,2019)。这个论断解释了为什么表示相同意义的意译词比音译词更具优势。

(5)策略论断:是指确定原则、标准的论断,直接指出应该做什么或怎么做。例如祖晓梅、邓葵(2019)基于二语习得,以实证研究结果为依据提出了纠错反馈的十项原则,指导汉语教师如何在课堂上纠错。

论据是一系列支撑论断的资料。资料本身不是论据。通过筛选、组织、编辑后的资料才转变为论据。资料的质量和相关程度决定了资料作为论据的价值。

---

① POA 是 Production-oriented Approach(产出导向法)的首字母缩写。

推理就是以逻辑形式呈现论据的过程。

图 10-1 论证

二、论据的类型

常用的论据主要包括举例、数据、图表、引用等。

(一) 举例

为了帮助读者理解自己的观点,并增添趣味性,作者常常会举一些例子。例如:

> 儿童最终掌握的语言系统,内容丰富并且极其复杂。该系统所包含的知识,远远大于儿童从有限的输入当中推理所得。语言习得中的逻辑问题,即由此得名。换句话说,按照一般逻辑不应该发生的事性发生了,这需要解释。乔姆斯基的解释是:儿童之所以能够如此,是因为具备先天的语言机能。这一机能在其初始状态(initial state)中就包含一系列关于语言的"原则"(principle)。这些原则决定了自然语言可能(或不可能)采取的操作手段。原则分两类。一类原则对于所有语言来说,都是一样的(language-invariant)。这类原则是由遗传因素决定,儿童并不需要学习。另一类原则在不同的语言中表现不一样(language-particular),这类原则规定了若干可能性,称为"参数"(parameter)。……
>
> 原则和参数不是很容易理解,我们举两个例子。以走路为例,其中既有天生的原则,也有后天学会的原则。天生的原则如,一般是向前迈腿,极少后退;身体要保持平衡协调(迈左脚时摆右手、两只脚不能同时离开地面等)。后天的原则如,应该靠着马路

一边走,而不是忽左忽右走之字;更不是像孙悟空那样,忽上忽下翻跟头。这一原则包含两种可能,或者靠左,或者靠右。具体是靠哪边,根据遇到的输入而定。如果孩子生在日本、英国,他就知道要靠左;相反,中国、美国的孩子学会的则是靠右。

(刘颂浩,2007)

普遍语法理论中的关键概念"原则"和"参数"不太好理解。上文的作者举了日常生活中走路的例子来帮助读者理解这两个抽象概念。

好的例子应该具体、生动。具体的例子才能提供足够的信息,支持有说服力的论证;生动的例子才能吸引读者一直读下去。例子还应该有代表性(安东尼·韦斯顿,2019),即某个例子 X 要能代表包括 X 的全体,例如关于汉语学习者的某个论断,举的是华裔学生的例子,就需要考虑华裔学生是否能代表二语学习者。举例的时候还需要考虑是采用一个例子还是采用多个例子。如果采用一个例子,那么需要较为详细的说明;如果采用多个例子,那么每个例子可以略微简单一些。需要注意的是,如果采用多个例子,不是用多个例子重复论证某个观点,而是用多个例子从不同的角度论证某个观点。采用多个例子时还应注意例子的排列顺序。

(二)数据

数据是论据的重要来源。为了保证数据是可靠的,使用数据的时候要明确以下问题:

(1)数据是谁收集的?
(2)数据是怎么收集的?
(3)数据是在什么条件下收集的?
(4)数据是为了什么目的收集的?

明确数据的收集者和收集方法是为了保证数据的来源和数据本身是可靠的,而了解数据的收集条件和目的则可以确保数据和你的论断是相关的。

呈现数据时应区分重要信息和不重要信息,总结数据所展示的规律和趋势,而不要用词语重复数据所有的细节,也应避免过度总结和推论。此外,还应注意数据的呈现方式。例如,下列两种数据呈现方式哪种更好?

  40%的家庭使用双语。

  五个家庭中有两个家庭在家使用双语。

研究对象数量较少时,用百分数呈现数据就不太合适,因此在这里第二种数据呈现方式更合适。

(三)图表

数据比较少,如只有两三个数字时,可以直接用语言描述数据。

表 10-1 "gorin(고린)"义项 1 的搭配词

搭配词	出现次数
袜子	1
总计	1

上述表格可以直接用文字描述为:"gorin(고린)义项 1 在我们的语料中只出现了 1 次,其搭配词为'袜子'。"

当数据较多时,用图表呈现更清晰直观。例如:

  在 634 例"形容词性成分+着呢"句式中,形容词性成分共有 156 个。其中,形容词 139 个,占 89.1%;类形容词成分 17 个,占 10.9%。从使用频率来看,形容词用例 617 例,占 97.3%;类形容词成分用例 17 例,占 2.7%。在形容词内部,单音节形容词 88 个,占 63.3%;双音节形容词 51 个,占 36.7%。从使用频率来看,单音节形容词用例 545 例,占 88.3%;双音节形容词用例 72 例,占 11.7%。

上述数据用文字描述看起来比较烦琐,用下面的表格呈现更直观、清晰:

表 10-2 "形容词性成分＋着呢"句式中形容词性成分的数量和使用频率

形容词性成分		数量(百分比)		使用频率(百分比)	
形容词	单音节	88（63.3%）	139(89.1%)	545(88.3%)	617(97.3%)
	双音节	51（36.7%）		72(11.7%)	
类形容词成分		17(10.9%)		17(2.7%)	
总计		156(100%)		634(100%)	

上述数据用图表的形式呈现，效果要好于文字，因为图表能够：

(1) 快捷而简便地呈现相关数据。
(2) 呈现作者认为重要的数据。
(3) 呈现数据的趋势或变化。
(4) 为其他研究者提供进一步研究的数据。

图表一般由五个部分组成：图表号、图表题、图表本身、图表注、资料来源。图表号、图表题和图表本身是每个图表必有的部分，图表注和资料来源则根据需要可有可无。图表注可能是缩写词的定义、针对图表内容的注释、统计概率说明等。如果图表是引用或改编自他人的研究，则要列出资料来源。

单篇论文的表号一般从 1 开始连续标号。硕士论文、博士论文以及专著中的表号有两种标号方式。一种是从头到尾连续标号，适用于表格不太多的情况。如果表格很多，那么分章节标号更清楚一些。每章从 1 开始标号，表号包括章节号和表格顺序号。如第三章的第 5 个表格可以标为"表 3-5"或"表 3.5"。例如(刘颂浩，2007)：

表号，"4.1"表明这是第四章的第1个表格　　　表题　　　资料来源

表 4.1　调查对象按语言水平和首次亲密接触英语的年龄分类表(White & Genesee,1996:241)

年龄组别	0～7	8～11	12～15	16+	总体
接近母语者	22	7	7	9	45
非母语者	6	5	11	22	44

好的表题应该能很好地总结表格所呈现的信息,尽量不与列标题或行标题重复。表题应避免过于笼统或过于具体。例如"母语背景与成绩的关系"过于笼统,不清楚表格呈现的是什么数据;"日韩和欧美学生三次汉字测试的成绩"过于具体,可能与列标题或行标题重复;"不同母语背景学习者汉字测试的评价分数"是比较好的表题。

表格呈现的数据精确,重点体现个体数据,但在呈现数据之间的关系方面不如图形直观。呈现数据的图形有很多种,常见的如饼图、柱形图、折线图等①。不同类型的图适合呈现不同性质的数据。饼图适合呈现某种特征与其他特征之间的百分比或比例关系。柱形图适合呈现不同组之间的对比关系。折线图适用来呈现一个或多个因变量如何随自变量变化而变化。

在用图呈现数据时应该选择能最有效地呈现数据的图。例如:

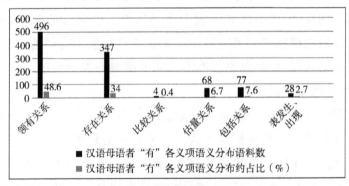

图 10-2　汉语母语者"有"各义项的分布

上述数据是"有"各义项在母语者语料中的分布,用饼图更能看出各义项所占比例,如下图:

---

①　图的类型很多,本书只列举了最常见的几种类型。有关图形制作的更多信息请参考《如何呈现你的研究发现——插图制作实践指南》(阿德尔海德·尼科尔、佩妮·皮克斯曼,2013)一书。

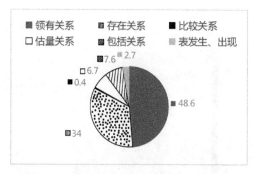

图 10-3　汉语母语者"有"各义项分布(％)

比较母语者和二语者义项分布可以用柱形图,例如:

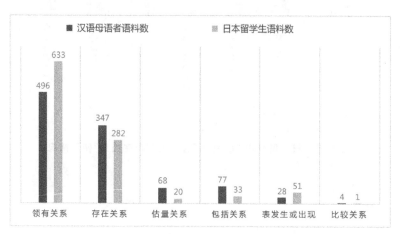

图 10-4　汉语母语者与日本留学生"有"的使用情况对比

相同类型的数据应该选择相同类型的图。例如在呈现日本留学生"有"的领有关系和存在关系的习得数据时,作者用了柱形图,而在单独呈现领有关系时,作者又用了折线图,没有做到相同类型的数据使用相同类型的图。

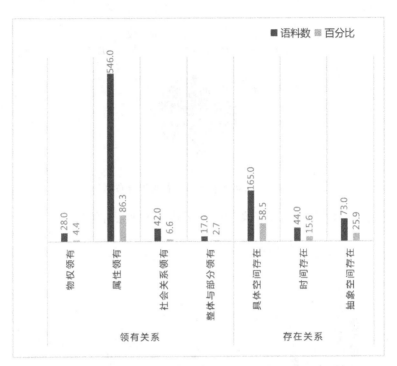

图 10-5　日本留学生"有"的"领有关系""存在关系"使用情况

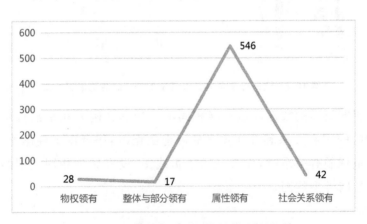

图 10-6　日本留学生"有"的"领有关系"使用情况

列出图表后,在正文中应该对该图表进行解释说明,如对规律或趋势的解释、问题、例外、启示等。同类数据的图表应以相同的方式呈现,包括列标题、行标题、呈现顺序、小数保留位数等。例如,描写学习者多义词

"有"的习得情况时,如果每个义项的习得情况用一张表格呈现,那么不同义项的表格除了数据本身可能不同以外,呈现方式应该完全一致。

(四)引用

除了使用自己的原创数据来论证观点,我们也可以使用他人的研究数据作为论据。这就涉及引用他人的研究成果。我们可以引用某一领域专家、权威的看法、意见和研究成果,也可以引用已经为大家所接受的事物,如政府报告、统计数据、经典参考书等。引用的时候需要注意以下几点(Brandon and Brandon,2017):

(1)选择某一领域公认的专家或权威。

(2)选择与自己的观点相关的专家或权威的意见。

(3)选择没有意见偏向的专家或权威。

(4)在论文中明确说明你所引用的专家的身份,以表明其在该问题方面的权威性。

借鉴、分析、评论和引用他人的研究成果是科学研究的必要组成部分,关键是如何避免抄袭。以下两种做法可以避免抄袭:一是总结或重述他人的研究成果;二是把引用的文字放入引号内,以与自己的文字区别开来。上述两种做法都需要做好正确的文献引注,列出完整的参考文献,承认他人的知识版权。

实际上,文献引注的作用不只是避免抄袭,文献引注有以下多方面的作用(柯林·内维尔,2013):

• 有利于追溯一个思想观点的源头,帮助我们了解一个思想观点的背景。

• 连接过去、现在和未来的知识,帮助形成知识网络。

• 在论文中支持、强化自己的观点。

• 使论据更具效力。

• 促进知识的传播。

• 认可他人的智慧成果。参考文献是对他人研究成果的一种认可,是用谦虚的态度向其他研究者致敬。

另外,从学生的角度来说,引注也非常重要。首先,参考文献反映了你的阅读。参考文献可以让导师看到你阅读了哪些文献,是否遗漏了重要文献,也可以让导师看到你的研究发展方向。其次,参考文献提供了评价标准。正确地引用文献反映了你的学术水平。Zeegers and Giles(1996)研究了本科一年级生物专业学生的500多篇论文,发现其中参考文献的数目和论文得分之间呈正相关,"论文得分高的学生都是在论文中引用了5条或5条以上参考文献的学生,他们平均花费了20个小时去研究参考文献"。再次,准确地引用参考文献可以使你避免被指抄袭。

引注主要有以下三种形式:

(1)文中姓名格式:在文中给出所引文献的著者和出版年份。所有文献一般在文末按作者姓名的音序以一定的格式列出。

(2)连续编号格式:在文中所引文献处采用数字上标连续编号,在脚注、章节尾注或论文尾注列出参考文献。

(3)重复编号格式:在文中所引文献处采用数字上标编号,同一条文献重复出现的话,就用重复的数字标注,在章节末尾或论文最后列出所有文献信息。

引用可以分为直接引用和间接引用两种。前者是指在自己的论文中直接引用他人文献中的若干语句,这样的引用需放入引号中,例如(张博,2018):

> 有些语法学家也逐渐认识到词汇教学的重要性,指出"词汇教学对提高中外学生的语言阅读能力和语言表达能力十分重要,因此需要大大加强"(陆俭明,2007)。

间接引用是用自己的语言重述他人的观点,例如:

> 在对外汉语语法教学方面,"淡化"语法教学、课堂上语法讲得越少越好、方法越间接越好也逐渐成为一种主导认识(陆俭明,2000;赵金铭,2002;杨惠元,2003)。在这样的背景下,出现了一些寻求突破旧有语法教学理念和方法的探讨,如"词汇—语法"教学模式(杨惠元,2003;李晓琪,2003;吴勇毅,2004等)、语篇功能

教学(屈承熹,2003、2006;Wendan Li,2004等)、累进式教学(邓守信,1997、2003)、以情景一主题为导向的"定式"教学(靳洪刚,2004、2005;梁新欣,2004、2005)等。(周守晋,2010)

引用文献要注意以下几点:
(1)要尽量避免引用二手文献,在寻找一手文献非常困难的情况下,可以引用二手文献。
(2)引用外文文献,引文要翻译成汉语。
(3)引用的文献也并不是越多越好。如果相关研究非常多,没有必要全部引用。请看以下例子:

   由于这两大严重缺陷的存在,直接导致研究内容不全面,研究方法不科学。最终导致现代汉语的类型归属目前至少有5种结论的现状。这5种类型①为:S-语言(张亚锋 2007:42),V-语言(Tai 2003,吴建伟 2009),E-语言、S-语言和V-语言兼有型(唐晓磊 2008:30),S-语言、V-语言以及E-语言兼有型(阚哲华 2010)②,仅列举几个关键文献。(李福印,2015)

关于汉语到底是哪种类型的语言,每种观点都有不止一项研究。例如,认为汉语是S型语言的研究有Talmy(2000),戴浩一(2002),沈家煊(2003),张建芳、李雪(2012);认为汉语是E型语言的研究包括罗杏焕(2008)、阚哲华(2010)、许子艳(2014)、董银燕(2015)等。上述文献引注有意识地选择每种观点只引用了一项研究。相关文献很多时,引用有影响力的文献,以及反映研究发展历史的文献。引用的文献最多五六项(柯林·内维尔,2013)。引用文献过多也容易给人留下充字数的印象。

三、推理的类型

推理是论证的重要组成部分。根据论据之间的关系,推理可以分

---

① 从实际列举的类型来看应为4种。
② 阚哲华(2010)认为汉语"是介于S-语言和V-语言之间的一种广义上的E-语言"。

成四类:一对一推理、并行推理、链式推理和联合推理(劳伦斯·马奇、布伦达·麦克伊沃,2011)。

(一)一对一推理

一对一推理是一项论据推理出一个结论,论据和结论之间是简单的直接对应关系。例如有研究发现,汉语教学中,使用媒介语组5次测试的成绩都好于非媒介语组,且两组被试的成绩都具有统计学意义上的显著差异,可见媒介语的使用有益于汉语学习(吴琼,2018)。论据是媒介语组的成绩好于非媒介语组,结论是媒介语的使用有益于汉语学习,这是一个一对一推理。

(二)并行推理

并行推理是用多条论据来证实一个结论。例如专家的观点、调查研究、数据等都支持一个结论。

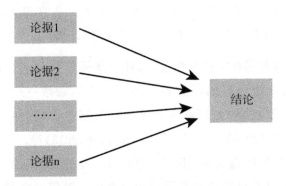

例如汲传波、刘芳芳(2015)就引用了多个论据论证外国留学生书面语中的口语格式使用频率高于汉语母语者:

表1　37个口语格式在语料库中的频率均值比较

中介语语料库频率均值		平衡语料库频率均值
记叙文体(436.55)	议论文体(202.84)	128.55
258.02		

如表 1 所示,37 个口语格式在中介语中出现的频率均值为 258.02,要远远高于这些格式在平衡语料库中的频率均值 128.55。即使只看 37 个口语格式在中介语议论文体(典型的书面语体)中的频率均值 202.84,也要高于其在平衡语料库中的统计数据。这些数据说明,外国留学生书面语中使用口语格式的频率要高于汉语母语者。据此可以证实外国留学生书面语中确实有口语化倾向。	数字论据
虽然研究方法不同,但是我们的这一发现进一步印证了刘圣心(2008)、韩莹(2008)、张憬霞(2009)等的研究结论。	引用其他汉语研究论据
同时,这一研究结果也与英语作为第二语言教学界的发现一致(文秋芳等 2003;文秋芳 2009;潘璠 2012),即英语作为外语学习的学习者书面语中有口语化倾向。	引用英语研究论据

(三)链式推理

链式推理是指以一对一推理为基础,第一个一对一推理的结论成为第二个论证的论据,推理以链条式不断进行,直到证实最后的结论。

论据1 → (结论)论据2 → …… → (结论)论据n → 结论

例如①:

目的语的使用量与目的语使用的焦虑成反比
不使用媒介语会造成学习者的焦虑 } →情感屏障增强→输入量减少

(四)联合推理

联合推理是指每一个理由本身不能证实结论,只有各个理由联合起来才构成充分的论据来证实结论。

---

① 相关内容参考了吴琼(2018)。"情感屏障增强"这一结论是由两条论据通过联合推理得到的。

论据1 ＋ 论据2 ＋ …… ＋ 论据n ⟶ 结论

例如汉语中有一些复合词是由两个反义语素构成的,如"天地""大小""祸福"。这些词中语素的顺序由意义和声调两个因素决定。义序是指肯定语素在前,调序是指按平、上、去、入的顺序排列。根据谭达人(1989)的统计,371个反义语素构成的复合词中:

A. 符合义序的258个词,符合调序的239个词。

B. 63个不符合义序的词中,9个同调,其余54个,合调序的46个,不符合的8个。

C. 30个不符合调序的词中,3个难分义序,其余27个,符合义序的19个,不符合的8个。

结论:调序的影响大于义序的影响。

上述论据A、B、C单独都无法推理出结论,只有三个论据一起才能得出调序的力量大于义序的力量这一结论。

四、简单论证和复杂论证

根据论断的数量,论证可以分成简单论证和复杂论证。简单论证包含一个简单结论、论据和正确的推理。复杂论证由多个简单论断组成(劳伦斯·马奇、布伦达·麦克伊沃,2011)。

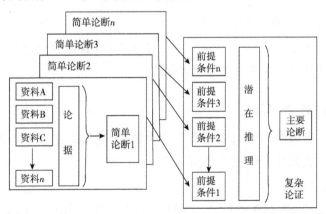

图10-7　复杂论证(劳伦斯·马奇、布伦达·麦克伊沃,2011)

首先,进行多个简单论证,利用资料作为论据,推断出每一个简单论证的结论。然后,结合简单论证的论断得出新的论据,利用这些论据来证实复杂论证中的主要论断。

例如张博(2018)论证提高汉语第二语言词汇教学的效率要基于汉语词汇的特征这一观点就是一个复杂论证:

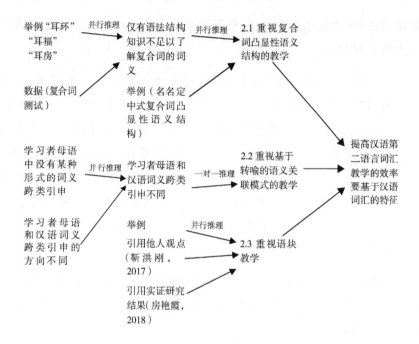

五、论证的常见问题

我们在学生的论文中经常见到以下论证问题:(1)某个观点或结论缺少论据支持;(2)论据不可靠;(3)论据和结论无关。

学生在论述的过程中很容易把某个观点当成是理所当然的事实,而没有意识到这个观点需要论据的支持。例如:

> 汉语教学是孔子学院建立和发展的基础,是孔子学院的核心功能。孔子学院汉语教学的主要特点是多层次、教学法多样化和新型教育技术相结合。孔子学院在提供汉语教学服务的同时,发

挥了自己的优势,提出新的教学法,与现代教育技术结合,形成了具有新的教学模式和特点的教学法。通过使用孔子学院提供的新的教学法与现代技术的教学工具,学生的语言成绩有显著的提高,且学生自己认可已取得的成绩,并且感受到学到的语言对于他们的语言学习目标有所帮助。

该段落中"学生的语言成绩有显著的提高"这一观点缺少必要的数据来支持。再如:

例(119)汉语中"有所 X"结构表达的是发生或出现义。"有所 X"中的 X 经常是双音节的动词,但有些搭配中看不出来是动词还是名词(如"有所帮助"中的"帮助"),日本留学生使用了该结构,但是对该结构的掌握不牢。"有所"后面应该加上 VP 结构,"好处"是名词,如果改成"有所好转"就对了。"有所 X"一般用于书面语中,高级水平的日本留学生也可能在写作过程中想要将句子书面化,特意使用了双音节的"有所"。同时其他国家的学习者也会产生同样的错误。

上述段落作者主要分析日本留学生使用"有所 X"时出现的偏误。而该段落的最后提出了一个新的论点,即其他母语背景的学习者也会出现相同的错误,但该论点缺少论据支撑。

结论来自论据的支持,前提条件是论据本身也必须可靠。

海外读经学堂已有许多成功案例,例如一些在中文课中纯读经的学生,发现自己读经一段时间后,记忆力、定力提高了,注意力的集中期也延长了;认字快,阅读能力与速度明显提高,开始喜欢诵读,有助于口语方面的练习。

上述证明读经学堂成功的论据是一些学生读经以后觉得自己的记忆力和定力提高了,该论据既没有数据支撑,也没有论据来源,因此该论据可靠性存疑。

论证的第三个问题是论据和结论不相关,也就是说从论据推断不出结论。例如：

(114)我认为大家都不吸烟才会作—【有】健康的环境。

例(114)中"作"误用,主要由于中文表达的特殊性,"有健康的环境"表达的是结果。但是在英文中会采用"will have",日本留学生的概念中首先采用的是"创造出一个好的环境",所以使用了"作"。

作者要论证日本留学生的偏误是受母语影响,但所用的论据不是日本留学生的母语日语的形式,用的是英语的形式,论据和结论无关。再如：

由于日语与汉语的语序不同,对于汉语来说"有"作为谓语核心成分放在中间,日语的动词放在句尾。日本留学生在进行汉语表达的时候常常照搬母语的语序缺失"有"。

照搬日语的语序只能解释"有"位置不对,不能解释为什么缺失"有"。再如：

整体思维是指倾向于将事物看作一个整体,事物之间是互相联系的,注重经验与直觉；分析思维是指倾向于将事物看作主客二分、二元对立的,注重逻辑与分析。第一,在汉语中,我们强调从整体到局部,不区分主体,而在英语中,从局部到整体,明确主体与客体的关系。例如,用汉语,我们会说"桌子上有一个苹果",而在英语中会说"There is an apple on the table"。第二,在汉语中,我们强调从大到小的时空观念,如先说年再说月最后说日,还有在写地址的时候,从国家到省份到城市,以此类推；与此相反,在英语中,强调的是从小到大的时空观念,先说日再说月最后说年,地址也如此。第三,在餐具的使用上,在汉语文化中,我们使用的餐具通常为筷子,一个工具可以解决所有的问题；但是在英语文化中,餐具强调一个工具解决一个问题。第四,在汉语中,没有性数格的变化,凭借词语之间的关系来明确意思；而在英语中,有较严格的性数格的变化,严格遵循语法规则来明确意思。

该段落的主要观点是论证中国人注重整体思维,说英语的人注重分析思维。但该段落的从大到小或从小到大的时空顺序、是否有性数格变化与整体还是分析思维不相关,因此论据不支持论点。

 练习①

(一)阅读下面的举例论证,完成练习。

1.传统的看法认为,概念是人类共同的。这话说得不完全对。很多实际例子说明,有些概念并不是人类共同的。比如颜色的概念。汉民族把光谱分为"赤、橙、黄、绿、青、蓝、紫"七色,当然这就是七个概念。但这七个概念是不是人类共同的?这就很难说了。说英语的民族就分不清"青"和"蓝",不能说他们的概念和汉民族一样。菲律宾的Hanunóo语只有四个颜色词:"(ma)biru"(黑和其他深颜色)、"(ma)lagti?"(白和其他浅颜色)、"(ma)rara?"(栗色、红色和橙色)、"(ma)latuy?"(浅绿、黄和浅棕),更不能说他们的关于颜色的概念和世界上其他民族一样。当然,对颜色词的深入研究表明,各种对颜色的切分并不完全是任意的,而是受生理、心理、社会文化因素的制约,但无论如何,世界上并不存在人类共同的关于颜色的概念,这是不可否认的事实。认知语言学认为,概念结构也受社会历史文化的影响,有不少例证可以支持这个看法。以与"打击"有关的概念为例,中国古代用鞭子打叫"鞭",用竹片打叫"笞",毫无疑问是两个概念。在现代汉语中,"鞭"不单说了,但仍有一个复音词"鞭打"来表达这个动作,所以"用鞭子打"仍是一个概念。"笞"到唐代也改为用楚(荆条)打,在现代"用竹片打"更是很少见了,所以对一般人来说"用竹片打"已经不是一个概念,但读古书

---

① 练习中的图表号均为原文的图表号。

的人还是知道"笞"的古义是"用竹片打",对他们来说,"用竹片打"仍是一个概念。在英语中,有"whip"这个词表达"用鞭子打"这个动作,也有这个概念,但没有"用竹片打"这样一个概念(除非是有人对中国古代文化有一定的了解)。其他的民族,如果他们生活的环境根本没有竹子,或有竹子却不用来打人,他们的思想中大概也不会有"用竹片打"这样一个概念。同样,英语中有"birch"(用桦树条打)一词,这在英语民族中无疑是一个概念;但是,在汉民族中却不是,桦树在汉民族生活的地区不少见,但不用来打人,即使有人偶尔用桦树条打人,人们可以用"用桦树条打人"这个词组来表达这个动作,但是不会形成一个概念,因为那并非常见。至于古汉语的"抶"(以车鞍击)和英语的"truncheon"(用警棍打)就更不可能是全人类共同的概念。(蒋绍愚,2007)

主题句:＿＿＿＿＿＿＿＿＿＿＿＿＿＿＿＿＿＿＿＿＿＿＿＿＿＿＿
多方面论证主题句
观点一:＿＿＿＿＿＿＿＿＿＿＿＿＿＿ 例子:＿＿＿＿＿＿＿＿＿＿＿＿＿＿
观点二:＿＿＿＿＿＿＿＿＿＿＿＿＿＿ 例子:＿＿＿＿＿＿＿＿＿＿＿＿＿＿
多来源例子:＿＿＿＿＿＿＿＿＿＿＿＿＿＿＿＿＿＿＿＿＿＿＿＿＿＿

2.①在相当长的时间内,很多人都认为,对比分析预测的难点没有出现,这是它的问题。但是沙赫特(Schachter,1974)的看法正好相反:学习者的话语中没有出现对比分析预测的难点,这恰好说明了对比分析是正确的,因为学习者可能意识到了难点但有意回避了。②沙赫特研究了五组学生作文中关系从句的使用情况,结果如表5.1:

表5.1 五组学生作文中关系从句的使用情况(Schachter,1974:209)

学生母语		正确	错误	总计	错误率
A类	波斯语	131	43	174	25%
	阿拉伯语	123	31	154	20%
B类	汉语	67	9	76	12%
	日语	58	5	63	8%
美国英语		173	0	173	0%

③沙赫特将学习者分为 A、B 两类,前者的母语是波斯语和阿拉伯语,后者的母语是汉语和日语。沙赫特指出,B 类学习者使用英语关系从句的总数(76 次和 63 次)明显少于 A 类学习者(174 次和 154 次),因此,尽管他们的错误率更低,却并不说明掌握得更好。④沙赫特认为,汉语和日语中的限制性关系从句一般位于修饰语的左侧,而波斯语、阿拉伯语则和英语一样,关系从句位于被修饰语的右侧。因此,在构建英语关系从句时,日本人和中国人的困难更大,除非有把握,一般倾向于回避使用。换句话说,难点并没有体现在错误的数量上,而是体现在关系从句的总数上。⑤尽管沙赫特的这一研究尚有一些疑问(比如,没有事先对学生的水平进行测量,不能排除日本、中国学生用得少是因为不具备相关知识),但回避作为第二语言学习的一种现象却从此被广泛接受。(刘颂浩,2007)

(1)文章中的数据用来论证什么?
(2)作者对表格中的哪些数据进行了归纳总结?
(3)文中的"他们"是指谁?
(4)说明①—⑤每部分的主要内容。
(5)请举一个汉语或其他语言的例子说明"限制性关系从句一般位于修饰语的左侧"。
(6)请举一个英语或其他语言的例子说明"限制性关系从句一般位于修饰语的右侧"。

(二)下面是一些主题句,请给每个主题句举 2—3 个例子加以论证。

1.汉语没有严格意义的形态标记和形态变化。
2.汉语词类和句法成分不是一一对应关系。
3.音节数量对汉语语法影响显著。

(三)下述数据呈现方式是否恰当?

1. 通过 CCL 语料库里的例子我们可以判断出,"踌躇"和"犹豫"充当谓语成分分别占 50.26% 和 46.69%。"踌躇"充当宾语成分占 27.23%,状语成分占 10.47%;"犹豫"充当宾语成分占 5.4%,状语成分占 36.5%。"踌躇"充当主语成分占 0.52%,"犹豫"充当主语成分占 1.1%。"踌躇"充当定语成分占 9.42%,"犹豫"充当定语成分占 10.1%。"踌躇"充当补语成分占 2.09%,"犹豫"充当补语成分占 0.4%。可见"踌躇"和"犹豫"充当谓语成分的情况最多。

2.

表 4.9 韩语"gorida(고리다)"义项频次

	义项	频次
gorida	像变质的草或鸡蛋的气味一样臭	0
	小气	0
	总计	0

3.

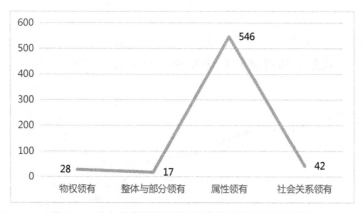

图 3.4 日本留学生"有"的"领有关系"义的使用情况

(四)根据所给数据总结规律和趋势。

1.(刘颂浩,2007)

表 4.1　调查对象按语言水平和首次亲密接触英语的年龄分类表
（White & Genesee,1996:241）

年龄组别	0~7	8~11	12~15	16+	总体
接近母语者	22	7	7	9	45
非母语者	6	5	11	22	44

2."被"字句习得(黄月圆等,2007)

13名中级水平的汉语学习者和15名汉语母语者对八类"被"字句进行语法判断。判断采用4分制:1分为非常合语法,4分为最不合语法。

C1＊那件事被小红担心（状态动词,无终结性,不合语法）
C2＊那本书被小明读了（动作动词,无终结性,不合语法）
C3＊老师要的图画被画了（"创造"类指向结果动词,不合语法）
C4 那杯茶被小李喝了（"消耗"类指向结果动词,合语法）
C5 我的自行车被小明骑坏了（包含结果动词,合语法）
C6?? 一个杯子被小王打破了（无定受事,但是与包含结果动词同
　　 用,有合法度的问题）
C7?? 李老师被学校升了职（褒义,有合法度的问题）
C8＊我的希望被破灭了（非受格不及物动词,不合语法）

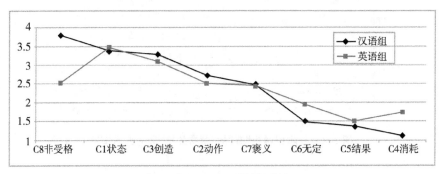

图 1　英汉两组语法判断的结果

3. "着"的习得(孙德金,2000)

"着"出现的三个句式:

A. 伴随状态:动词$_1$+着+(宾语)+动词$_2$ 躺着休息/拿着一束鲜花走过来

B. 动作持续:动词+着+(宾语) 一直跟着我们/一直跟父母一起住着

C. 存在状态:处所+动词+着+人/物 牌子上写着"请勿吸烟"/头上戴着一顶红帽子

语料来自"汉语中介语语料库系统"。计算机自动将100多万字的语料库中母语背景为英语、包含"着"的句子提取出来,再人工将不表示体范畴的含词形"着"的句子删除。一级到八级为学时等级,每学期为一个学时等级,共分八个学时等级。八级的语料太少,统计和分析基本以一级到七级的语料为准。

不同水平英语母语者各类"着"的句式正误率

结构类型	一级		二级		三级		四级		五级		六级		七级		正误比率	
	正	误	正	误	正	误	正	误	正	误	正	误	正	误	正	误
A	1	0	13	6	6	0	4	0	13	0	3	0	0	0	87%	13%
B	正	误	正	误	正	误	正	误	正	误	正	误	正	误	正	误
	2	1	7	15	11	1	16	0	22	0	1	0	0	0	78%	22%
C	正	误	正	误	正	误	正	误	正	误	正	误	正	误	正	误
	1	0	11	3	5	0	9	1	11	0	4	0	1	0	91%	9%

(五)阅读下面的观点和引文,哪些引文能够说明哪些观点?根据这些观点,写一个段落,包括主题句、观点、引文和参考文献。

主题句:诵读能提高各项语言能力,从而从整体上提高语言水平。

观点一：诵读不是一个机械、被动的活动，而是一个积极、主动的大脑加工过程。

观点二：诵读能提高阅读能力。

观点三：诵读能提高写作能力。

引文一："背诵过程并非是一个'洗脑'的过程，而是一个理解、体会、感悟、评判所背内容的过程。"

引文二："（朗读）是将无声的书面语转化为有声语言的过程，是一种眼、口、耳、脑协调作用的创造性的阅读活动，是一个理解的过程、思维的过程、全方位感知所学语言的过程。"

引文三："熟读和背诵课文有助于提高外语水平"，"在写作时，恰到好处地运用曾背诵过的词句，书面表达能力能逐步提高"，"背诵范文使不少学生学到许多好的短语和句型，并用于说和写中，培养语感，从而把好的语言变成自己的语言"。

引文四："我在学校上国文课，老师要我们读古文，大部分选自《古文观止》《古文释义》，讲解之后要我们背诵默写。这教学法好像很笨，但无形中使我们认识了中文文法的要义，体会撷词练句的奥妙。"

引文五："吟诵的时候，对于研究所得不仅理智地了解，而且亲切地体会，不知不觉之间，内容与理法化而为读者自己的东西了，这是最可贵的一种境界。"

引文六："私塾的读书程序是先背诵后理解。在'开讲'时，我能了解的很少，可是熟读成诵，一句一句地在舌头上滚将下去，还拉一点腔调，在儿童时却是一件乐事。我现在所记得的书，大半还是儿时背诵过的，当时虽不甚了了，现在回忆起来，不断地有新领悟，其中意味，确是深长。"

引文一引自陈萱的文章《对背诵的再认识》，发表在《国外外语教学》2004年第1期上。

引文二引自董琳莉的文章《谈对外汉语中高级阶段的成段朗读教

学》,发表在《韶关学院学报》2010 年第 7 期上。

引文三引自丁言仁、戚焱的文章《背诵课文在英语学习中的作用》,发表在《外语界》2001 年第 5 期上。

引文四引自梁实秋的文章《岂有文章惊海内》。

引文五引自叶圣陶在《精读指导举隅》一书中的序言。

引文六引自著名文艺理论家、美学家、教育家朱光潜的文章《从我怎样学国文说起》。

(六)分析下面复杂论证的结构。

嗅觉是人类都有的感觉,因此不同语言的嗅觉词有相同之处。另一方面,由于每个国家所处的地形、文化和宗教不同,嗅觉的感知也存在差异,因此不同语言的嗅觉词在相同点以外也有不同之处。韩国和中国,在距离上是邻国,彼此有着悠久的历史交往,在文化上有许多相似之处。但是由于不同地区环境和气候的差异,两国种植的植物和蔬菜、培育的家畜以及饮食文化也各不相同。另外,即使是同样的气味,不同的人也会因年龄、性别、心理状态、环境等因素而有不同的喜好,嗅觉评价也可能不同,例如,韩国人喜欢泡菜散发出的味道,中国人则可能不喜欢这种味道。因此我们有必要研究不同语言表达嗅觉的词语。

另外由于不同语言存在差异,即使是表示同样的嗅觉,不同语言所用形式也可能不同。比如说,韩语中表示属性除了可以用形容词以外,还可以用"名词+issda""名词+ida"(Kim Kihyok 2007)。韩国学生用汉语表达嗅觉时受韩语的影响,可能出现偏误。例如[①]:

(1) 可以用长大的麦可以做到<u>香味的</u>面包!

(2) 小明的父亲笑着说:"小明啊!对农民来说大麦是很宝贵的东西。因为我们用大麦能做出<u>有香气的</u>各种各样的面包,而

---

① 以下误例来自北京大学杨德峰和姚骏老师收集的韩国学生的语料,谨致谢忱。

且能做出很多面类的料理。"

(3) 妈妈为他们做了一些菜,叫他们吃饭,还特地做了东坡肉,泛着红亮的光,有着很香的味。

上面的例子汉语一般用形容词"香",而韩国学生用了名词"香味"或"有+名词"。因此为了帮助学习者正确使用汉语嗅觉词,我们有必要比较学习者母语和汉语嗅觉形容词的异同。

(七)下面论证中的结论是什么?哪些论据支持论点,哪些不支持?

1. 一部分学者认为学龄前儿童可以顺利学习汉字。A 如王财贵(2009)认为幼儿的大脑正处于迅速发展阶段,应让儿童大量识字,有利于大脑发育。B 唐洪波教授认为汉字越早学习越好,脑的发展规律表现为优先发展和先快后慢的趋势。C 德国早期教育领先人物慕尼黑大学的留凯尔教授以心理学的实证数据为依据,得出了孩子的读写活动可以从两三岁开始,儿童的成功主要取决于他们的早期阅读技能,而且这种技能形成得越早越好。D 钱成慧(2006)运用皮亚杰认知理论,对婴幼儿进行早期识字教学,并得到了成功的案例。E 郭子元(2015)指出儿童到了4岁就能够认出自己的名字,5岁读10个以上的单词,书写汉字方面的能力经常开始于3~5岁之间。

2. A 儿童的理解力不强,但是这时期的记忆力却是一生中最强的。B 而且儿童幼儿时期储备在大脑里的东西,是可以随着年龄的增长慢慢理解的。因此教孩子的内容应该越深越好,C 高深的知识学会了,低浅的内容自然迎刃而解。D 麦基在《语言教学分析》中也指出,"儿童第一次听到一个词和他第一次使用这个词之间的间隔可能长达几个月"。

(八)下面的引用有什么问题?

1. 汉语的语序是一种重要的语法手段,不同的语序可以表达不同的语法意义。汉语语序从古至今变化并不大，一直是以"主+动+宾"(S+V+O)的语序为主，而宾语前置则是古汉语语序中的一种常见的语法现象，即"主+宾+动"(S+O+V)。马建忠是最早对这种语法现象进行全面且系统论述的学者。目前，学界普遍承认的古汉语宾语前置的类型从宏观上可分为无形式标志的和以助词"之""是"等为形式标志的。前者又可以分为三种主要类型：疑问代词作宾语、否定句中代词作宾语、肯定句中代词宾语前置。

2. 信度检验主要用于检验量表所测结果的稳定性和一致性。在信度检验方法中，Cronbach 所创造的 Cronbach's Alpha 系数常被用作评估依据。α系数值介于0到1之间。一般而言，α系数值越高，代表量表中的内部一致性越好，同时亦表示该量表结果可信度越高。综合国内外统计学研究者的观点，一般认为，α系数如果在0.5以上，则内部一致信度到达理论可接受值；达到0.7~0.8时表示量表具有相当的信度；达到0.8~0.9时说明量表信度非常好；高于0.9说明量表内在一致性非常优秀。

3. 根据谢成名在2009年对北京语言大学中介语语料库中"刚"使用偏误的考察，包含"刚"的偏误句一共有34句，其中有16句是"刚"和"了"共现的偏误。

4. 教师的热情、激情、责任感和期望对于学习者的学习来说都是非常重要的(09,秦晓峰)，因为教师对一门学科的激情与责任会影响到学生对该门课程的态度，进而影响到学生的学习动机。

5. 学生年龄不同，动机因素差别不大。（见丁安琪2010《汉语作为第二语言学习者研究》）

6. 根据美国学生声调习得偏误，学者们（张林军，2011；严彦，2010；桂明超、杨吉春，2003；邢星星，2012；胡小英，2011；沈晓楠，1989）也提出了相应的教学策略，大体上可以归纳为：(1)强化声调信息，提高学生对音高的敏感度；(2)声调教学也应该提倡在情境语境中教学和学习；(3)教师和教材应更尊重第二语言学习者的学习心理；(4)教师应注重汉语普通话声调调型和英语语调调型的比较，帮助学生更好地理解它们之间的区别;(5)根据声调习得的难度有次序地进行教学;(6)在教具体声调之前,首先训练学生了解自己声音的全音域。教声调应从调域的不同音高出发,不应从调型入手。

第十一章　结论部分

◇ **本章主要内容**

> ➢ 结论部分的主要内容
> ➢ 论文写作的检查清单

一、结论部分的主要内容

论文的结论部分标志文章的结束,通常包括以下内容:重申研究内容、强调研究的价值和意义以及指出研究的不足及后续研究。例如《基于汉语中介语语料库的二价名词习得研究》(蔡淑美、施春宏,2014)一文的结论部分:

目前基于汉语词类的习得研究多以动词、形容词、方位词、量词、副词、介词、助词等为主,基于名词的习得研究尚难见到,对二价名词这种具有特殊配位方式的名词更是在理论上和实践上都没怎么关注。本文从二价名词习得的正误分布情况入手,关注其偏误类型和表现,然后基于语块意识不同层级的构建过程探讨习得的内在机制和规律,在重新认识名词习得难度的基础上提出相应的教学策略。	研究价值 总结研究内容
从考察的结果来看,二价名词在语义结构、句法结构及其相互关系上具有很大的特殊性,在汉语中颇具类型学特征,由于它牵涉到句法和语义、词项和构式等多重互动关系,因此也体现了鲜明的界面特征。这类现象习得过程和方式折射出的丰富的理论问题同样很值得	研究的理论价值

续表

思考,比如,如何在类型学的背景下探讨汉语和其他语言在安排对象论元上的差异以及整个语言系统特征的制约关系;如何基于界面特征对习得过程中的方式和内在机制、对各个不同层面之间影响和互动的规律做出更深入的探讨;如何加强对有系统性特征的语言现象的挖掘、描写和解释;如何在继续重视结构主义分析模式的基础上,引进新的语言学观念和方法来深化习得研究中描写和解释的广度和深度;等等。只有这样,才能在习得研究中坚持描写和解释相结合、形式和意义相结合、共性和个性相结合的道路。	
需要说明的是,本文主要基于中介语语料考察了二价名词的习得情况,并没有对不同国别、不同等级等具体情况下的偏误分布和类型做出细分,而更多地在研究层面提出了一些看法,希望为对外汉语教材编写和教学实践提供参考。至于如何在具体的教学实践中选择恰当的教学策略,如何构建具有可操作性的规则,还有待进一步的思考与实践。	研究不足 后续研究

(一)重申研究内容

论文的结论部分通常会重申研究问题,总结研究的主要结果,对研究问题作出解答。例如:

> 本文分析了"这下"的话语标记功能与语体特点。我们发现,"这下"所连接的片段既可以言者显身,又可以言者隐身。"这下"常用于主观近距交互式叙述体,在口语对话语体中并不常用;主要用于不同的叙述方式以及叙述聚焦视角。文章最后还对有关"这下"的汉语教学提出了建议,根据本文的研究结果提出了"这下"具体的教学步骤与方法。(张文贤等,2018)

上文的结论部分直接总结了研究的主要发现。也有一些论文会用一些间接的方法总结研究内容。例如《趋向补语"过来""过去"的二语习得释义策略》(朱京津,2017)一文是关于"过来""过去"的本体研究文章。论文主要分析了"过来""过去"的意象图式和空间隐喻机制,还分析了跟"过来""过去"搭配的动词的语义特征。在结论部分,论文则是分析了汉语学习者使用"过来""过去"出现偏误的原因,即留学生不明白表抽象义的"过来""过去"是从何而来,其语义特征是什么;不明白与表抽象义的"过来""过去"搭配的动词具有哪些语义特征;不知如何确定正常状态与非正常状态。该文从汉语学习者偏误的角度重申了论文的主要内容。

(二)强调研究的价值和意义

论文的结论部分也可以强调自己研究的价值和意义,说明对相关研究领域的贡献。研究价值和意义可以是理论方面的,例如《"但是"、"可是"之辨》(张文贤,2012)一文的结论部分:

> "但是"与"可是"的区别在于句法、句类与话语类型。它们句法、句类的区别与其来源相关。"可是"有时可以用于主语后,"但是"都用于主语前。"可是"的语用用法多于"但是"。话语类型的区别是"可是""但是"的重要区别。"可是""但是"语气轻重差异只是表象,本质在于"可是"用于叙述型话语,"但是"用于论证型话语。
>
> 笔者认为,对语体的划分可以分为宏观与微观两个层面。前人所说的语体特征多着眼于宏观层面,但是这种划分对于辨析某些虚词的用法来说就显得有些粗略。本文所提出的论证型、说明型、叙述型与描写型四分法可以指微观层面,也可以指宏观层面。这四种类型可能在某一个语篇中交替使用。这样,从整体上看,语篇可以归为一个类型,而具体到某一语段,可能突显的是另一个特征,又可以归为其他类型。对于辨析虚词来说,微观语体更为重要。

文章主要从语体角度辨析了"但是"和"可是"的不同,结论部分的第一段总结了研究的主要结论,第二段则论述了有关语体的一些认识,是这篇论文的理论价值所在。

研究价值和意义也可能是实际应用方面的,提出解决办法、建议或呼吁采取某种行动。例如周琳(2020):

本研究运用动态系统理论的研究方法,聚焦词汇语义层面,对15名母语为韩语的汉语二语学习者一学年内作文中词汇多样性、词汇复杂性和词义多样性的发展以及这三者在发展过程中的相互关系进行了纵向历时考察。研究发现:	总结研究内容
首先,学习者的二语词汇语义系统发展呈现出跳跃性、曲折性和复杂性,在波动前行中伴随着阶段性上升或下降,并非简单的线性发展过程;在相同的教学环境下,学习者的词汇语义系统也并非沿着相同的路径发展,有的学习者具有独特的发展路径。因此,教师在关注群体词汇能力发展的同时也应关注个体词汇能力发展的特性。	研究结论一 教学建议一
其次,本研究得出了和以往研究不太一致的结论。本研究中学习者词汇多样性与词汇复杂性的发展相关性并不显著,并不是"相互支持"的关系,但词汇多样性和词义多样性的发展呈显著正相关,在很大程度上同步发展。这提示我们,应尊重学习者二语词汇语义系统的发展规律,在学习者有限的认知资源仅可支持其在常用词范围内关注词汇多样性时,学习更多高难度等级的词汇可能并不能有助于其他维度词汇能力的进步。	研究结论二 教学建议二
第三,我们也发现,在一学年中,学习者词义产出的多样性在多数时间内呈现下降的趋势(见图7),这从一个侧面反映了多义词教学的一个问题,即多数教师只关注学生是否学了数量更多的词,而不关注他们掌握了词语的多少个义项,学习者往往只重视多义词的"第一义项",而忽视其他义项。这对他们的阅读和写作都会产生一定影响。基于词义多样性与词汇多样性在发展过程中所具有的显著正相关关系,可以推论,对多义词不同义项的掌握多加关注,也是促进学习者词汇多样性发展的一个途径。所以,加强多义词系统教学显得更为重要。然而,目前汉语教学中的多义词教学仍未形成科学的体系,进入教材的词汇往往也只呈现其较为常用的义项,致使学习者在理解和产出二语词汇时仅局限于常用义项。我们考察了这一学年内学习者所使用的两本综合课教材的生词,发现几乎全部多义生词都	研究结论三 教学建议三

	续表
只呈现了一个义项。在这样的情况下,很难要求学生在词义多样性方面有显著进步。因此,教材编写者对进入教材的多义词各义项的筛选、出现顺序、出现形式、复现率等应有科学的规划设计,教师也应重视并加强系统的多义词教学。而如何进行科学规划与系统教学则是十分值得研究的课题。	
本研究也存在一些不足:第一,观察周期较短,在后续研究中我们要进一步拉长观察周期并重视短期内的微观变化,应该会有更为丰富的发现;第二,词汇多样性、词汇复杂性和词义多样性在发展过程中的特点及相互关系背后更深层次的原因仍需进一步深思。	研究不足和后续研究

(三)指出研究的不足及后续研究

没有一项研究是完美的,或者是研究者知识能力的限制,或者是研究条件的限制,我们的研究总是存在某些不足。每一项研究只能解决某个问题的一部分,总是有一些相关问题留待后续研究。因此,论文的结论部分可以指出研究的不足和后续可以开展的研究。例如朱勇、白雪(2019)指出了研究方法的不足:

> 从前面的研究来看,本次 POA 教学尝试取得了一定的成效。研究结果表明,参与 POA 教学实验的学生在参与度、获得感和产品质量方面都有较好的表现,证明 POA 汉语教学在产出目标达成性方面效果不错,也初步表明 POA 适用于对外汉语教学。当然,本次教学实验尚有不足之处,比如,POA 教学有必要对词汇、语法点(形式促成)的教学适度加强,学生对此的反映较多。今后我们还将延长教学实验时间,并在国别和汉语水平方面拓宽研究对象的范围,不断探索 POA 在对外汉语教学中的可操作性问题。

再如张博(2004b)提出了区分同形同音词与多义词的原则,介绍了辨析同形同音词与多义词的四种方法,该文的结语部分补充说明这四种方法的适用范围和效能,并提出了后续进一步需要研究的问题:

> 本文归纳的辨析同形同音词与多义词的四种方法,在适用范围和效能上是有差异的。……
> ……
> 《现汉》是第一部将同形同音词分立条目的汉语词典,在区分同形同音词与多义词方面做出了卓有成效的尝试。为使同形同音词的分立更为合理准确,我们一方面要积极探索区分同形同音词与多义词的操作方法,另一方面还要探索影响同形同音词与多义词区分的因素。笔者认为,《现汉》个别条目的分合有失允当并非由于疏忽,而是另有一些深层原因。弄清这些原因,有利于更好地把握同形同音词与多义词的本质特征,以针对各种复杂的情形制定出更为细致明确的规则,笔者拟另撰专文尝试对此再作进一步探讨。

这一后续研究即《影响同形同音词与多义词区分的深层原因》(张博,2005)一文。

研究不足需要比较具体,而不能只笼统地说研究存在不足,例如:

> (1)最终,因为时间有限,更因为本人的能力有限,所以本文可能对"犹豫"与"踌躇"两词的分析不够透彻,文章有待于完善不足之处。
> (2)本文以从语料库中挑出的含有"犹豫"和"踌躇"的两组各100条例句为主,对这些例句进行辨析,所以可能是不全面的。以后将进行更全面的辨析研究。
> (3)然而,本文还有很多不足之处,如没有找出留学生在使用"审慎"和"慎重"的时候出现的偏误,而且没有把一些近义词词典对两者语义和用法的解释呈现出来一起分析,这可以进一步研究,因为根据学生真实使用的情况来对近义词进行辨析,会使仅有一次的辨析和研究更有针对性。

(1)(2)的研究不足失之笼统,根据这两段描述,我们并不知道这两项研究的不足到底是什么。与(1)(2)不同,(3)明确指出研究的不足在于未能结合留学生的偏误来辨析近义词。

二、论文写作的检查清单

引言部分
☐ 是否有研究背景？
☐ 是否写清了论题？

主体部分
☐ 每个段落是否有主题句？
☐ 每个段落是否有足够的论据解释、论证主题句，如例子、数据、图表、引文等？
☐ 每个段落是否具有一致性？即每段的论证句是否直接与主题句相关？
☐ 段落之间是否按一定的逻辑顺序安排？
☐ 段落之间是否有连接手段？

结论部分
☐ 是否有结尾标记？
☐ 是否总结了论文的主要观点或重述了论题？

练习

(一) 说明下列结论段的内容。

1.《感知训练方法在汉语语音教学中的应用研究》（邓丹、林雨菁，2017）

> 本研究对欧洲汉语学习者进行了长达2个月的声调感知训练。通过对训练前后学习者声调感知和产出的分析，考察了声调感知训练对声调产出的影响，在训练结束2个月后还对受训者声调产出进

续表

行了追踪调查,考察了感知训练效果的保持性。实验结果表明,训练后被试对声调的感知能力得到了一定的提升,在正确率不断提高的同时,感知所用的反应时间也不断减少。感知训练不仅有利于学习者感知能力的发展,对学习者的产出能力的提高也有很大的促进作用,而且这种作用能够长期保持。
研究结果进一步说明了语音的感知和产出二者的密切关系,在语音教学中教师应该从两个方面对学生进行训练,单纯从产出方面进行的正音练习对学生语音能力的提升作用有限。而着重从感知方面开展有针对性的感知听辨练习,则对学习者的发音能力的提高作用明显。这也进一步说明了学习者对二语语音的感知先于产出,二语语音产出的准确性要受到其对语音感知准确性的制约。从训练的语料来说,因为真词的训练效果好于假词,而本研究的真词是学习者没有学过的HSK六级词汇,所以我们认为在感知训练中选择略高于学习者实际水平的真词开展训练的效果最佳,甚至可以将每课的生词作为训练内容,将词汇学习和语音训练结合起来。
感知训练方法简单易行,经过编辑后的程序可以用于学习者的自主学习,方便学习者根据自身的情况开展有针对性的练习。练习形式灵活,既可以作为课堂练习的内容,也可以用作课后的练习供学生自主训练。

2.《现代汉语惯用语的词汇化等级分析》(苏向丽,2008)

本文在前人研究的基础上,用定量和定性相结合的方法,从共时层面静态考察了惯用语的词汇化等级,指出三音节惯用语作为一个原型范畴,其内部成员有着词汇化程度的不同,偏正式比动宾式更易词汇化,这一差异除二者自身使用频率的差异外,主要由各自的句法特征和语义特征所决定。尽管三音节惯用语存在词汇化程度的差异,但这种差异不影响惯用语整体的特点和性质。词汇化等级考察的结论是:在隐喻机制下,惯用语从短语到词是一个短语特性不断弱化,词的特征不断强化的过程。
而惯用语的词汇化过程,即如何从短语的弱化到词的强化这一动态过程还需要进一步解释和研究,本文暂不涉及。

3.《习得视角下的汉语教材成语选用初探》(孔令跃、李腾,2019)

概括而言,本研究的发现表明汉语教材成语的选用可能存在着主题表达的情景依附性,因而使汉语教材中较高频成语少而中低频成语多,且与母语者成语频率不一致。但是这种情况并不意味着教材成语选用不当,或者这样选用影响了成语的习得效果。
这些发现有助于我们进一步探讨汉语教材成语选用与成语习得的关系,以及成语习得的影响因素和教学方法。
后续研究可考虑使用更多教材和更大规模的关联语料进一步考察教材成语的分布和对成语习得的影响,或者分析不同系列教材同主题下的情景设置与成语选用异同,也可考察不同频率段内成语频率的变化对情景设置和成语习得的影响。我们希望今后这方面的研究更加深入,为汉语成语教学提出更多有效可行的建议和方法。

4.《留学生汉语书面语中的口语化倾向研究》(汲传波、刘芳芳,2015)

本文从外国留学生在汉语书面语中使用口语格式这一视角进行研究,发现留学生书面语中确实存在口语化倾向。与汉语母语者相比,留学生过多使用一些汉语口语格式。这告诉我们:在汉语口语格式的教学中,除了教会留学生掌握其语法、语义、语用特点,更要教会留学生掌握其语体特点。英语教学界的观点值得我们借鉴:教师需帮助学习者识别正式的书面语与口语之间的差异,注重功能与语言实现手段之间的联系,教授如何正确使用词汇和语法特征构建符合语体要求的语篇(潘璠,2012)。
目前来看,对外汉语教学界对于语体的重视程度还远远不够。高级水平的留学生虽然也在学习精读、口语、写作等课程,但是对于语体的系统训练仍然偏少,很多留学生的语体转换能力非常薄弱。有过外国研究生论文指导经验的教师都有深切的体会,虽然有些研究生的口语表达能力已经很好,但是他们的论文语言仍然呈现口语

化的特点(当然也有语法问题),修改起来非常费时费力。因此,我们同意丁金国(1997)的看法:为了有效地提高对外汉语教学的水平,必须将"语体意识"的培育置于对外汉语教学的核心地位。	
要达到语体教学的目标,只有形而上的"语体意识"培育的指导思想还不够,因为留学生的语体习得不能没有时限,不能没有具体标准。如果没有标准和时限,汉语教学大纲、教材编写、课堂教学实践等都无据可依。目前的语体教学现状就是如此。虽然很多学者都提出要重视对外汉语语体教学,但是缺乏明确、具体的标准,使得一线对外汉语教师不知道该如何操作。因此,我们建议语体习得设一个低、中、高的标准,并区分"语体理解"与"语体表达"两个层面。对留学生来说,语体表达比语体理解要困难得多,这也理应成为语体教学中最应该关注的部分。	
要解决以上难题,目前汉语教学界迫切需要研制出能够区分汉语口语和书面语的语体成分表。英语教学界早有学者对此进行专门研究,比如Biber(1988)就对英语口语、书面语的大量语言特征进行了多维度分析,系统揭示了各类口语、书面语的语域间差异。在汉语教学界,冯胜利(2003、2006、2008)也曾就汉语书面正式语体的特征、教学、书面语体庄雅度的自动测量等进行了一系列探讨,颇有影响。虽然如此,汉语学界关于区分口语、书面语语体特征方面的研究成果仍然偏少,关于区分口语、书面语的语体成分表的研制始终没有取得重要突破,这都影响和制约着对外汉语语体教学实践。我们期待有更多的学者关注并研究这一课题。	

　　(二)阅读论文《现代汉语"起"类词的功能扩展机制及其感性教学》(古川裕,2012),给这篇文章写一个结论段。

第十二章　范文阅读与分析

(一)阅读《"全部""所有"和"一切"的语义考察》(彭小川、严丽明，2007)，完成下边的练习。

1. 填写下面的表格。

	全部	所有	一切
语义重心			
确指度			
三者互换条件			
定语位置			
主宾语位置	单独充当主宾语	全部：一切	
	充当主宾语的中心语	全部：一切	
		所有：一切	
		所有：全部	

2. 引言部分包括哪些内容？论题是什么？
3. 该文采用了什么样的比较结构？
4. 该文的理论基础是什么？
5. 结语部分论述了什么内容？
6. 找出"二 语义差别"中起过渡作用的段落。

(二) 阅读《从语法表现看副词"已经""曾经"的差异》(杨荣祥，2019)，完成下边的练习。

1. 引言部分从哪三个方面介绍了"已经"和"曾经"的已有研究？
2. 该文采用了什么样的比较结构？填写下面的表格。

	曾经	已经	语义解释
时间意义			——
与"了"共现			
与"过"共现			
与"着"共现			
与否定式共现			
与"在 VP"共现			

(三) 阅读《再论英语借词对现代汉语词法的影响》(吴东英,2001),完成下边的练习。

1. 标注摘要的内容。
2. 引言论述了哪些问题?
3. 作者如何论证古代汉语、近代汉语已有词缀现象?
4. 作者如何论证词缀化是每个语言发展的自然趋势?
5. 英语借词对现代汉语词法的影响是什么?
6. 文章中的观点你都同意吗?
7. 根据 2.2 的内容写一写"汉语中拉丁字母的使用"。

(四) 阅读《"毕竟"的词汇化和语法化》(张秀松,2015),完成下边的图表。

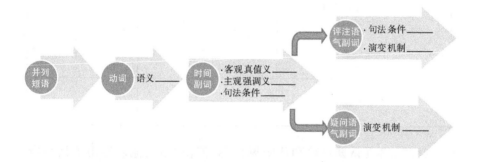

(五) 阅读《不同认知风格的汉语学习者在学习策略运用上的差异研究》(徐子亮,2007),完成下边的练习。

1. 引言部分的文献综述包括哪些内容?
2. 该文的论题是什么?
3. 填写下面的表格,说说该文采用了什么样的比较结构。

		山本	小林
学习情况	语音学习 / 课堂学习		
	语音学习 / 课外学习		
	语音学习 / 测试		
	词语学习		
策略	语音学习策略		
	词汇学习策略		
	元认知策略		
认知风格			
个性特征			

4."3.3元认知策略和认知风格"第四段"不论他们运用了何种学习策略,……对学习策略有效性的检查及调整等等"的作用是什么?

5.结语部分论述了什么内容?

6.选择两种认知风格中的一种,说说这种认知风格的优缺点,并举例(山本或小林的例子)说明它对语音学习、词汇学习以及元认知策略的影响。

(六)阅读《我们的汉语教材为什么缺乏趣味性》(刘颂浩,2005),完成下边的练习。

1. 该文的引言是哪种类型的引言?论题是什么?
2. 该文的结论部分论述了什么内容?
3. 找出第2部分有连接作用的段落。
4. 29页3.1下第一个段落的主题句是什么?
5. 29页3.1下第二、三个段落为了论证什么观点?
6. 文章提到了教材缺乏趣味性的4个原因,这4个原因的顺序可以改变吗?
7. 文章提到了教材缺乏趣味性的4个原因,这4个原因作者都认同吗?
8. 作者如何论证教材编写者对教材的趣味性有足够的重视?

(七)阅读《来华留学生汉语学习动机减退的影响因素研究》(俞玮奇,2013),完成下边的练习。

1. 标注摘要的内容。
2. 引言论述了哪些问题?
3. 文章使用了哪些数据统计方法?每种方法用于分析什么问题?
4. 该文的结论部分论述了什么内容?

各章练习参考答案

第一章 绪论

(一)

1.世界上万事万物极其繁多,人们认识世界,给事物命名,不可能一个一个地给予名称,而只能是一类一类地给予名称。这种"类"怎么分?比如上面所举的例子,一本装订好的供人阅读的单行本,一个装订好的供人阅读的连续出版物,一个装订好的供人书写的本册,究竟是分为几类?这不是这些东西自己分好的,而是人们加以分类的,而且,使用不同语言的人分类会有所不同。说汉语的把它们分为三类:书,杂志,本子。说英语的人把它们分为两类:book,magazine。说日语的也分为两类,但和英语的分类不同:本,ノート。分类的不同,就形成了词义的不同。

2."易混淆词"与"同义词""近义词"之间有交叉关系,而非包含关系或并列关系,因为它们是研究者站在不同的立场、以不同视角和不同标准归纳出来的词语类聚。具体而言,"同义词""近义词"是站在语言本体的立场、着眼于词语的意义并根据其相同相近的程度归纳出来的词语类聚,"易混淆词"则是站在中介语的立场、着眼于目的语理解和使用中的词语混淆现象并根据混淆的普遍程度归纳出来的词语类聚。这两类词语之间互有交叉重合。有些同义/近义词是第二语言学习者容易混淆的词,有些则可能不存在混淆的问题,比如"受伤:挂彩""熟悉:熟稔"这类使用频率差异较大的"同义/近义"词对,学习者在阅读和表达中一般不会遇到或用到那个低频词,因而也就不可能发生混淆;反之,有些易混淆词是同义/近义词,有些则可能不是,如前举"从:离""乘(坐):用"等就不是近义词。以往对这两类词语类聚之间的交叉关系认识不足,往往将其处理为或视为包含关系。在近义词的框架下进行易混淆词辨析的做法,等于用近义词包含易混淆词;相反,认为易混淆词的范围大于同义/近义词,又等于将同义/近义词纳于易混淆词的范围之内。

3. 语言符号是一个分层装置,是一个系统,那么这个系统究竟是如何运转的呢?也就是说语言符号的工作原理是什么呢?有那么多的符号,有那么多层次,但是语言的工作原理很简单,就是组合和替换。每一个符号都不是孤立存在的,它都处于既能和别的符号组合又能被别的符号替换的关系中。拿汉语来说,汉语中的词这一级符号,例如"我""买""苹果"可以组合成一个更大的语言单位"我买苹果",其中的任何一个符号都可以参与组合,与此同时,任何一个符号也都可以被别的符号替换:

我—买—苹果	我—买—苹果	我—买—苹果
我—买—橘子	我—吃—苹果	他—买—苹果
我—买—菠萝	我—画—苹果	你—买—苹果
……	……	……

"我"可以被"他""你"等替换,"买"可以被"吃""画"等替换,"苹果"可以被"橘子""菠萝"等替换。横着看,符号与符号之间具有组合关系;竖着看,符号与符号之间具有替换关系。语言符号通过组合构成语符串,形成一个一个的表达单位,当然这个组合是按照一定的规则进行的;语言符号通过替换使语符串中的任何一个链条都可以换下来重新组装成一个新的语符串,当然替换也是按照一定的规则进行的。语言符号的这种既可以组装又可以拆换的工作原理就叫作语言的组合和聚合。每个语言符号都会因为自己能不能跟别的符号组合、能跟什么样的符号组合而具有自己的分布特征,或者叫作组合能力;每一个语言符号也都会因为自己跟别的一些符号具有相同的组合能力而自然聚合成一个整体。可以组合的符号彼此具有组合关系,同属一个聚合体的符号彼此具有聚合关系。语言符号有了这样一个特点,有限的规

则就可以控制无限多的组装和拆换,有限的符号就可以生成无限多的表达单位。这样,有限的音位就可以生成数量更多的音节,有限的语素就可以生成数量多得多的词,有限的词就可以生成无限多的句子。一种语言中的音位通常只有几十个,而音节会增加到几百个;一种语言中的语素通常只有几千个,而词通常会有几万个,句子则是无限多的。只有这样,语言才能用有限的材料表达无穷多的意思。

(二)略。

第二章　阅读文献

(一)

```
阅读标题
   ↓
阅读摘要
  ↙  ↘
阅读结论  浏览图表
  ↘  ↙
阅读引言、主体
  ↙  ↘
查找要点  查找所需信息
  ↘  ↙
详细阅读
```

(二)

远镜头:2.2

中镜头:3.1

特写镜头:3.2、3.3

第 4 章与研究问题关系不太密切,相关内容可用于研究结果的分析、论证观点等。

(三)

研究问题:"产出导向法"的教学效果如何?该教学法对学生参与度、获得感与产品质量有何影响?

收集数据的程序和测量工具:课堂录像、个别访谈、焦点访谈、50 篇作文。

研究对象:三个平行班。

数据分析:对访谈结果进行编码,考察参与度和获得感。统计作文的总字数、句长、目标语言的使用频次和正确率等,考察产品质量。

研究结果:

(1)参与度:产出实践增多,学习主动性增强与注意力集中。

(2)获得感:篇章结构意识增强,知识储备增加。

(3)产品质量:进一步考察学生对 POA 教学的积极感受是否在作文质量上有所体现,研究发现,POA 班的篇章组织能力与 TLI 使用频次、正确率均显著高于对照班。

(四)

提出该研究课题的理由:对外汉语课堂教学是否应使用媒介语,学者们存在分歧。

研究问题:将英语作为媒介语对母语背景不同的汉语学习者进行教学,对二语学习产生促进还是阻碍作用。

研究对象:46 人,分成两组,即媒介语组和无媒介语组。

收集数据的程序和测量工具:五次汉语测试。

数据分析:比较两组被试五次测试成绩的差异。

主要发现:

(1)媒介语组的成绩好于无媒介语组。

(2)对结果(1)的解释:认知负荷对学习者汉语学习的影响、情感因素对学习者汉语学习的影响。

(3)对外汉语课堂媒介语的使用原则。

第三章 段落(上)——概说

(一)

1.

(1)要使现代汉语书面语有更丰富的表达力,要注意学习古文的意境和表达。

(2)A.古文意在言外,含义深远。B.古文开头简练,用字讲究。

(3)A.写景:苏轼的文章;写人:《史记》、方苞的文章。

B.欧阳修《醉翁亭记》、范仲淹《严先生祠堂记》。

2.基于原型的范畴化可以这样表述:一个类当中有一个最典型的成员,它就是这个类的原型。该类中的其他成员根据它们与原型的相似程度跟原型具有相应的对应关系,这种相似程度是有层次的,有的成员与原型相似性多一些,有的成员与原型相似性少一些。[比如"鸟"是一个范畴化了的概念,在这个范畴里有一些成员是典型成员,比如麻雀、画眉、喜鹊等,鸡、鸭、鹅等成员典型性就要差一些,而企鹅和鸵鸟就更不典型了。我们说麻雀类成员是"鸟"这个范畴的原型,鸡类成员是原型的外围成员,企鹅等成员则是范畴的边缘成员。]

范畴化的理论在语言学中的应用可以解释很多现象。[举例来说,现代汉语的介词"由"可以标引不同的语义角色:位移的起点、发展变化的源头、位移的路径、位移的经过点、判断的依据、致使结果事件的使因或者缘由、活动时间的责任承担者或者发端者。这些语义角色以源头(起点)为原型。此外,还有一些语义角色则属于另外的范畴。]

3.

(1)易混淆词存在于使用和理解两个层面。

(2)理解层面的易混淆词更需要关注,因为:A.理解层面的易混淆词是隐性的,不易发现;B.理解层面的易混淆词比使用层面的易混淆词数量更多;C.误解会导致误用,但误用不一定导致误解。

(二) C K F H M E I A G J L D B

从语言方面讲,我们今天的现代汉语书面语中有不少文言成分。孙德金(2013)对此作了很好的论述:"现代汉语书面语是在近代白话的基础上,融合了文言、方言及其他语言(主要是以英语为主的西方语言)的成分,经过百年多发展而成的","在其形成与发展过程中,文言语法成分起了十分重要的作用,是现代汉语书面语正式、典雅语体风格的主要决定因素"。这些文言成分不是外加的,不是因为仿古、转文而使用的,而是现代汉语的书面表达(特别是比较典雅、庄重的书面表达)所必需的。比如,"之""其""以""所"是四个很常用的文言虚词,今天在一般情况下,会用现代汉语的虚词代替,"之"换成"他/它","其"换成"他的","以"换成"用","所"换成"……的"。但是,在某种情况下,仍然要用这些文言虚词,如"高山之巅""自圆其说""以少胜多""集体所有"。而且,即使在口语中,有的还是不可替代的,如"三分之一","之"不能换成"的";"以大局为重","以"不能换成"拿"。语法格式是如此,词汇更是如此。很多文言词在现代汉语中不单用了,但作为语素还很活跃,如"奥"可以构成"奥秘""奥妙""奥义""深奥"等。有的词在历史上早已被替换,如"舟"已被"船"替换,但在现代汉语中,有时还必须用旧词,如"扁舟""诺亚方舟""神舟七号"。在成语中保留文言词语更多,如"唯利是图""空空如也""披荆斩棘""有的放矢""罄竹难书""破釜沉舟"等等,这些都要有一定的文言知识和历史知识才能正确理解。实际上,很多文言成分积淀在今天的日常语言中,成为现代汉语有机的组成部分。所以,可以说,要很好地掌握现代汉语,就必须懂文言文。①

(三)

新词语的产生方式主要有自我创造、改造以及由外输入等方式。

---

① 单下划线是主题句,波浪线是论证句,双下划线是结尾句。

(四)

1.

偏正结构是汉语学习者接触最多的、最熟悉的结构类型。	主题句
根据许敏(2003)的统计,《大纲》中的偏正结构所占比例最高,约43.24%。学习者在学习过程中接触到的偏正结构是最多的,他们对偏正结构也最为熟悉。	论证句 数据
徐晓羽(2004)的实验研究证明了学习者的偏正结构意识强于联合结构意识。	论证句 引用
邢红兵(2003)对留学生新造的偏误词的统计也说明,各级留学生的偏误词中偏正结构最多,其次是联合结构。	论证句 引用
学习者还因熟悉该结构而将该结构过度泛化,生成本来不应该是偏正结构的偏正结构偏误词,如"兵人"等(邢红兵,2003;徐晓羽,2004)。	论证句 引用
本次测试中也有学习者把一些词语按照偏正结构的格式来解释,例如"险峻"就是"危险的峻";"轻便"就是"轻轻的便"。	论证句 举例

2.

第二次世界大战期间,美国需要大量的能说外语的士兵。	主题句
从1942年开始美国政府和55所美国大学签订合同,建立语言教学项目,对士兵进行外语培训。这就是著名的"军队专用训练项目"(Army Specialized Training Program, ASTP),其教学法又称"军队法"。前后参加训练的士兵大约有15000名,涉及的语言有27种,大多数是亚洲特别是东南亚国家的语言。(Howatt,1984)……	论证句 引用 数据
ASTP的对象是军人,又有迫切的现实需要,因此教学中采用强化、沉浸的方式,一般每周学习6天,每天10个小时。	论证句 数据

3.

语言学能和人类的一般能力有一定的重叠。	主题句
卡罗尔等人1959年的研究中,语言学能和不同的智力测验存在着中等程度(0.34—0.52)的相关,这一结论在后续的研究中基本上得到了证实(Dörnyei,2005)。	论证句 引用 数据
但语言学能具有相对独立性,和智力不完全等同。	主题句
很多语言学习上的天才在智力方面并非同样出众,甚至远远低于平均水平。史密斯等人1995年用240页的篇幅记录了一位出生于1962年的男子。该男子在出生后6个星期即被确认为大脑损伤患者,后来被送进精神病院。他不能照顾自己,常常迷路,手眼协调极其困难,刮胡子、系纽扣之类的事做起来困难重重。但是他却能用15到20种语言进行读写活动和口头交流,而且学习语言的速度奇快。	论证句 举例

(五)

心理语言学的研究也表明语块是确实存在的语言单位。人们是更擅长记忆(从记忆中提取现成的预制语块)还是更擅长计算(根据语法规则生成自由组合)？对于这一问题,Aitchison认为:"<u>人们一开始从记忆中提取习用的东西,如果行不通,再转向计算。</u>"[1]L1习得研究发现,儿童在某一阶段在某些可以预测到的社会场景中使用大量未经分析的语块。一个母语为汉语的儿童(3岁2个月)在幼儿园体能测试时听到了"预备起步跑"这样一个词语串,其中的"跑"是他能理解的词语,而"预备起步"对他来说是新的语言结构,但根据语境他知道这个词语串用于开始做某件事以前。由于他不知道"预备""起步"的意思,因此他把"预备起步"当作一个整体储存、使用,在他要求母亲给他讲故事时说"预备起步讲"。[2]L2习得研究也发现了类似的现象。Wong-Fillmore用了1年的时间收集学习英语的西班牙儿童的自然语言材料,发现在他们的语言中预制语块占了主要的部分。[3]另外,很多失语症患者其他语言能力都丧失了,但是却保留了某些语块。

结尾句:略。

(六)

该段落是要给语素下定义,但是段落中"汉语语素的基本形式为单音节语素,有些双音节语素来自古汉语的联绵词,有些多音节语素是音译外来词"这一句说的是语素的来源,跟说明语素是什么关系不大,删掉这一句段落的一致性更强。

第四章 段落(中)——定义性段落、分类性段落

(一)

1. 否定式　　2. 列举特征　　3. 作比较
4. 作比较　　5. 举例子　　　6. 追踪溯源

(二) 略。

(三)

类别	结构隐喻	方位隐喻	实体隐喻
例子	时间就是金钱	情绪高、情绪低	孩子们在书本中汲取知识

(四)

	归纳推理	演绎推理	溯因推理
定义	根据观察到的实例和结果建立规律	将规律运用于实例以预测结果	根据观察到的结果,调用规律,从而推测出可能的实例
例子	结果:苏格拉底终有一死 实例:苏格拉底是人 → 规律:人终有一死	规律:人终有一死 实例:苏格拉底是人 → 结果:苏格拉底终有一死	规律:人终有一死 结果:苏格拉底终有一死 → 实例:苏格拉底是人
你的例子	略	略	略

(五)

用变类型	例词	原义	新义/新形	用变动因
借形赋义	七月流火	大火星到了夏历七月，继续向西下垂，表示天气要凉了	公历七月烈日炎炎、热浪滚滚的景象	填补由于交际需要而造成的词语空位的结果
借形衍义	豆蔻年华	女子十三四岁的年纪	青少年女子、已婚少妇甚至少男或青年男子	由于交际需要而造成的词义由核心向外逐层扩散的结果
因义化形	明日黄花	比喻已失去新闻价值的报道、已失去应时作用的事物，后又进一步比喻已不再辉煌的人物等	昨日黄花	由于交际需要而在现实语义系统中调节形义关系的结果

(六)

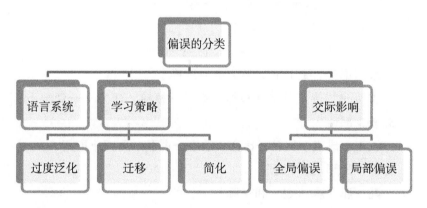

(七)

1.词语类

(1)人称代词或名词

(2)指示词或指量名组合

(3)副词、助动词、介宾短语

(4)(代词＋)动词语

2.跨结构类

(1)代词＋副词

(2)你这(＋是)

(3)代词＋时间词

(4)代词＋助动词/介词/介宾

(5)其他

3.非结构类

4.由语气词构成的类

(1)(句主干＋话尾巴)＋语气词

(2)(句主干＋(语气词$_1$))＋(话尾巴＋语气词$_2$)

(3)((句主干＋了$_1$)＋(话尾巴))＋了$_2$

(八)

1.部件改换

　　形近改换：冰→冫水　屋→屋　竟→意　睛→晴

　　　　　　　篮球→蓝球　趣→䞬

　类化改换：受上下文影响

　　环境→坏境　惊讶→谅讶　傍晚→膀晚

2.增加部件：受上下文影响增加意符

　　支持→technical　及格→极格　桌椅→椫椅　胡萝卜→葫萝卜

3.减少部件

　　城市→成市　比较→比交　故事→古事　星期→星其

4.部件变形/镜像变形

　　期→腜　欢→奴　和→咊

(九)

一、"发达"和"先进"双向误用

　　1.1 当用"发达"，误用为"先进"

　　1.2 当用"先进"，误用为"发达"

二、"发达"和"发展"双向误用

2.1 当用"发展",误用为"发达"

2.2 当用"发达",误用为"发展"

三、"发达"和"发育"单向误用,当用"发育",误用为"发达"

(十)

1. 关联词错序

(1)别人都到了,却主席没来。

(2)不但我去过那儿,而且还去过三次。

(10)我不但去过那儿,他也去过。

(12)只有王老师同意,才我能去。

2. 遗漏关联词

(3)不管他是谁,不应该骂人。

(4)除非临时有事,他一定会按时来的。

(7)你要是不愿意去,我不给你买火车票了。

(9)她虽然很胖,身体不太好。

(13)只有在最需要的时候,你可以用这笔钱。

3. 关联词搭配偏误

(5)即使下雨,可是不会太大。

(6)既然天气不好,所以不去爬山了。

(8)如果你早来一会儿,又能看到他了。

(11)无论做什么,还要有毅力。

第五章 段落(下)——过程性段落、比较性段落

(一)

1.指令性 2.指令性 3.陈述性 4.指令性 5.陈述性
6.指令性 7.陈述性 8.陈述性 9.指令性 10.陈述性

(二)

1.陈述性。

有标记过程作用的词语:后来。

2.指令性。

有标记过程作用的词语:先……再……。

(三)

事件结构 ➡ 概念结构 ➡ 论元结构 ➡ 句法结构

(四)

该段落描述了"马上"从方位短语虚化为时间副词的过程,但在汉代和明代中间加入了"马上"虚化的动因,打断了形成过程的叙述。一般都是先描述过程,然后解释过程的形成动因,因此建议把动因放到这个段落的最后,即"'马上'的形成过程:汉代……,明代……,清代……。'马上'虚化的动因……"。

(五)略。

(六)

1. 主题句:年龄对语言学习有诸多限制。

   话题:语言学习

   比较目的:证明年龄对语言学习的限制。

   比较点:青春期之前和青春期之后的语言学习。

2. 主题句:关键期假说就不会出现例外现象。

   话题:内隐学习和外显学习

   比较目的:论证关键期假说没有例外。

   比较点:成人和儿童的学习机制。

3. 主题句:正是这些语义特征,有可能潜在地制约着词语的组合关系。

   话题:"口"和"嘴"

   比较目的:论证语义特征制约词语的组合关系。

   比较点:(1)本源义;(2)组合关系。

(七)

1. 直接比较 A、B 双方:山本……。小林……。
2. 直接比较 A、B 双方:女人……。Woman……。
3.

(1)相同点

(2)不同点

比较点①句法功能上,A……,B……。

比较点②语义上,A……,B……。

比较点③数量上,A……,B……。

(八)

1.该段落采用的是直接比较 A、B 双方的比较结构,但是 A、B 各说各的,没有说清二者的区别是什么。

2.该段落采用的是直接比较 A、B 双方的比较结构,说了"象"是什么,"像"是什么,但是二者的区别是什么需要读者自己从段落中概括。建议采用以下的比较结构:

相同点:字形相近,读音相同。

不同点:

(1)词性不同,"象"不能作副词。

(2)词性相同,但意义不同:

①名词"象"表示……,"像"表示……。

②动词"象"表示……,"像"表示……。

(九)

		缩略	并合
共同点		对较长的语言成分做截短处理,由保留下来的部分承载原形式的意义	
不同点	截短驱动	表达上的简洁经济	为构词造句提供符合节律需求的新的语言成分
	形式	多>双/三	双>单
不同点	语义	缩略成分离开特定的缩略词语往往不能表示该意义	并合成分表示原形式的意义
	使用	缩略词语都有与其对应且可自由替换的完全形式	并合语素构成的复合词大多没有与其对应的完全形式

段落:略。

(十)略。

第六章 题目、摘要、关键词

(一)

1. 研究方法＋研究内容
2. 研究对象＋研究内容
3. 研究对象＋研究内容
4. 研究对象＋研究内容＋研究方法
5. 研究内容

(二)

1. 这个题目实为北京大学对外汉语教育学院博士生马乃强的博士论文题目。若作为硕士论文题目有些大，可以从研究对象或研究内容上进行限定，比如将学习者的汉语水平限制在高级水平，或者将成语限制在某一类成语。

2. 这个题目合适。

3. 这个题目有些大。语体特征的范围较广，可以选择词汇或者语法方面的特征进行研究。

4. 这个题目很大，应该对研究对象加以限定，比如可以将研究对象限定为母语为英语的初级水平学习者某一阶段的习得情况。

5. 这个题目比较大，美国中文教学项目很多，可以具体到某一个教学项目的发展现状进行调查研究。

6. 这个题目大小合适。

7. 这个题目不够明确。教师前面应该加一个定语，说明是什么样的教师。

8. 这个题目的研究范围有些小，两套教材的含量比较少，可以将主标题的研究范围扩大，加副标题补充说明教材的类型。

9. 这个题目的研究价值令人怀疑，不知道俗语注释会有什么样的问题，如果注释不得当影响会有多大，建议在发现问题、弄清研究意义之后再做研究。

10. 这个题目读起来好像没有结束，可以加上"分析"或者"调查"

等词。

（三）

(1) 第一章小标题1.1.1－1.1.3表达不够学术、不够准确。可以改为：

1.1.1 成语本身学习难度较大

1.1.2 汉泰成语对比研究存在不足

1.1.3 面向泰国学生的相关研究缺乏针对性

(2) 第二章的二级标题设计得比较合理。如果有三级标题就更好了，这样可以和其他章节的层次对应起来。

(3) 3.1节的下级标题内容较多，过于琐碎，并且读起来有些拗口，可以合并为四个小标题。如：

3.1.1 字面相同或相似且实际意义相同

3.1.2 字面相同或相似但实际意义不同或有交叉

3.1.3 字面不同但实际意义相同

3.1.4 字面不同且实际意义不同或有交叉

此外，这一章出现了"本章小结"，应该在主体章节都出现"本章小结"。

(4) 4.1与4.2的标题表意不完整。4.1.2与4.2.2与第四章的大标题不应该一样。可以改为：

4.1 在泰语里有对应的汉语动物成语的教学

    4.1.1 相关访谈及调查研究

    4.1.2 教学方法与教学步骤

4.2 在泰语里无对应的汉语动物成语的教学

    4.2.1 相关访谈及调查研究

    4.2.2 教学方法与教学步骤

(5) 小标题5.2表意不完整，不知道是对什么的建议。改为：5.2 余论。在"余论"里可以谈本研究的不足以及未来研究的方向。而未来研究的方向就是对该课题提出一些研究建议。

(四)

1.《副词"稍微""多少"与量范畴的表达》

2.《韩国学习者对汉语舌冠塞擦音和擦音的产出与感知研究》

3.《汉字教学根字口诀法的扩展教学问题》

4.《词汇化与话语标记的形成》

5.《拼音文字背景的外国学生汉字书写错误研究》

6.《论"把"字句运用中的回避现象及"把"字句的难点》

7.《学习者输出的 V+$N_{宾}$ 的可接受程度及相关因素研究》

8.《有限组合选择限制的方向性和制约因素——兼论外向型搭配词典的体例设计》

(五)

1."写作教学"与"写作课"重复了,只选一个就可以了。如果"问卷调查"是比较突出的方法,那么可以把它提取为关键词,但是这篇文章还运用了其他方法,可以根据论文内容再提取"跟踪分析"作为关键词。

2."副词"或"程度副词"保留一个。"的(地)"这个关键词有些喧宾夺主,可以去掉。"考察"这个词表意不明,可以删去。

3.可以把"留学生"与"奖学金""公费"合并为"公费留学生"或者"奖学金留学生"。"定位""定性"这样的关键词都比较概括,可以增加一个文章中出现的意义比较具体的高频词:"特殊教育"。此外,可以加一个上位词:"汉语国际教育"。

4.这些关键词考虑得比较全面,能够反映文章的主要内容,也考虑了读者可能要搜索的内容。

5."祈使句"作为关键词不太好,因为文章谈到的是祈使功能,应改为"祈使功能"。另外,文章主要谈的是一般疑问句的功能,应该将"一般疑问句"也列入关键词。

(六)

1.词汇量;测试;词汇学习

2.语义演变;建议副词;构式

3.反义属性词;反义类推;对外汉语词汇教学

4.副词;习得;优先序列

(七)略。

(八)

1.摘要结构不完整,缺少研究背景和研究结果。

2.摘要只有研究背景和研究问题,没有研究方法、研究结果。

3.摘要由研究背景和研究问题两部分构成,没有介绍研究方法,也没有说明研究结果。此摘要更像是一个引言。

4.摘要中出现的研究问题太多,而没有呈现研究结果。

5.论文要研究的是习得情况,但摘要的重点放在了"有"的义项梳理和语义网络上。对照76—77页的摘要可以看到,上述摘要没有展示研究结果,即未展示汉语母语者六个义项的分布情况,未描述日本留学生六个义项的使用情况,也未展示日本留学生使用"有"的偏误情况。上述摘要也没有研究结论。

(九)

(1)

一 问题的提出

论题:对跨词类的"起"类词利用词典的解释进行共时的描写,然后对这个"起"字的跨词类现象进行感性教学法的解释。

二 现有词典对"起"字的语义分析

三 动词性"起"字的核心意义及其扩展机制

3.1 "起"的核心义为"由下向上"

3.2 "起"和"上"的区别

3.3 由空间义"由下向上"引申为抽象的"由无变有"

3.4 "由下向上"进一步虚化为介词"起"

3.5 虚化为量词"起":无意中偶然发生或引起的事件

3.6 "起子"

3.7 "起"作补语:由下向上、开始(由无变有)、从分散到集中

3.8 副词"一起"是由"起"的集中义引申而来的

(2)略。

(十)略。

第七章 论文结构

(一)

1.略。

2.

效度	影响因素		提高效度的方法
内部效度	研究对象	研究对象之间的差异	随机分组、配对
		研究对象的数量	保证研究对象的数量
		时间对研究对象的影响	——
内部效度	研究者		观察信度在85%以上
	研究环境和过程		除了自变量以外,需要保持研究环境中其他条件不变;避免时间因素的影响;避免测量工具的"练习效应"
外部效度	研究对象		样本需要有一定的数量,样本需要有代表性
	对自变量的定义		定义清晰
	任务差异		比较两个研究或把某研究的结果推及其他情况,需要保证两个研究所涉及的任务必须相同
	研究对象的反应		隐藏研究目的;告诉被试研究目的,希望他们配合;参与性观察、间接手段

(二)

1.

在课堂上对近义词差异进行显性辨析教学是否有必要?如有必

要，应采取哪种辨析方式更为有效？这些问题对近义词教学具有重要意义。因此，本文拟通过一项实证研究对此进行探讨，希望通过对比不同的近义词教学处理方式的效果，寻找到相对高效的近义词教学模式。

2.
- 近义词教学研究
  ➤ 近义词辨析的原则、角度和方法
  ➤ 对留学生中介语中出现的近义词偏误进行分析，探求偏误产生的原因
- 近义词教学方法
  ➤ 显性教学
  ➤ 隐性教学
- 显性教学方式
  ➤ 接受式教学
  ➤ 发现式教学

3.
显性教学、接受式教学、发现式教学

4.
研究内容：近义词显性辨析是否有助于促进汉语二语学习者对近义词的习得？接受式近义词辨析模式和发现式近义词辨析模式哪种更有效？

研究对象：63名中级水平汉语学习者

实验处理：

前测：测量学生对近义词差异的掌握程度。

教学处理：实验组一，接受式教学；实验组二，发现式教学；对照组，对近义词的差异没有显性教学。

后测、后续测：考察不同教学方式对近义词差异习得的影响。

分析工具：用SPSS统计分析三次测试的正确率。

5.

结论一:显性辨析有利于学习者习得近义词的差异。

论据:未接受显性教学的对照组前测、后测和后续测正确率分别为57.94%、56.75%、60.18%,成绩并无显著提高。

结论二:发现式教学更有利于习得近义词的差异。

论据:采用发现式教学的实验组二在后测、后续测中的答题正确率均高于采用接受式教学的实验组一。

结论三:教学处理似乎并未改变学习者对近义词内部各类差异的习得顺序。

论据:无论采取哪一种教学处理方式,在前测、后测和后续测中,句法差异题成绩好于语义差异题的总体趋势没有变化。

(三)

1.

教师实践性知识。定义的方法:说明特征,追踪历史。

2.

- 教师实践性知识的定义
- 英语教师实践性知识研究
- 汉语教师实践性知识研究

3.

研究对象:4名对外汉语教师,其中2名新手教师,2名熟手教师。

收集数据的方法:对教师的课堂教学进行录像,然后以教师本人的教学录像为刺激物,请教师观看录像并报告其教学活动过程中的想法,研究者对教师的回忆报告进行录音、转写和分析,从教师所报告的教学思想中归纳出教师的实践性知识。

分析方法:参照 Gatbonton(2000)和 Mullock(2006)的方法和框架,归纳出23类教学思想。统计每位教师报告的各类教学思想的频次。

4.

- 7类教学思想占主导地位

➢ 不管是英语教师还是汉语教师，不论学习者的语言水平、课程类型、课程重点、教师的经验以及环境背景，大部分语言教师在课堂上广泛使用 7 类教学思想。

➢ "语言处理"类教学思想频次最高。

➢ "关于学生的知识"频次次高。

・新手教师和熟手教师教学思想的差异

➢ 新手教师报告的"语言处理""自我批评"和"是否为计划好的行动"这 3 类思想多于熟手教师。

➢ 熟手教师报告的"观念""关于学生的知识""过去的经验"这 3 类思想明显高于新手教师。

（四）

1.

・研究方法

・不同母语背景学习者的语音偏误

・对学习者典型偏误的综合性、系统性分析

2.

研究对象：25 种母语背景学习者

收集数据的方法：一线汉语教师课堂采集、已发表成果

分析方法：梳理总结典型偏误形成偏误条目

3.

声、韵、调的偏误率：声调的偏误率远远高于声母和韵母。

最容易发生偏误的语音/特征：(1) 舌尖后音 r；(2) 舌尖后音 zh, ch, sh；(3) 舌尖元音 -i；(4) 复韵母；(5) 鼻音韵尾 -n/-ng（指对前鼻音与后鼻音的区分出现偏误）。

最不容易发生偏误的语音/特征：鼻音 m, n。

声调偏误频率从高到低：第三声＞第一声＞第二声（＞轻声）＞第四声。

元音偏误趋势：元音高化、前化。

- 声调偏误趋势
➤ 在调域上,偏误声调总体趋向于不高不低的中调域。
➤ 在调型上,偏误声调的曲拱程度趋向于降低。
- 判定学习者母语背景的两类偏误
➤ 特有型偏误
➤ 组合偏误特征

(五)

1.

(1)国外学习策略研究

(2)汉语作为第二语言的学习策略研究

(3)听觉和视觉输入研究

2.问卷

(1)问卷内容:学习观念、管理策略、学习策略

(2)问卷形式:李克特五级量表

(3)调查对象:初、中、高级留学生

(4)分析数据方法:因子分析法中的主成分分析法和最大方差旋转法,并对公因子命名。各部分的公因子:

学习观念:能力观、操练观、技巧观

管理策略:元认知监控、选材

学习策略:关注、交流求助、精泛输入、处理障碍、母语

3.问卷调查结果

(1)三个方面 10 个公因子均存在显著差异。

(2)

A.视觉输入组各因子的得分均高于听觉输入组,说明留学生对于听觉输入学习的认识严重不足。

B.管理策略方面,听觉输入学习中学习者更常使用的是元认知监控策略,而视觉输入学习中学习者更常使用选材策略。

C.处理障碍策略方面,视觉输入高频使用该策略,而听觉输入该策略排末位。

(3) 策略使用率随语言水平的提高呈上升趋势。

	初级	中级	高级
听觉输入	1. 母语 2. 处理障碍 3. 关注	1. 母语 2. 精泛输入 3. 关注	1. 处理障碍 2. 精泛输入 3. 交流求助
视觉输入	1. 母语 2. 交流求助 3. 精泛输入	1. 母语 2. 交流求助 3. 处理障碍	1. 处理障碍 2. 交流求助 3. 精泛输入

(六)

一 引言

论题：本文从音节、韵律、语义以及词语选用等角度研究世界 500 强中国投资企业中文名称的命名方式及其对中国企业名称命名方式的偏离，并从公司品牌营销策略的视角分析偏离的原因和偏离的传播效果。

二 理论回顾（重新概括该部分内容：文献综述或企业名称的构成、特点和命名原则）

1. 企业名称的构成

2. 企业名称的特点

3. 企业名称命名规则一：音节简短

4. 企业名称命名规则二：符合汉语韵律节拍特点

5. 企业名称命名规则三：具有寓意性

6. 企业名称命名规则四：较多使用地名和人名

三 研究方法

四 实证调查

1. 500 强在华企业中文名称音节数量方面的特点

2. 500 强在华企业中文名称韵律节拍方面的特点

3. 500 强在华企业中文名称语义方面的特点

4. 500 强在华企业中文名称词语选用方面的特点

五 原因分析（重新概括该部分内容：偏离命名规则和传播效果的

弥补）

    1.500强在华企业中文名称偏离命名规则

    2.如何弥补偏离命名规则所带来的传播效果问题

    a.音节过长传播效果的弥补

    b.节拍问题传播效果的弥补

    c.寓意问题传播效果的弥补

    3.词语选用的传播效果

  六   结论

(七)

"三、语体差异"下只有一项,因此最好取消3.1这个二级标题。

(八)略。

第八章　引言

(一)

1.引言

2.摘要

(二)

1.漏斗型

2.有趣的故事

3.靶子型

(三)

引言的类型:吸引人注意的数据和事实

代词在对外汉语教学中并没有被当作教学重点或难点,特别是基本的人称代词和指示代词,如"我、你、他、这、那"等,一般认为,它们在学生的母语中基本上都存在,表达的词汇意义也大体相同,因此不成什么问题。诚然,上述这些代词在其他语言中都有基本的对应词,从词汇角度来看,的确比较容易理解;从单句的层面看,学生也很少出错,但是当我们突破句子的范畴,仔细分析学生成段、成篇的语言材料,就会发现有许多"别扭"的地方正是出在代词上。请看下面一个语段:	研究背景

续表

（1）a.我现在在中国，b.所以我非常遗憾不能看见你们孩子的脸，c.我可以想象孩子一定非常可爱。d.我回国的时候，e.我一定到你的家里去看孩子。 　　单独看该语段的每个小句，无论在语法上还是语义上都无可挑剔，但是整个语段显得很零散，上下文不够连贯，更像是一个个句子硬串在一起的。究其原因显然是过多地使用了代词"我"。	吸引人注意的例子
我们对30篇学生作文进行了分析，发现没有一篇不存在代词方面的问题，有的甚至50％以上的代词都使用不当。这些问题主要不是在句子层面，而是在篇章层面。廖秋忠先生指出："代词属于篇章现象"，这句话道出了代词的实质，篇章语言学的研究表明，代词的基本功能乃是篇章连接功能，"在句际连接手段中，代词用得最多、最广泛"。	吸引人注意的数据 文献综述
代词既然属于篇章现象，在篇章中起着不可忽视的作用，而学生的代词问题又多表现在篇章层面，因此我们有理由也应该将代词放到篇章中去考察，在篇章中分析学生运用代词的问题。 　　本文首先从篇章的角度对学生作文和代词填空测试中反映出来的代词偏误进行统计和分类，然后应用代词研究，特别是篇章研究的成果，并结合我们自己考察的一些结论，对这些偏误加以说明和解释，从而总结出代词在篇章中的一些使用原则。	论题

（四）

E、F、B、D、C、A

这是一个漏斗型引言。论题为A句。

该文主体分成三个部分：1.动量副词的类别；2.动量副词的特征；3.动量副词的选择性。

（五）

1.这是一个漏斗型引言，但漏斗的口子开得太大："汉语热"、孔子学院、汉语国际教育硕士培养。

2.这一引言介绍了前人的研究成果，但是没有说明进一步研究的理由,即未论证自己研究的必要性。

3.引言主要介绍前人已有的研究,一般不出现自己的研究结果。该引言中提到的"'反而'有4种语义背景,我们发现其中3种情况和'相反'可以互换"是作者研究的结论,不适合在引言中出现。

4.(1)该引言缺少论题,即没有说明作者打算用什么方法研究什么问题。

(2)选题背景部分介绍了新词的不断产生,但未充分论证研究中韩新词对比的必要性。

(3)文献综述不完整,关于汉语新词的研究非常丰富,该引言只提到了 Yu Youngsik(2013)这一项研究,另外两项研究都是关于新词教学的研究。此外,上述引言关于韩语新词的研究也只介绍了 Yu Youngsik(2013)这一项研究。

第九章 文献综述

(一) 2.4

(二) 1.4

(三)

2.3是按照研究设计的顺序综述文献的。2.2是按照变量的顺序综述文献的。

(四)

○ 引言
　"V来V去"的意义
　"V来V去"的句法功能和语用特点
　与"V来V去"相关的格式
一　"V来V去"的意义
二　"V来V去"的句法功能
三　"V来V去"的语用特点
四　与"V来V去"相关的格式
五　结语

3. 该文是按照研究结果组织文献综述的。

（五）

目前，是否应在二语教学中使用媒介语尚无定论，但有一些问题值得我们关注。首先，通过对相关文献的回顾，我们发现对学习者的态度调查得较多，而对实际教学效果进行检验的研究较少。并且媒介语对教学的影响很难通过一次课或一次测验而得出，因此需要长期的跟踪调查。但目前的研究中，尚未发现相关成果。	研究内容的不足
其次，前人研究多关注学习者母语背景一致条件下媒介语的使用，而对于不同母语背景学习者的媒介语教学问题则较少关注。但事实上，对我国国内的对外汉语教学来说，学习者的母语背景千差万别，想让同一个班的学生都具有相同的母语背景是件很困难的事。长期以来，国内的汉语教学一般提倡目的语教学的模式，即用汉语进行教学，这样不仅可为学习者创造良好的语言氛围，同时也增加了二语的输入量，有助于汉语习得。但是否母语背景不统一就无法开展媒介语教学，是否使用媒介语就一定会阻碍学习者对目的语的接触，从而对习得产生消极作用，这些问题似乎也并未得到肯定的答案。……因此是否可以将英语作为媒介语对母语背景不同的汉语学习者进行教学这一问题值得我们思考与尝试。	研究对象方面的不足
此外，课堂教学中媒介语的使用会对二语学习产生促进还是阻碍作用，这需要在教学实践中加以检验，用实证研究数据来说明。但现有成果中思辨类研究较多，实证调查类较少。一些实证调查报告仅针对学习者某一方面的学习情况进行调查（如写作、口语、语音），就得出媒介语对二语习得及教学的影响，论证不够全面、充分，结论欠缺说服力。	研究方法的不足
针对以上问题，本研究将采用实证调查手段，对来自不同母语背景的零基础汉语二语学习者进行跟踪调查，通过对被试不同学习阶段汉语测试成绩的统计分析，全面讨论媒介语在初级汉语二语课堂教学中的作用。	论题

(六)

	论文研究问题	文献综述内容
汲传波(2009)	汉语教材中的语体不对应倾向	1.面向对外汉语教学的语体研究 2.关注口语语体或书面语语体的教材、专著 3.教材编写中的语体意识
汲传波、刘芳芳(2015)	留学生汉语书面语中的口语化倾向	1.对外汉语教学界留学生语体习得研究 (1)留学生的语体能力 (2)教学建议 (3)国别化研究 2.国内英语教学界语体习得研究
汲传波(2016)	韩国学生论文中的文言结构使用情况	1.语体是汉语学习者的难点 2.留学生语体习得研究 (1)中介语语料 (2)语体量化分析 (3)测试和调查

(七)

1.查梁德惠的参考文献可知,论文提到的孙德金(2009)是商务印书馆2009年出版的《对外汉语教学研究论著索引(1950—2006)》。这样的文献并不难找到,因此应该直接引用孙德金的文献,而不是转引二手资料。

2."类似的研究还有韩杰(2007)、刘怡(2010)"这样的写法,一方面无法让读者了解韩杰(2007)、刘怡(2010)的研究内容是什么,另一方面也会让人以为这两篇文献也是关于短语式篇章连接成分的研究,而实际上韩杰(2007)研究的是程度副词的篇章连接功能,刘怡(2010)研究的是"相反"类词语的篇章连接功能。此处建议修改为"此外,韩杰(2007)和刘怡(2010)分别研究了程度副词和'相反'类词语的篇章连接功能"。

(八)略。

(九)略。

第十章　论证

(一)

1. 主题句：概念是人类共同的。这话说得不完全对。

多方面论证主题句

观点一：有些概念并不是人类共同的。例子：颜色词。

观点二：概念结构也受社会历史文化的影响。例子：古代汉语、现代汉语和英语关于"打击"概念的表达。

多来源例子：古代汉语、现代汉语、英语。

2.(1)母语为汉语的学习者英语关系从句错误率低是因为回避。

(2)比较了两类学习者使用关系从句的次数、错误率。

(3)"他们"指 B 类学习者。

(4)①引出主要观点：学习者的语言中没有出现对比分析预测的难点是因为回避。②引用沙赫特的研究。③沙赫特研究中与自己观点相关的数据。④对③中数据的分析。⑤重述本段的主要观点：回避是第二语言学习的一种现象。

(5)汉语：我昨天读的书

(6)英语：the book I read yesterday

(二)

1. 汉语没有严格意义的形态标记和形态变化。（施春宏，2018）

英语有标志词类的形态标记，如名词词缀、动词词缀、形容词词缀等，汉语标记词类的形态标记非常少。

很多语言的词语组合成句子的时候有形态变化，如名词有性（阴性、阳性、中性）、数（单数、复数）、格（主格、宾格等）的变化，动词有人称、时态的变化。汉语没有这些形态变化。

2. 汉语词类和句法成分不是一一对应关系。（施春宏，2018）

名词除了常做主语、宾语以外，还常常做定语，一定条件下还可以做谓语。

动词除了常做谓语以外，还可以做主语、宾语、定语。

形容词除了常做定语以外,还可以做谓语、状语、补语。

3.音节数量对汉语语法影响显著。(施春宏,2018)

数词与名词组合表示时间、年龄,数词为单音节时,后边的名词不可以省略;数词为双音节时,后边的名词可以省略。

动宾短语不允许"双音节+单音节"。

同义单双音节动词有语体差异,单音节动词有较强的口语色彩,双音节动词常常是比较正式的书面语。

(三)

1.用文字描述"犹豫"和"踌躇"充当各类句法成分的比例看起来很烦琐,用表格的方式呈现更有利于读者比较各类句法成分的比例。

2.数字都是 0,没有必要列表,可以直接用文字描述:"韩语 gorida 的两个义项在语料中没有出现"。

3.折线图适合用来呈现一个或多个因变量如何随自变量变化而变化,比如某个变量随时间变化而产生的变化。不同类别的数据可以用饼图或柱形图。

(四)

1.外语水平是否能达到母语者水平,年龄效应显著。

年龄越小,越可能接近或达到母语者水平。

早学比晚学更容易达到母语者水平。

关键期不会晚于 15 岁。

2.除了 C8、C4 以外,其他句式汉语母语者和汉语学习者的判断区别不大。

母语者不接受 C8,汉语学习者的判断模棱两可。

汉语学习者最接受 C5、C4,最不接受 C1、C8。

3.C 类结构错误率最低,B 类结构错误率最高。

三类结构从难到易的顺序:B>A>C。

到第四个学时等级,"着"的习得过程基本完成。

到第五个学时等级,学生完全掌握了"着"。

在第六、七个学时等级,学习者可能回避使用"着"。

(五)略。

(六)

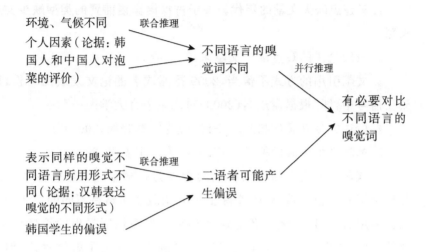

(七)

1.结论:学龄前儿童可以顺利学习汉字。

A.不能。王财贵(2009)认为大量识字对大脑发育有好处,不能证明儿童可以顺利学习汉字。

B.不能。唐洪波教授认为汉字应该早学习,不能证明儿童可以顺利学习汉字。

C.不能。留凯尔教授的研究不是关于汉字的研究,西方语言的研究成果不能直接推论到汉语学习中。

D.能。

E.能。

2.结论:教孩子的内容应该越深越好。

A.不能。记忆力与内容的深浅关系不明,因此记忆力强无法推导出教的内容越深越好。

B.能。但是该论据本身需要论据支持。

C.能。但是该论据本身需要论据支持。

D.不能。该论据只能说明儿童理解词语和使用词语时间上不一定紧邻,并未涉及词语的难易,因此论据跟结论无关。

(八)

1.马建忠缺失文献的年代。关于古汉语宾语前置的类型缺少文献来源。

2.该段论述的观点缺少文献来源。

3.文献引用的方式不恰当,2009是谢成名的论文发表的年份,应放在括号中,即"根据谢成名(2009)对北京语言大学……"。

4.标注文献来源的格式不正确,应为"(秦晓峰,2009)"。

5.标注文献来源的格式不正确,应为"(丁安琪,2010)"。

6.该段引用观点的写法会让读者以为张林军(2011)等6篇文献都提出了6条教学策略,但实际上这6条教学策略是不同的学者提出的。引用观点时,应把作者的姓名和年份列在他所提出的策略后边。此外,该段落引用的胡小英(2011)一文虽然也提出了教学建议,但建议与该段落列举的6条教学策略无关,因此建议删去该文献。该段落可以修改如下:

根据美国学生声调习得偏误,学者们也提出了相应的教学策略,包括:(1)强化声调信息,提高学生对音高的敏感度(张林军,2011);(2)声调也应该提倡在情境语境中教学和学习(严彦,2010);(3)教师和教材应更尊重第二语言学习者的学习心理(严彦,2010);(4)教师应注重汉语普通话声调调型和英语语调调型的比较,帮助学生更好地理解它们之间的区别(桂明超、杨吉春,2003);(5)根据声调习得的难度有次序地进行教学(邢星星,2012);(6)在教具体声调之前,首先训练学生了解自己声音的全音域。教声调应从调域的不同音高出发,不应从调型入手(沈晓楠,1989)。

第十一章 结论部分

(一)

1.《感知训练方法在汉语语音教学中的应用研究》(邓丹、林雨菁,2017)

本研究对欧洲汉语学习者进行了长达2个月的声调感知训练。通过对训练前后学习者声调感知和产出的分析,考察了声调感知训练对声调产出的影响,在训练结束2个月后还对受训者声调产出进行了追踪调查,考察了感知训练效果的保持性。实验结果表明,训练后被试对声调的感知能力得到了一定的提升,在正确率不断提高的同时,感知所用的反应时间也不断减少。感知训练不仅有利于学习者感知能力的发展,对学习者的产出能力的提高也有很大的促进作用,而且这种作用能够长期保持。	研究结论
研究结果进一步说明了语音的感知和产出二者的密切关系,在语音教学中教师应该从两个方面对学生进行训练,单纯从产出方面进行的正音练习对学生语音能力的提升作用有限。而着重从感知方面开展有针对性的感知听辨练习,则对学习者的发音能力的提高作用明显。这也进一步说明了学习者对二语语音的感知先于产出,二语语音产出的准确性要受到其对语音感知准确性的制约。从训练的语料来说,因为真词的训练效果好于假词,而本研究的真词是学习者没有学过的HSK六级词汇,所以我们认为在感知训练中选择略高于学习者实际水平的真词开展训练的效果最佳,甚至可以将每课的生词作为训练内容,将词汇学习和语音训练结合起来。	教学建议
感知训练方法简单易行,经过编辑后的程序可以用于学习者的自主学习,方便学习者根据自身的情况开展有针对性的练习。练习形式灵活,既可以作为课堂练习的内容,也可以用作课后的练习供学生自主训练。	教学建议

2.《现代汉语惯用语的词汇化等级分析》(苏向丽,2008)

本文在前人研究的基础上,用定量和定性相结合的方法,从共时层面静态考察了惯用语的词汇化等级,指出三音节惯用语作为一个原型范畴,其内部成员有着词汇化程度的不同,偏正式比动宾式更易词汇化,这一差异除二者自身使用频率的差异外,主要由各自的句法特征和语义特征所决定。尽管三音节惯用语存在词汇化程度的差异,但这种差异不影响惯用语整体的特点和性质。词汇化等级考察的结论是:在	研究结论

续表

隐喻机制下,惯用语从短语到词是一个短语特性不断弱化,词的特征不断强化的过程。	
而惯用语的词汇化过程,即如何从短语的弱化到词的强化这一动态过程还需要进一步解释和研究,本文暂不涉及。	后续研究

3.《习得视角下的汉语教材成语选用初探》(孔令跃、李腾,2019)

概括而言,本研究的发现表明汉语教材成语的选用可能存在着主题表达的情景依附性,因而使汉语教材中较高频成语少而中低频成语多,且与母语者成语频率不一致。但是这种情况并不意味着教材成语选用不当,或者这样选用影响了成语的习得效果。	总结研究内容
这些发现有助于我们进一步探讨汉语教材成语选用与成语习得的关系,以及成语习得的影响因素和教学方法。	研究价值
后续研究可考虑使用更多教材和更大规模的关联语料进一步考察教材成语的分布和对成语习得的影响,或者分析不同系列教材同主题下的情景设置与成语选用异同,也可考察不同频率段内成语频率的变化对情景设置和成语习得的影响。我们希望今后这方面的研究更加深入,为汉语成语教学提出更多有效可行的建议和方法。	后续研究

4.《留学生汉语书面语中的口语化倾向研究》(汲传波、刘芳芳,2015)

本文从外国留学生在汉语书面语中使用口语格式这一视角进行研究,发现留学生书面语中确实存在口语化倾向。与汉语母语者相比,留学生过多使用一些汉语口语格式。这告诉我们:在汉语口语格式的教学中,除了教会留学生掌握其语法、语义、语用特点,更要教会留学生掌握其语体特点。英语教学界的观点值得我们借鉴:教师需帮助学习者识别正式的书面语与口语之间的差异,注重功能与语言实现手段之间的联系,教授如何正确使用词汇和语法特征构建符合语体要求的语篇(潘璠,2012)。	研究结论 教学建议

	续表
目前来看,对外汉语教学界对于语体的重视程度还远远不够。高级水平的留学生虽然也在学习精读、口语、写作等课程,但是对于语体的系统训练仍然偏少,很多留学生的语体转换能力非常薄弱。有过外国研究生论文指导经验的教师都有深切的体会,虽然有些研究生的口语表达能力已经很好,但是他们的论文语言仍然呈现口语化的特点(当然也有语法问题),修改起来非常费时费力。因此,我们同意丁金国(1997)的看法:为了有效地提高对外汉语教学的水平,必须将"语体意识"的培育置于对外汉语教学的核心地位。	教学建议
要达到语体教学的目标,只有形而上的"语体意识"培育的指导思想还不够,因为留学生的语体习得不能没有时限,不能没有具体标准。如果没有标准和时限,汉语教学大纲、教材编写、课堂教学实践等都无据可依。目前的语体教学现状就是如此。虽然很多学者都提出要重视对外汉语语体教学,但是缺乏明确、具体的标准,使得一线对外汉语教师不知道该如何操作。因此,我们建议语体习得设一个低、中、高的标准,并区分"语体理解"与"语体表达"两个层面。对留学生来说,语体表达比语体理解要困难得多,这也理应成为语体教学中最应该关注的部分。	教学建议
要解决以上难题,目前汉语教学界迫切需要研制出能够区分汉语口语和书面语的语体成分表。英语教学界早有学者对此进行专门研究,比如 Biber(1988)就对英语口语、书面语的大量语言特征进行了多维度分析,系统揭示了各类口语、书面语的语域间差异。在汉语教学界,冯胜利(2003、2006、2008)也曾就汉语书面正式语体的特征、教学、书面语体庄雅度的自动测量等进行了一系列探讨,颇有影响。虽然如此,汉语学界关于区分口语、书面语语体特征方面的研究成果仍然偏少,关于区分口语、书面语的语体成分表的研制始终没有取得重要突破,这都影响和制约着对外汉语语体教学实践。我们期待有更多的学者关注并研究这一课题。	后续研究

(二)略。

第十二章　范文阅读与分析

(一)

1.

		全部	所有	一切
语义重心		事物的整体性	事物数量的总和	事物种类的总括
确指度		最高	居中	最低
三者互换条件			
定语位置		被总括的 NP 必须是一个可分割或量化并且可分类的整体。		
定语位置		总括对象必须有一个明确的范围限制,所以,在"Z+NP"之前一般都还有表示总括范围的定语。		
主宾语位置	单独充当主宾语	全部：一切	不能互换	
主宾语位置	充当主宾语的中心语	全部：一切	句子包含指代对象,充当中心语的"全部"一般都可以和"一切"互换;若不包含,则不能互换。如果定语和"全部"之间是同位关系,"全部"不能换成"一切"。	
主宾语位置	充当主宾语的中心语	所有：一切	受领属定语修饰的"所有"可以换成"一切"。	
主宾语位置	充当主宾语的中心语	所有：全部	定语表示领属且指代对象也包含于句子中,"所有"可以和"全部"替换。	

2.能互换和不能互换的例子;辞书的释义。论题:"本文拟在检索并分析大量例句的基础上,着重对其语义上的差异进行比较,并总结三者互换的条件"。

3.分成不同的比较点,每个比较点下边分别介绍三个词的情况,即：

比较点一：A、B、C

比较点二：A、B、C

4.汉语语法的决定性因素是语义(邵敬敏,2000),语义差异决定三个词的互换条件。

5.结语部分总结了主要研究结论。

6.这样看来,三者还有更深层次的差别。

(二)

1.(1)词典释义;(2)辞书辨析;(3)辨析论文

2.

	曾经	已经	语义解释
时间意义	说话时间之前的动作行为或事情	说话时间之前的某个特定时间之前或说话时间之后、某个特定时间之前的动作行为或事情	——
与"了"共现	＋了$_1$	＋了$_1$、了$_2$	"事情或情况在某个特定的时间之前就成为事实",所以"已经"能够与"了$_1$"共现,"其效应与影响一直作用于那个特定时间之后",能够与"了$_2$"共现。"曾经"只表示过去的经历,其时间意义是"过去一度如此,现在不如此了",所以只能与"了$_1$"共现,不能与"了$_2$"共现。
与"过"共现	＋过$_2$	＋过$_1$(＋了$_2$)	"过$_1$"表示动作完毕,既可以用于过去,也可以用于现在和将来,与"已经"表示的时间相匹配。"过$_2$"表示曾经有某事,它总是同过去时间相联系,与"曾经"表示的时间相匹配。
与"着"共现	状态持续(受限)	动作正在进行、状态持续、存在句、动$_1$＋着＋动$_2$	"着"表示持续、进行,"已经"有延续义,与之匹配,"曾经"与之不匹配。

续表

	曾经	已经	语义解释
与否定式共现	×	√	否定式表示的意义具有恒常性和延续性,"已经"表示的时间意义具有延续性和现实性,"曾经"表示过去的时间,跟"现在"相对立。
与"在VP"共现	×	√	"在VP"表示动作行为持续和进行,总是和"现在"相联系,所以"已经"能与它共现,"曾经"则不能。

（三）

1.

本文采用历史语言学和社会语言学的理论和分析方法,	研究方法
就英语借词对现代汉语词法——词缀化和拉丁字母化——的影响,及其引起这两种词法变化和发展的共性和规限,做了进一步的研究、分析和假设。	研究内容
文章通过论证指出,汉语的词缀化并不是英语词缀借用的带动,英语借词只是为现代汉语提供了一些新的词缀。文章还指出:拉丁字母词的使用领域、使用功能、活用能力以及是否表示语法意义都是判断现代汉语拉丁字母化趋势的有效标准。	研究结果

2.研究意义、研究不足和研究目的。

3.A.词缀"阿""老""子"的出现年代说明词缀在古代汉语中已经出现;B.两汉时期附加式构词法的数据统计。

4.英语的词缀化发展、汉语词缀在古代汉语中的出现、现代汉语中正处于词缀化过程中的成分、粤语的词缀。

5.英语借词为现代汉语提供了一些新的词缀,加速了汉语词缀化的发展。

6. 略。

7. 略。

（四）

（五）

1. 已有研究＋研究不足。

2. 本文从群体聚焦个别，关注一对具有明显认知风格差异的学习者，观察和跟踪调查其学习策略运用上的差异与变化，并进行分析比较，试图探究认知风格、学习策略与学习效果之间的内在联系及相互影响。

3. 分成不同的比较点，每个比较点下边分别介绍两个同学的情况。

			山本	小林
学习情况	语音学习	课堂学习	能完成相应的语音学习任务	跟不上教师的节奏
		课外学习	有选择、有重点	没有针对性
		测试	听力强	语音强
	词语学习		注重词义、例句；有专门的词语笔记；笔记有选择地记录课本上没有的内容；不拘泥于课本中的生词表，根据自己的词语笔记学习词语	注重发音；没有词语笔记；根据课本中的生词表学习词语

续表

		山本	小林
策略	语音学习策略	有选择的注意策略	全面注意策略
	词汇学习策略	比较异同,重视知识的内在联系和进行分类整理	信息编码策略,偏重于语音编码,翻检词典
	元认知策略	整体性策略,整体调控能力强,语言学习管理策略运用灵活	序列性策略
认知风格		场依存型、容忍度高	场独立型/沉思型;追求局部的细节加工,缺少整体的加工
个性特征		外向、自信心较强	内向、焦虑

4.该段落是承上启下的过渡段落,引出下文要讨论的元认知策略。

5.结语部分阐述了研究意义。

6.略。

(六)

1.靶子型引言,提出研究不足。论题:讨论初级教材编写中课文的趣味性问题。

2.总结了研究结论。

3.随着研究的深入,可以认为,"左"的思潮和"框框"的影响日渐削弱,编者对教材的趣味性更加重视,对学习者的了解越来越具体,令人爱不释手的教材似乎已经"呼之欲出"了。但是,语言教学的趣味性需要通过语言来实现,学习者有限的语言能力会不会成为最终的制约趣味性的因素呢?这就是下面要论述的"能力不够"论。

4.在初级阶段,文化和语言幽默也是可以用的。

5.教材中可以少量使用绕口令、诗歌。

6.不能,从下面这段论述可以看出这4个原因是有顺序的:"总结起来,即使是方向对头、对趣味性高度重视、对学生的兴趣点有清楚的了解,如果不能在最后一关(也是最重要的一关)——语言表达上有所作为,趣味性还是出不来。"

7. 作者不同意"重视不够"论(大家对选材问题的重要性,还是有共识的;教材内容缺少趣味性,很难说是大家不重视造成的)、"能力不够"论(学生的语言能力有限,不必然导致教材缺乏趣味性;即使在词汇语法极其受限的情况下,也能写出一篇篇精妙小文,让学习者乐在读中、乐在学中)。

8. A. 学者们(王威、杨寄洲)强调语料选择的重要性;

B. 学者们(刘颂浩、李泉)提出的教材编写原则都提到了"趣味性"原则。

(七)

1. 研究内容、研究方法、研究结论。

2. "负动机"的定义;已有研究发现的动机消退原因(美国、匈牙利学生学习外语的动机消退、日本学生和中国学生学习英语的动机消退)。

3. 因子分析:影响动机消退的因素。

独立 t 样本检验:比较不同语言水平、不同国别留学生负动机的情况。

皮尔逊相关分析:负动机内部因素之间的相关性。

多元回归分析:直接影响学习动机强度的负动机因素、影响学生今后是否继续学习汉语的负动机因素。

4. 总结研究结论,提出教学建议。

参考文献

阿德尔海德·尼科尔、佩妮·皮克斯曼(2013)《如何呈现你的研究发现——插图制作实践指南》,重庆:重庆大学出版社。
安东尼·韦斯顿(2019)《论证是一门学问》,成都:天地出版社。
北京大学中文系现代汉语教研室编(2003)《现代汉语专题教程》,北京:北京大学出版社。
蔡淑美、施春宏(2014)基于汉语中介语语料库的二价名词习得研究,《语言文字应用》第2期。
曹贤文、牟蕾(2013)重铸和诱导反馈条件下语言修正与形式学习的关系研究,《世界汉语教学》第1期。
曹雪林(2012)《五种母语背景的CSL学习者易混淆形容词对比研究——以三个词群的词语混淆现象为例》,北京语言大学硕士学位论文。
崔萌、张卫国、孙涛(2018)语言距离、母语差异与汉语习得:基于语言经济学的实证研究,《世界汉语教学》第2期。
崔希亮(2009)《语言学概论》,北京:商务印书馆。
戴浩一(2002)概念结构与非自主性语法:汉语语法概念系统初探,《当代语言学》第1期。
邓丹(2018)韩国学习者对汉语舌冠塞擦音和擦音的产出与感知研究,《世界汉语教学》第1期。
邓丹(2019)普通话轻声感知特性再分析,《语言文字应用》第1期。
邓丹、林雨菁(2017)感知训练方法在汉语语音教学中的应用研究,《云南师范大学学报(对外汉语教学与研究版)》第3期。
董秀芳(2007)词汇化与话语标记的形成,《世界汉语教学》第1期。
董秀芳(2016)从比较选择到建议:兼论成分隐含在语义演变中的作用,《云南民族大学学报(哲学社会科学版)》第3期。
董银燕(2015)汉英运动事件语用倾向性异同的实证研究,《外国语言文学》第4期。

杜道流(2012)"两个同学"和"夫妻两个"——从外国人的失误看汉语的"数(量)名"组合,《世界汉语教学》第1期。

房艳霞(2018)提高语块意识的教学对汉语第二语言学习者口语产出的影响,《世界汉语教学》第1期。

冯胜利、施春宏(2011)汉语教学中的"三一语法",《语言科学》第5期。

干红梅(2010)词语结构及其识别对汉语阅读中词汇学习的影响,《第九届国际汉语教学研讨会论文选》,北京:高等教育出版社。

高宁慧(1996)留学生的代词偏误与代词在篇章中的使用原则,《世界汉语教学》第2期。

古川裕(2012)现代汉语"起"类词的功能扩展机制及其感性教学,《汉语教学学刊》第8辑。

韩志刚(2004)汉语社会面称语的语用选择机制,《第七届国际汉语教学讨论会论文选》,北京:北京大学出版社。

韩志刚、朱宁(2019)汉字教学根字口诀法的扩展教学问题,《国际汉语教学研究》第3期。

何玉玲(2015)《汉泰动物成语对比分析以及在教学中的应用》,北京大学硕士学位论文。

洪炜(2013)汉语作为第二语言的近义词教学实验研究,《世界汉语教学》第3期。

侯玉霞、张劲松、曹文(2012)对外汉语语音教材内容客观评价之初步研究,《汉语应用语言学研究》第1辑。

黄月圆、杨素英、高立群、张旺熹、崔希亮(2007)汉语作为第二语言"被"字句习得的考察,《世界汉语教学》第2期。

汲传波(2009)中级综合汉语教材语体不对应研究,《云南师范大学学报(对外汉语教学与研究版)》第6期。

汲传波(2016)韩国学生汉语学术论文中文言结构使用初探,《汉语学习》第6期。

汲传波、刘芳芳(2015)留学生汉语书面语中的口语化倾向研究,《语言教学与研究》第1期。

江新(2000)汉语作为第二语言学习策略初探,《语言教学与研究》第1期。

江新、房艳霞、杨舒怡(2016)汉语母语者和第二语言学习者名名组合的理解,《世界汉语教学》第2期。

江新、郝丽霞(2010)对外汉语教师实践性知识的个案研究,《世界汉语教学》第3期。

江新、柳燕梅(2004)拼音文字背景的外国学生汉字书写错误研究,《世界汉语教学》第1期。

姜自霞(2005)留学生使用"女人"的偏误倾向及原因分析,《云南师范大学学报(对外汉语教学与研究版)》第4期。
蒋绍愚(2007)打击义动词的词义分析,《中国语文》第5期。
蒋绍愚(2011)词汇、语法和认知的表达,《语言教学与研究》第4期。
蒋绍愚(2014)词义和概念化、词化,《语言学论丛》第五十辑。
蒋绍愚(2019)也谈文言和白话,《清华大学学报(哲学社会科学版)》第2期。
金廷恩(2007)对外汉语写作教学与完句成分研究,《第八届国际汉语教学讨论会论文选》,北京:高等教育出版社。
阚哲华(2010)汉语位移事件词汇化的语言类型探究,《当代语言学》第2期。
柯林·内维尔(2013)《学术引注规范指南》,上海:上海教育出版社。
孔令跃、李腾(2019)习得视角下的汉语教材成语选用初探——基于语料的分析,《国际汉语教育(中英文)》第3期。
拉里·克里斯滕森、伯克·约翰逊、莉萨·特纳(2018)《研究方法、设计与分析(第11版)》,北京:商务印书馆。
劳伦斯·马奇、布伦达·麦克伊沃(2011)《怎样做文献综述——六步走向成功》,上海:上海教育出版社。
李福印(2015)静态事件的词汇化模式,《外语学刊》第1期。
李慧(2012)嵌入式语块的构成及语义发展,《汉语学习》第4期。
李加攀(2019)现代汉语类推构词的类型及溯因推理特质,《世界汉语教学》第4期。
李晓琪(2001)以英语为母语者学习汉语关联词难点及对策,《暨南大学华文学院学报》第4期。
李先银(2016)话语否定与话语否定标记"你看你",《南开语言学刊》第1期。
李艳、施春宏(2010)外来词义的汉语化机制及深度汉语化问题,《汉语学习》第6期。
李宗江(2004)"完成"类动词的语义差别及其演变方向,《语言学论丛》第三十辑。
刘超英(1993)《从留学生入系听课的困难看中高级听力教学》,北京大学硕士学位论文。
刘超英(2007)HSK(商务)的理论基础与试题设计思路,《第八届国际汉语教学讨论会论文选》,北京:高等教育出版社。
刘春梅(2006)HSK表人同义名词的辨析角度,《湖南师范大学社会科学学报》第5期。
刘丹青(2012)汉语的若干显赫范畴:语言库藏类型学视角,《世界汉语教学》第3期。
刘金凤、梅德明(2017)普遍语法的历时发展脉络与哲学基础,《西安外国语大学学报》第2期。
刘颂浩(2001)对外汉语听力教学研究述评,《世界汉语教学》第1期。

刘颂浩(2003)论"把"字句运用中的回避现象及"把"字句的难点,《语言教学与研究》第2期。

刘颂浩(2005)我们的汉语教材为什么缺乏趣味性,《暨南大学华文学院学报》第2期。

刘颂浩(2007)《第二语言习得导论——对外汉语教学视角》,北京:世界图书出版公司。

刘颂浩(2008)《汉语听力教学理论与方法》,北京:北京大学出版社。

刘颂浩主编(2016)《汉语阅读教学研究》,北京:北京语言大学出版社。

刘颂浩(2017)致使"把"字句在对外汉语教学中的地位问题,《国际汉语教学研究》第2期。

刘颂浩(2018)对外汉语阅读教学研究四十年,《国际汉语教育(中英文)》第4期。

刘颂浩、曹巧丽(2015)题型设置对写作练习使用效果的影响,《华文教学与研究》第4期。

刘颂浩、钱旭菁、汪燕(2002)交际策略与口语测试,《世界汉语教学》第2期。

陆俭明(2018)语言学论证中的论据问题,《学术交流》第2期。

陆熙雯、高立群(2015)对外汉语课堂互动中纠正性反馈对习得的影响,《世界汉语教学》第1期。

罗杏焕(2008)英汉运动事件词汇化模式的类型学研究,《外语教学》第3期。

孟帆(2019)《篇章连接成分"(另)一方面"的多角度研究》,北京语言大学硕士学位论文。

孟凯(2009)留学生反义属性词的类推及其成因,《汉语学习》第1期。

彭小川、严丽明(2007)"全部""所有"和"一切"的语义考察,《世界汉语教学》第4期。

亓海峰、曹儒(2015)《汉语国际教育硕士学位论文写作分析与指导》,北京:华语教学出版社。

钱旭菁(1999)外国留学生学习汉语时的焦虑,《语言教学与研究》第2期。

钱旭菁(2002)词汇量测试研究初探,《世界汉语教学》第4期。

钱旭菁(2003a)汉语阅读中的伴随性词汇学习研究,《北京大学学报(哲学社会科学版)》第4期。

钱旭菁(2003b)第二语言研究的效度,《语言教学与研究》第4期。

钱旭菁(2008a)有限组合选择限制的方向性和制约因素——兼论外向型搭配词典的体例设计,《世界汉语教学》第4期。

钱旭菁(2008b)汉语语块研究初探,《北京大学学报(哲学社会科学版)》第5期。

钱旭菁(2009)汉语语块研究述评,《汉语教学学刊》第5辑。

钱旭菁(2020)网络语言词汇变异动因、特点和规范,李玮主编《网络语言发展研究报告》,北京:人民出版社。

钱玉莲、刘祎宁(2016)留学生汉语听觉与视觉输入学习策略调查研究,《世界汉语教学》第 4 期。

钱锺书(2014)《钱锺书手稿集》,北京:商务印书馆。

冉启斌、于爽(2019)汉语语音偏误的特点与模式——基于 25 种母语背景学习者的偏误条目数据的分析,《世界汉语教学》第 3 期。

邵敬敏(2018)国际汉语教学中近义虚词辨析的方法与理据,《语言文字应用》第 1 期。

邵敬庭(2014)《诵读在对外儿童汉语教学中的应用考察研究》,北京大学硕士学位论文。

邵娜(2011)《对外汉语课堂中新教师纠错行为的调查研究》,华东师范大学硕士学位论文。

沈家煊(2003)现代汉语"动补结构"的类型学考察,《世界汉语教学》第 3 期。

施春宏(2006)关于成语用变和演变的思考——从几则成语的现实使用谈起,《汉语学习》第 6 期。

施春宏(2008)《汉语动结式的句法语义研究》,北京:北京语言大学出版社。

施春宏(2010)网络语言的语言价值和语言学价值,《语言文字应用》第 3 期。

施春宏(2012)对外汉语教学本位观的理论蕴涵及其现实问题,《世界汉语教学》第 3 期。

施春宏(2015)构式压制现象分析的语言学价值,《当代修辞学》第 2 期。

施春宏等(2017)《汉语构式的二语习得研究》,北京:商务印书馆。

施春宏(2018)《汉语纲要》,北京:北京语言大学出版社。

施家炜(1998)外国留学生 22 类现代汉语句式的习得顺序研究,《世界汉语教学》第 4 期。

史蒂芬·平克(2018)《风格感觉——21 世纪写作指南》,北京:机械工业出版社。

史金生(2004)动量副词的类别及其选择性,《第七届国际汉语教学讨论会论文选》,北京:北京大学出版社。

史有为(2017)认识"话尾巴"——兼议"句子碎片",《语言教学与研究》第 1 期。

斯塔诺威克(2005)《与"众"不同的心理学——如何正视心理学》,北京:中国轻工业出版社。

宋怀常(2010)《中国人的思维危机》,天津:天津人民出版社。

宋作艳(2019)现代汉语同义词的竞争规律及其影响因素,《语言文字应用》第 1 期。

苏向丽(2008)现代汉语惯用语的词汇化等级分析,《语言教学与研究》第 5 期。

孙德金(2000)外国学生汉语体标记"了""着""过"习得情况的考察,《第六届国际汉语教学讨论会论文选》,北京:北京大学出版社。

孙宁宁(2010)关于留学生对教师教学反馈态度的调查研究,《云南师范大学学报(对外汉语教学与研究版)》第 4 期。

谭达人(1989)略论反义相成词,《语文研究》第 1 期。

唐贤清、曾丽娟(2012)中级水平韩国留学生汉语语篇回指偏误分析,《汉语应用语言学研究》第 1 辑。

田艳(2010)关于对外汉语课堂纠错策略的层次性选择,《语言教学与研究》第 3 期。

王灿龙(2015)说"中国式"及其他,《语言教学与研究》第 5 期。

王汉卫(2007)精读课框架内相对独立的汉字教学模式初探,《语言文字应用》第 1 期。

王建勤(2009)《第二语言习得研究》,北京:商务印书馆。

王娟(2007)《留学生单音节多义语素习得考察》,北京语言大学硕士学位论文。

王兴燕(2013)《日本留学生"是"字句和"有"字句偏误分析》,西北大学硕士学位论文。

王云路、王诚(2014)《汉语词汇核心义研究》,北京:北京大学出版社。

文秋芳、俞洪亮、周维杰(2004)《应用语言学研究方法与论文写作》,北京:外语教学与研究出版社。

吴东英(2001)再论英语借词对现代汉语词法的影响,《当代语言学》第 2 期。

吴琼(2018)媒介语在初级汉语二语教学中作用的实证研究,《语言教学与研究》第 6 期。

吴琼(2019)二语学习者汉语特殊类动名搭配认知机制研究,《外语教学与研究》第 2 期。

吴杏红(2012)《四种句子语境及语义透明度对高级水平外国留学生成语理解作用的实验研究》,北京大学硕士学位论文。

奚俊、程娟(2006)基于《现代汉语词典》动词"打"的义项考察与偏误情况分析,未刊。

肖青、冯丽萍(2011)美国学生对领属义"有"字句的使用情况分析,《云南师范大学学报(对外汉语教学与研究版)》第 4 期。

肖奚强(2002)外国学生汉字偏误分析,《世界汉语教学》第 2 期。

辛平(2012)学习者输出的 V+N$_{宾}$ 的可接受程度及相关因素研究,《云南师范大学学报(对外汉语教学与研究版)》第 3 期。

许子艳(2014)英汉运动事件中背景表达对比研究,《海南大学学报(人文社会科学版)》第 2 期。

徐晶凝、郝雪(2019)建议言语行为内部调节手段的语用调控,《世界汉语教学》第 3 期。

徐玉敏、Clara Bulfoni(2007)HSK 在意大利汉语教学发展进程中的作用——HSK 在意大利米兰的 12 年,《第八届国际汉语教学讨论会论文选》,北京:高等教育出版社。

徐子亮(2007)不同认知风格的汉语学习者在学习策略运用上的差异研究,《第八届国际汉语教学讨论会论文选》,北京:高等教育出版社。

杨德峰(2012)再议"V 来 V 去"及与之相关的格式——基于语料库的研究,《世界汉语教学》第 2 期。

杨德峰(2019)初级口语教材语法教学模式考察及分析,《汉语学习》第 5 期。

杨荣祥(2019)从语法表现看副词"已经""曾经"的差异,《汉语学报》第 3 期。

杨素英、黄月圆(2010)汉语定语从句的习得及"零代词许可等级假设",《第九届国际汉语教学研讨会论文选》,北京:高等教育出版社。

易维、鹿士义(2013)语块的心理现实性,《心理科学进展》第 12 期。

殷志平(2009)世界 500 强在华企业名称对中国企业名称命名规则的偏离及其原因分析,《语言文字应用》第 2 期。

于洋(2015)CSL 学习者同素同义单双音名词混淆分布特征及其成因,《语言教学与研究》第 6 期。

俞玮奇(2013)来华留学生汉语学习动机减退的影响因素研究,《语言教学与研究》第 3 期。

乐耀(2017)副词"稍微""多少"与量范畴的表达,《语言教学与研究》第 6 期。

张博(2004a) 本义、词源义考释对于同义词教学的意义,《汉语口语与书面语教学——2002 年国际汉语教学学术研讨会论文集》,北京:北京大学出版社。

张博(2004b)现代汉语同形同音词与多义词的区分原则和方法,《语言教学与研究》第 4 期。

张博(2005)影响同形同音词与多义词区分的深层原因,《宁夏大学学报(人文社会科学版)》第 1 期。

张博(2007)同义词、近义词、易混淆词:从汉语到中介语的视角转移,《世界汉语教学》第 3 期。

张博(2008a)现代汉语复音词义项关系及多义词与同音形词的分野,《语言研究》第 1 期。

张博(2008b)外向型易混淆词辨析词典的编纂原则与体例设想,《汉语学习》第 1 期。

张博(2008c)第二语言学习者汉语中介语易混淆词及其研究方法,《语言教学与研究》第 6 期。

张博(2011)二语学习中母语词义误推的类型与特点,《语言教学与研究》第 3 期。

张博(2017)汉语并合造词法的特质及形成机制,《语文研究》第 2 期。

张博(2018)提高汉语第二语言词汇教学效率的两个前提,《世界汉语教学》第 2 期。

张博(2019)汉语外来词的界定原则与判定方法,《汉语学报》第 3 期。

张欢(2006)《对外汉语课堂教师纠正性反馈研究》,北京语言大学硕士学位论文。

张建芳、李雪(2012)汉英路径成分的词汇化形式对比——兼论汉语趋向补语的语法性质,《中国外语》第5期。

张金桥、曾毅平(2010)影响中级水平留学生汉语新造词语理解的三个因素,《语言文字应用》第2期。

张琦(2007)《留学生汉语语素意识的发展及其与阅读能力的关系》,北京语言大学硕士学位论文。

张文贤(2012)"但是"、"可是"之辨,《对外汉语研究》第八期。

张文贤(2019)语体视角下的练习设计,《国际汉语教育(中英文)》第3期。

张文贤、方迪、张媛媛(2018)语体视角下"这下"的话语标记功能及其教学探讨,《汉语学习》第5期。

张文贤、李榕(2015)初级汉语教学中的对话体—叙述体复述练习研究,《华文教学与研究》第4期。

张文贤、钱旭菁、黄立(2021)《汉语国际教育论文写作指导》,北京:北京大学出版社。

张文贤、邱立坤、宋作艳、陈保亚(2012)基于语料库的汉语同义词语体差异定量分析,《汉语学习》第3期。

张文贤、乐耀(2018)汉语反问句在会话交际中的信息调节功能分析,《语言科学》第2期。

张秀松(2015)"毕竟"的词汇化和语法化,《语言教学与研究》第1期。

张云秋、赵学彬(2007)早期儿童副词习得的优先序列——北京话早期儿童副词习得个案研究,《世界汉语教学》第3期。

赵金铭(2007)对外汉语教学模式创新与教材编写,《第八届国际汉语教学讨论会论文选》,北京:高等教育出版社。

赵金铭(2012)现代汉语词中字义的析出与教学,《世界汉语教学》第3期。

赵倩(2011)认知深化对人体名词词义发展的影响,《世界汉语教学》第4期。

周琳(2020)汉语二语学习者词汇语义系统动态发展研究,《世界汉语教学》第1期。

周琳、萨仁其其格(2013)蒙古学习者特异性汉语易混淆词及其母语影响因素,《语言文字应用》第1期。

周守晋(2004)"主观量"的语义信息特征与"就"、"才"的语义,《北京大学学报(哲学社会科学版)》第3期。

周守晋(2010)汉语课怎样解释语法点——理解语法点的实质,简化解释方案,《第九届国际汉语教学研讨会论文选》,北京:高等教育出版社。

朱京津(2017)趋向补语"过来""过去"的二语习得释义策略,《汉语学习》第2期。

朱文文、程璐璐、陈天序(2018)初级汉语学习者同形语素意识与词义推测、阅读理解的关系研究,《世界汉语教学》第 2 期。

朱勇、白雪(2019)"产出导向法"在对外汉语教学中的应用:产出目标达成性考察,《世界汉语教学》第 1 期。

祖晓梅(2008)汉语课堂更正性反馈的调查与分析,《汉语学习》第 1 期。

祖晓梅、邓葵(2019)基于二语习得理论和实证研究的课堂纠错反馈原则,《世界汉语教学》第 1 期。

Bailey, S. (2011) *Academic Writing: A Handbook for International Students*. London and New York: Routledge Taylor & Francis Group.

Basturkmen, H. (2009) Commenting on Results in Published Research Articles and Masters Dissertations in Language Teaching. *Journal of English for Academic Purposes* 8(4): 241—251.

Brandon, L. and Brandon, K. (2017) *Paragraphs and Essays: With Integrated Readings* (13th edition). Boston: Cengage Learning.

Hatch, E. M. and Lazaraton, A. (1991) *The Research Manual: Design and Statistics for Applied Linguistics*. New York: Newbury House.

Hyland, K. (2004) *Genre and Second Language Writing*. Ann Arbor: University of Michigan Press.

Kanar, C. (2011) *The College Writer*. Beijing: Peking University Press.

Kerlinger, F. N. (1973) *Foundations of Behavioral Research*. New York: Holt, Rinehart and Winston.

Lin, L. and Evans, S. (2012) Structural Patterns in Empirical Research Articles: A Cross-disciplinary Study. *English for Specific Purposes* 31(3): 150—160.

Loi, C. K. (2010) Research Article Introduction in Chinese and English: A Comparative Genre-based Study. *Journal of English for Academic Purposes* 9(4): 267—279.

Nunan, D. (1992) *Research Methods in Language Learning*. Cambridge: Cambridge University Press.

Paltridge, B. (2002) Thesis and Dissertation Writing: An Examination of Published Advice and Actual Practice. *English for Specific Purposes* 21(2): 125—143.

Peacock, M. (2011) The Structure of the Methods Section in Research Articles across Eight Disciplines. *The Asian ESP Journal* 7(2): 99—122.

Samraj, B. (2008) A Discourse Analysis of Master's Theses across Disciplines with a

Focus on Introductions. *Journal of English for Academic Purposes* 7(1): 55—67.

Swales, J. M. (2001) *Genre Analysis: English in Academic and Research Settings*. 上海:上海外语教育出版社。

Talmy, L. (2000) *Toward a Cognitive Semantics*. Cambridge, MA: MIT Press.

Wray, A. (2002) *Formulaic Language and the Lexicon*. Cambridge: Cambridge University Press.

Xiong, J. and Huang, C.-R. (2016) The Synaesthetic and Metaphorical Uses of 味 wei 'taste' in Chinese Buddhist Texts. *PALIC* 30. Seoul Korea: Kyunhee University.

Zeegers, P. and Giles, L. (1996) Essay Writing in Biology: An Example of Effective Student Learning. *Research in Science Education* 26(4): 437—459.